蛇の神

蛇信仰とその源泉

小島瓔禮＝編著

はじめに――蛇をめぐる民俗自然誌について

蛇というと、幼年時代の鬼ごっこの一つを思い出す。

今年の牡丹《ぼたん》はよい牡丹。お耳をからげてスッポンポン。もう一つおまけにスッポンポン。

みんながうたい終ると、鬼が言う、「あたし、もう帰る」。「どうして」「お昼だから」とやりとりが続く。「お昼のおかずはなあに」「蛇」。「生きてんの、死んでんの」「生きてんの」。鬼は背を向けて歩き出す。そこで、みんながはやす、「だれかさんの後に、蛇の姿」。鬼は立ち止まってきく、「あたし」「いいえ」。鬼はまた後を向いて歩き出す。みんなは「だれかさんの後に、蛇の姿」を繰り返す。そんなことが二、三度あって、「あたし」「そう」と肯定すると、鬼は、自分は蛇だといわんばかりに、みんなを追っかける。

「だれかさんの後に……」をなんべんも口にしているうちに、ほんとうにその子に蛇がついているような無気味な気分になる。仲間からはずれていく者に蛇のしるしがついているというのは、人間と蛇を一対のものとする考えかたである。このもの言いには、おまえは人間ではないという暗いひびきがある。子どもにとって、遊びのなかとはいえ、いいしれぬ恐怖感があった。人間ではないことへのおそれである。

人類と蛇との交渉の歴史は古くて深い。世界の諸民族には、蛇に関するいろいろな民俗が知られている。日本にも豊富にある。しかし、家畜や狩猟の対象になる動物とちがって、自然のままの蛇の利用はそれほど多様ではない。大部分は人類が文芸や宗教のなかにえがきあげてきた蛇である。そこにいるのは、「自然としての蛇」をとおして人間がさまざまな価値を与えた、「文化としての蛇」である。

よく蛇にたいする嫌悪感が話題になる。そこでしばしば取りあげられるのが、原始の時代、人類にとって蛇はもっとも恐るべき外敵であったという説である。たしかに猛毒の蛇、巨大な蛇は、現代においても天然の脅威である。そうした気持ちが、蛇一般に拡大している部分もあるかもしれない。しかしここで問題なのは、そうしたさまざまな人類の長いあいだの体験が、このような一つの感覚に結晶していることである。

人間と蛇を二項対立的にとらえる方法は、西ユーラシアの文明ではつとに『旧約聖書』で論理化されている。「創世記」のアダムとエバの物語で、蛇にそそのかされた二人が善悪の智恵の樹の実を食べたことを知ったヤハウェ神は、蛇と女の子孫とのあいだに敵対関係を置くと告げている。人間が、産まれ、働き、死ぬという運命を背負ったのも、この蛇が原因である。すでにここで、蛇は人間の「偉大なる他者」であった。

宗教学者ミルチャ・エリアーデは、『永遠回帰の神話』のなかで、蛇をめぐる宇宙観を体系づけている。蛇はカオス、形のなきものを象徴する。蛇を統御することは形なきものから形あるものへと転移する創造のわざである。形あるものとはコスモスであり秩序である。すなわちカオス（混沌《こんとん》）を自然とし、蛇の世界であるとすれば、コスモス（秩序）は文化であり、人間の世界である。

人類の精神文化に映し出された蛇が、一つの論理だけで成り立っているとはおもえない。民俗学では、このばあい、事実を一つ一つことこまかに比較して、民俗を支えている自然観照の原理を明らかにしなければならない。ただ、そうした細かい問題の差異を越えて、全体を大きく一つにまとめた、蛇にたいする観念の基本の構造のようなものもありそうにおもえる。今、私は、この蛇のカオスとコスモスの論理が、この蛇の民俗自然誌の根底の原理ではないかと考えている。

神奈川県愛川町の郷里の家でも、土蔵のなかに家を守護するアオダイショウがいると伝えていた。「だれかさんの後に、蛇の姿」のごとく他者の象徴になっていた蛇が、一方では家を守護する身近な霊威あるものと信じられたところに、人間と蛇との交渉史の豊かさがある。偉大なる他者を宗教的に同化することにより、混沌から秩序を生み出し、人間の世界を築いている。蛇の世界は、人間の存在を確立するための鏡の世界であり、たいせつな源泉の世界であった。

小島瓔禮

目次

第1章　日常生活のなかの蛇——日本人のみた蛇

1　村人の蛇の自然誌

蛇を語る村人

多摩丘陵の裾を矢上川《やがみ》が流れる。そこから多摩川までは、ずっと水田が続く。神奈川県の川崎市井田《いだ》（中原区）は、そんな田園地帯の一角であった。昭和二十九年（一九五四）七月二十日、井田を訪ねて、田辺平治郎《たなべへいじろう》さん（当時七十五歳）から、話を聞いたことがある。昼休みのほんのひとときであったが、蛇の話が印象的であった。蛇には、アオダイショウ、マムシ、ナメラ、ヤマッカガシ（ヤマカガシ）、ジムグリなどの種類があるという。ナメラはおそろしい蛇であるという。まるで動物図鑑でも読むように、蛇の呼び名が、数種類もすらすらと出てくる。

昔の人の自然観察は、意外なほど精確なところがある。ヘビ類（ヘビ亜目）をヘビと総称し、種《しゅ》ごとに一つ一つ呼び分けている。愛知県の南設楽《みなみしたら》郡長篠村（新城市《しんしろ》）の横山の人、早川孝太郎《はやかわこうたろう》（一八八九―一九五六年）も、『三州横山話』のなかで、蛇の種類を列挙している。もっとも多いのがヤマカガシ、ついでナマズ（アオダイショウ）、マムシ、シマヘビ（シロオロチともいう）、カラスヘビ、ヒバカリなどで、まれにジモグリという、地のなかをもぐってあるく、大きいミミズのような、真っ赤な蛇がいるという（早川・七四）。

このような事実の観察は、そのまま近代的な自然科学の基礎になっている。神奈川県の津久井郡内郷村（相模原市）の鈴木《すずき》重光《しげみつ》（一八八八—一九六七年）も、自分の村の蛇の種類を、『相州内郷村話』にあげている。ヤマッカガシ（ヤマカガシ）とアオデーシャ（アオダイショウ）が多く、タツモドロ（シマヘビ）とマムシのほか、たまにヒナカラ（ヒバカリ）とジモグリ（ジムグリ）がいるという（鈴木・六八）。日本本土にいる主要な蛇は、だいたいこんな種類のようである。

しかし、昔から村に言い伝えられている蛇の知識には、こうした精確な観察のほかに、村人の生活のなかに蛇を取りこんだような部分もある。たとえば、田辺平治郎さんのフクムシ（福虫）の話などは、そのよい例である。穀倉《こくぐら》には、蛇がいることがある。フクムシといって、そのままにしておく。米を食いに来るのであるという。たいせつな米を害するのに、穀倉にいる蛇を福虫といって、いわば喜んだ村人の心がここでは問題になる。

倉に蛇がいるという話はよく聞く。鼠を捕りに、アオダイショウなどが来るそうである。蛇が米を食うというのも、事実は、米を食いに来た鼠をねらって、蛇が来るのであろう。猫が普及する以前には、蛇は鼠除《よ》けのたいせつな動物であった。実質的に、穀倉の蛇はフクムシであった。『雍州府志《ようしゅうふし》』（一六八六年成立）巻八の蛇塚の伝説も、米や粟《あわ》を害する田の大鼠を、大蛇が追い払った話である。京都の上賀茂にあったという塚で、それ以来、蛇をみだりに殺さなくなったと伝える（市島・一二三五）。

蛇と幸福感

フクムシにみるように、村人の伝統的な知識には、二つの側面がある。ありのままの経験的な事実には、きわめて精確であるが、その現象の背後にある論理の組み立てには、古風な生活感覚が反映していることが多い。「福虫」という表現にも、村人の人生観が表われている。蛇を縁起のよいものとする俗信も、そうした観念に支えられているのであろう。そこに事実を離れた、もう一つの村人の論理がある。村人の自然誌の魅力はここにある。民俗学が働かなければならないのも、この点においてである。

平治郎さんは、蛇は鳴くものであるという。春と秋と二回、お彼岸のころに蛇はさかりがつき、鳥が鳴くようにコトコト鳴く。そうとう大きな声であるという。おそらく、その鳴き声は事実なのであろう。ふつうに聞こえるくらいの声であるとすれば、正体は鳥かもしれない。春秋の彼岸に、コトコトと鳴く鳥がいるのだろうか。実在す

毘沙門天　川崎市中原区井田

るにせよ、しないにせよ、それを蛇の声と解釈したのは、村人の知識である。春分と秋分のころを蛇の繁殖期とすることは、なにか蛇に関する重要な信仰の名残りのようにおもわれる。

　こうした平治郎さんの体験でとくに興味深いのは、大蛇を見た話である。村の毘沙門《びしゃもん》さまには、神さまのお使いで、胴体の太さがさしわたし三、四寸の蛇がいるという伝えがあった。昔は毘沙門さまのあたりは、木がうっそうと繁っていた。大蛇はそこのイチョウの木のうろに棲《す》んでいた。そのころ、平治郎さんは、ほかの人と二人で毘沙門さまへ行った。すると連れの男が急に立ち止まり、大蛇がいるという。平治郎さんには見えない。「どこか」「そこだ」と繰り返しているうちに、平治郎さんにも見えてきた。ほんとうに大蛇であったという。

　大蛇を実見したという話は、けっしてめずらしくない。しかし、平治郎さんのような、古くからの伝えに忠実で、着実な観察眼もある人の体験談だけに貴重である。この話は、大蛇を信じる人には、ほんとうに見えてくるものであるということを教えている。われわれなら、一人の錯覚として説明したくなるようなことが、同じ仲間のあいだでは、共同の体験として成り立っている。これが共同幻覚の現象である。みんなが信じていることは、共通した体験になる。そこに民俗自然誌の存在意義がある。

2　蛇の呼称の語史

蛇の上代語

現代では、「蛇」はヘビと読むのが標準語のようになっているが、上代には、ヘミが通用していたらしい。奈良時代の「仏足石歌《ぶっそくせきか》碑《ひ》」（奈良県、薬師寺蔵）の歌には、仏教経典の「蛇」の訳語として「閇美《へみ》」とある（土橋・二四五～六）。「ミ」と「ビ」、つまりmとbは、日本語では交替しやすい音である。平安時代初期の辞書『倭名類聚《わみょうるいじゅう》抄《しょう》』巻十九にも、ヘミとある。漢字「虵」の和名として、「倍美《へみ》」と「久知奈波《くちなは》」をあげ、毒虫であると記し、狩谷《かりや》棭斎《えきさい》の『箋注《せんちゅう》倭名類聚抄』巻八では、それに注記をほどこしている（狩谷・三九五）。ヘビはもともと毒蛇の呼称であったらしい。

中国でも、漢字の「蛇」は、本来は毒蛇の意であったという。「蛇」の原字は「它」である。「它」はあきらかに、ハブのような頭の大きい毒蛇の象形文字である。甲骨文、金石文、篆書《てんしょ》と、その形をたどることもできる。『説文』にも、「上古には草居すると它《へび》を患う。それで尋ねて『蛇が無いか』という」とある。殷《いん》代の甲骨文の卜辞《ぼくじ》にも、「亡禍」（禍《わざわい》はないか）などとともに、「亡它」（蛇はないか）という問いが常用されている（藤堂・五二八〜九）。中国でも、もともと毒蛇を意味した「蛇」が、ヘビ類の総称になっていたらしい。

「蛇」は毒蛇

毒蛇といえば、日本本土にはマムシがいる。本州中央部の広い地域で、マムシをハミ、ハメと呼ぶのは（柳田・二七四）、ヘミと同語である。ヘミは上代はfëmiで、古い語形はpëmiになる。ハミも古くはpamiで、ëとaが交替した語形である。長崎県の長崎市ではハブという（柳田・二七三）。これは琉球《りゅうきゅう》諸島で、ハブが蛇の総称のようになりながら、特定の毒蛇のハブやサキシマハブの呼称になっているのに連なる。古形はこれもpabuで、もちろんヘミと同語である。

江戸時代の方言書『物類称呼』（一七七五年刊）では、ヘビ類の総称は、関東がヘビ、関西、西国はクチナハとある（東条・六五）。総称がヘビでない地方に、ヘビ系の語が毒蛇の名として生きている。

呼称の棲み分け

日本を代表する毒蛇は、クサリヘビ科マムシ亜科に属している蛇である。日本列島を、みごとに棲み分けている。本州、四国、九州とその周辺の島には、マムシ属のマムシがいる。南限は大隅《おおすみ》諸島である。その南には、ハブ属が棲む。小宝島、宝島にはトカラハブ、奄美《あまみ》群島、沖縄群島にはハブ、八重山《やえやま》群島にはサキシマハブがいる。それらは、それぞれの地域で、ヘビ系の語で呼ばれている。文化と自然とのみごとな対応である。

斎部広成《いんべのひろなり》の『古語拾遺』（八〇七年成立）には、「羽羽《はは》」は大蛇のことであるとある（西宮・二三、七八）。古形は **papa** あるいは **paba** である。これもヘビという語と同系統にちがいない。毒蛇をいうクチナハの「ナハ」も、このハハと同源かもしれない。クチナハも、歴史的には総称的に使われることが多いが、同系統の語が、やはりマムシの呼称にもなっている。東日本のクチハメ、クソヘビ、西日本のヒラクチである（柳田・二七五〜七、二七三）。クチ、クソは「口《くち》」ではなく、恐るべきものの意かもしれない。ハメはヘビと同語である。民俗学者の柳田国男は、ヒラクチは「平くちなは」の省略形ではないかと説いている（柳田・二七三）。総称をクチナハとはいわない東国では、毒蛇をクチナハ系統の語で呼んでいる。

東京の周辺では、マムシがふつうであるが、これは「真虫」の意で、本来は忌詞《いみことば》の一種であろう。おそれ敬うものなどを、直接にその物の名で呼ばずに、遠まわしな意味の言葉で表わす習慣である。奄美群島では、ハブをマージムンと呼ぶ（文・二四七）。

マージムンとは一般には「化けるもの」を意味する。ハブというのを忌み、「ハブに注意して」というところを「足元に注意して」という（文・二五〇）。那覇あたりでソームン（本物）と呼ぶのも、同じ忌詞的な発想である。八重山群島ではサキシマハブをマームン（真物）という（宮良c・四二七）。クチナハは「朽ち縄」（くさった縄）の意であると古くからいわれているが、本来はともかく、これもヘミという実名をはばかった忌詞的な意識かもしれない。

無毒な蛇の代表で身近なのは、ナミヘビ科のアオダイショウである。本州、四国、九州に棲む。ネズミ類を食べるので、家屋の中に居ることもめずらしくない。そのため神聖視することもある。中国地方にはネズミトリの名もある。家の周囲に居るという意味で、富山県にヤシキマワリ（屋敷回り）、新潟県にサトメグリ（里巡り）、愛知県にゴウマワリ（郷回り）などの称もある。ヤムシ（家虫）という名もある（以上、柳田・二八一～二）。

青大将の語源

このほかには、アオノジ系統の語が多い（柳田・二八四～五）。アオダイショウ（青大将）もその一例で、アオデーシャ（青大蛇《だいじゃ》）、アオノロシ（青蛇《おろち》）などがある。構成《や》は「青蛇」で、ノジも蛇類の呼び名である。『古事記』（七一二年成立）上巻（神代）の八股《また》の大蛇《おろち》の段に見える、大蛇を意味する「遠呂知《をろち》」（青木・五五）のロチも同系統であろう。このノジやロチは、虹《にじ》の語源につながっている。

琉球諸島にも、アオノジ系統の語がある。同じナミヘビ科のアオヘビ類の無毒の蛇の呼称で、オーナガ、アウナジなどと呼ぶ（宮良ｄ・四七～八）。小宝島、宝島、奄美群島、沖縄群島にはリュウキュウアオヘビ、宮古群島、八重山群島にはサキシマアオヘビがいる。これもみごとな蛇の呼称の文化的棲み分けである。沖縄群島では、オーナジャーは人間を助ける蛇だから、殺すと罰があたるといって、たいせつにする（高良・一九～二〇）。八重山群島では、オーナージは水の神の使いとされる。アオノジ類は、神性のある蛇である。

実在する琉球の大蛇

先島地方の宮古群島と八重山群島には、ナミヘビ科のサキシマスジオという大形の無毒蛇がいる。長さは二・五ｍにも達する（高良・二〇七）。朝鮮の『李朝実録』の『成宗大王実録』巻一〇四、成宗十年（一四七九）五月の条に見える一四七七年の見聞記にいう、西表島《いりおもて》にすむ五、六尺の大きな蛇とは（小葉田・三〇）、この種である。石垣島の於茂登岳《おもとだけ》（五二五・八ｍ）に大きな蛇がいるという怪談があるが、事実はこの蛇からの誇張らしい。この蛇をトゥカラと呼ぶ（高良・一七）。石垣島では、ネズミを

於茂登岳　沖縄県石垣市　宮良川下流からの遠望

食うので、マイタコラといい、マイはネコのことである。村人は神聖視する。与那国島には、同属のヨナグニシュウダがいる。方言では、ンダトゥカラという。ンダは糞の意である（高良・一七）。

　このように、ふつう知られているヘビ類には独自の呼称があり、特色ある伝えが結びついている。ナミヘビ科マダラヘビ属の無毒の蛇アカマタは、男に化け、若い女をだまして通うという。アカマタが分布する奄美群島と沖縄群島の昔話の「蛇聟入」三月節供《せっく》型では、蛇は原則的にアカマタである（8章2節）。アカマタは沖縄群島での呼称で、奄美群島では、大島でマッタブ、加計呂麻《かけろま》島でナプタブ、徳之島でマッティブなどという（通観・二五－八〜九番）。

本土に棲むユウダ科のヤマカガシは、昇天するという。神奈川県津久井郡では、そのためヤマッカガシの脱け殻は見た者がいないという（鈴木・六九）。愛知県南設楽郡でも、体の引きしまった、赤色のまさったヤマカガシは天に昇るという。実際に昇るのを見たという人もいる（早川・七四〜六）。『倭名類聚抄』巻十九に、「蟒《ぼう》」の和名を「夜万加々知《やまかかち》」とする。蛇のもっとも大きいものであるとある（狩谷・三九五）。ヤマカガシは大きな蛇ではない。昇天して大蛇になるという信仰があったのかもしれない。『古事記』の八股の大蛇は、目が「赤加賀智《かがち》」（ほおずき）のようであるという（青木・五七）。このカガチは、ヤマカガシのカガシと同語であろう。赤いヤマカガシが昇天するという伝えには、日本人の古い大蛇信仰が生きている。長野県の下伊那郡遠山地方では、ヤマカガシが年経たものをウワバミといい、それには耳が生えていると信じられているという（小林・四）。『箋注倭名類聚抄』では、「宇波婆美《うはばみ》」を大蛇の称としている（狩谷・三九六）。ウワバミも、村人の蛇の分類学では、ただの想像上の蛇ではなく、実在するヤマカガシの長老の姿であった。

3　かやの姫の神

ツチノコ探し

ひところ、ツチノコという猛毒の蛇のことが、話題になったことがある（金井・一四五）。新聞などにまで書き立てられ、ツチノコ探しもはやった。ツチノコは、太くて短い、転がるように走る蛇であるという。実在するか、しないかまで論議されたが、民俗学にとっては、別段に新しい発見ではない。古くからよく知られている、怪異な蛇の典型的な姿である。

三重県の松阪市からさかのぼった櫛田川の上流、飯南《いいなん》郡飯高《いいだか》町の高見山の東麓の村では、そのままツチノコと称していた。山にいる一種の蛇で、槌のように太くて短い。長さと太さがほとんど同じで、人を見ると、コロコロと転がって来るという。ツチノコが棲んでいるところはきまっており、女たちは恐れて、その山には入らない。青年団が、生捕りにして動物園に出そうと狩り立てたこともあるが、つかまらなかったという話もある（高田・二九九）。

ツチノコ一類の蛇を、愛知県南設楽郡の山村では、ツチヘビ（槌蛇）とか、ツトッコ（苞《つと》っ子）とか呼んでいる。藁を打つ槌や、藁で物を包んで両端をしばった、苞に似た形をしているという。蛇の首だけになったものが死なずにいて、それに短い尾のようなものが生えるのであるともいう。かまれると命がないといい、その実例もあったという。藁打ち槌ほどの太さで、丈は二尺ぐらいであるともいう。道のそばの山を転がっていたという（早川・八一）。

岐阜県の飛騨地方では、ノヅチという。山にいて、人の行く手を、上下左右、自在に追っかけるという。直径一尺、長さ二尺ぐらいで、頭も尾もない。丸い、木の枝を切ったもののようであるという（住・五三）。新潟県南蒲原《みなみかんばら》郡で、ヨコヅッヘンビ（横槌蛇）というのも同類である。堤防の上の道にいて、頭から尾まで同じ太さで、ぴょんぴょん跳ねて動くという（外山・四五）。一般に、ツチを木槌の意に解釈している。

年を経た蝮

享保九年（一七二四）から甲府城勤番になった野田市右衛門成方《しげかた》の甲斐（山梨県）の地誌『裏見寒話』の附録に、野槌がみえている。蝮蛇《まむし》が年を経て、体の太さが米つき杵のようになったもので、丈は短い。草を分けて飛んで来る。速いことはたとえるものがない。野槌は飛ぶ鳥も生きながら呑む。走る獣を見て追い、近づくと尾で打つ。人を捕るのにも尾で打つとある（三田村・四六二）。

野槌蛇《のつちへび》　『和漢三才図会』上巻
国立国会図書館蔵

江戸時代の文献にも、槌のような蛇の話は、いろいろ見えている。寺島良安《てらじまりょうあん》の『和漢三才図会』（一七一二年稿）巻四十五にも、「野槌蛇《のつちへび》」の項目がある。深山の木のうろのなかにいる。大きなものは径五寸、長さ三尺で、頭も尾も同じ太さで、尾はとがっていない。柄のない槌に似ているので、野槌と呼ぶ。大和（奈良県）吉野山中の菜《な》摘《つみ》川の清明が滝のあたりで、おりおり見る。口は大きくて人の足に合う。坂を走り下るのはとても速いが、坂を登るのはきわめて遅い。野槌に出会ったら、いそいで高いところに登れば追い着かれないという（和漢・五一五〜六）。

野槌の伝えは、全国的にあったようである。平田篤胤《ひらたあったね》の『古史伝』巻十八には、秋田（秋田県）の野槌がみえている。槌のような形で、目と口があり、尾と頭はない。人を見ると急に草むらから出て、とんぼ返りして追いつめてかみつく。貒兎《まみうさぎ》などを捕ることもあるという（平田・三七〇）。三好想山《みよししょうざん》の『想山著聞奇集』（一八五〇年刊）巻三には、西日本の野槌に触れている。飛驒（岐阜県）、加賀（石川県）、若狭（福井県）、そのほか西国、九州にも、野槌がいるとある。ニシキヘビのような種で、はなはだ短いという（織茂・六五）から、これもツチノコの仲間である。

神話の草野姫

野槌は、一般に蛇の一種と信じられてきた。宮廷の史書『古事記』（七一二年成立）

や『日本書紀』（七二〇年成立）では、ノヅチは野の神の呼称である。日本神話の創世神であるイザナキの命《みこと》とイザナミの命が神生みをしたとき、初めの段階で現われる。『古事記』では、山の神の大山津見《おほやまつみ》の神の次に生まれている。野の神の鹿屋野比売《かやのひめ》の神、またの名が野椎《のづち》の神とある（青木・二七）。『日本書紀』神代五段の本文では、木の祖《おや》であるククノチの次に生まれる。草の祖の草野姫《かやのひめ》、またの名を野槌《のつち》とある（坂本・上―八六）。

　カヤノヒメといえば、草原の女神である。自然のままの土地の基本は、山と野である。木の生えているところが山、草の生えているところが野である。カヤノヒメは草の主神である。『古事記』では、山の神のオホヤマツミと野の神のカヤノヒメが、山と野を分け持って、八人の神を生んでいる（青木・二九）。すなわちカヤノヒメは、大地を支配する神々の母神であった。それが、怪異な蛇の呼び名と同じく、ノヅチの神であったところに、問題の興味がある。

　ノヅチは「野つ霊《ち》」で、「野の霊」の意とされる（青木・二七）。つまりは、カヤノヒメは野の霊である。ノヅチを怪異な動物の名とする古い例は、無住一円《むじゆういちえん》の説話集『沙石集《しやせきしゆう》』（一二八三年成立）にある。比叡山の延暦寺の二人の学生《がくしよう》が、先立った者はあの世でなにに生まれたかを知らせる約束をする。一人の学生が他界し、夢に告げて、野槌というものに生まれたという。野槌とは、ふつうにはいない獣である。深山のなかにまれにいるという。形は大きくて、目鼻や手足はない。ただ口ばかりあって、人を取って食うとある（渡辺・二〇三）。蛇の仲間とはいっていないが、ツチノコなどの姿にそっくりである。

藤原明衡《ふじわらのあきひら》が編んだ『本朝文粋《ほんちょうもんずい》』（一〇五八―六五年ごろ成立か）巻一に、村上天皇（在位九四六―六七年）の古調詩がある。その一節に、野槌がよみこまれている。これもあきらかに神としてのノヅチではなく、怪異な生き物の例である（柿本・上―一〇〇～一）。

また異体の者あり。名号を最明《いとあきら》となす。野槌たれか辨ずるを得ん。蝦蟇もっとも驚くに耐へたり。

「最明といって異様のものがある。その様子は野槌や蝦蟇《ひきがえる》にも見違えるほどで、実に驚くばかりである」という意味である。

『沙石集』の野槌は、のっぺらぼうで、口を大きく開ける蛇をおもわせる記述である。クチナハ系統の蛇の呼称は、この特徴を表わすのかもしれない。それを獣と見れば、きわめて奇妙である。目鼻がないとは、頭の部分がはっきりしないということであろう。獣の体は、ふつうは、頭と胴と尾と手足に分ける。『沙石集』では尾のことには

夜刀神を祀った愛宕神社　茨城県玉造町
玉造町役場企画商工課提供

触れていないが、頭と尾のない蛇というと、ツチノコの類《たぐい》である。ノヅチは、胴だけの怪異な神霊ということになる。

4　蛇の無秩序

夜刀の神

蛇を野の神とする信仰は、古くは『常陸国風土記』(七一三―五年ごろ成立)に見える。夜刀《やと》の神の伝えである。継体天皇の時代に、箭括《やはず》氏《うじ》の麻多智《またち》が、行方《なめがた》郡の郡家(郡の役所)の西の谷の蘆原《あしはら》を開いて田にする。そのとき、夜刀の神が仲間を連れて来て邪魔をし、田を耕すことができない。蛇を夜刀の神と呼ぶ。蛇の身で、頭に角がある。見る人があると、家門を滅ぼし、子孫を継がせない。郡家のそばの郊原《のはら》に、とてもたくさん住んでいるとある。谷を東日本では、ヤト、ヤチ、ヤツなどという。ヤトの神とは、谷の神の意味である。蛇がその土地の主だったのであろう（小島・一二七、三三五）。蛇は水辺に棲むものが多い。

そこで麻多智は、鎧《よろい》をつけ、みずから仗《ほこ》を持って、蛇を殺して駆逐し、山の口の「堺の堀」に「標《しるし》の梲《つえ》」を立てて、夜刀の神に告げる。ここから上は神の地、下は人の田としよう。これからのち、神に仕える司祭者になって、末長くまつろう。祟《たた》ったり、うらんだりするなといい、社を設けてまつったとある。野獣の害を防ぐために、村里と山地との間に、堀や土手を設ける習慣があった。「堺の堀」とはそのたぐいであろう（小島・一二七）。人間と動物との棲み分けである。

農地を開発するとき、山野の神霊から土地を譲り受ける、地もらいの作法があったことは、焼畑の開墾などの例からもうかがえる。山を焼くとき、「山を焼くぞう、山の神も大蛇殿もごめんなされ」などと唱える（山口・二二三〜四）。大蛇殿は、やはり野の神であろう（小島・三三五）。日本の稲作儀礼でも、種まき儀礼や田植え儀礼には、地もらいの作法とおもわれる部分がある。水田に木の枝など杖状のものを立てるのは、そのための占有標らしい。「標の梲」というのも、ここから下を人間が占有するという、シメ（占有標）の杖であろう。地もらいの作法は、建築儀礼にも表われている。

農耕といい建築といい、自然のなかから、人間が利用する空間を占有することである。したがって、そのための儀礼には、占有儀礼が含まれていて当然である。日本では土地の神霊を蛇とし、大地の主の神を蛇とする信仰は古い。夜刀の神もまたその一例になる。野槌の伝えは、その古い信仰が、怪異な動物の話として生き残ったものであろう。人間は、自然のなかで生きている。もし、人間が大地を切り開いて文明を築こうとすれば、蛇は、まさに偉大なる他者であった。麻多智のように、蛇をまつるのは、人間と自然との調和のためであった。

神奈川県の三浦半島の三浦市菊名で育った人の体験談である。小さいころ、丈の高いカヤ原の中で遊んでいたら、奥のほうに一箇所、丸く、なにも生えていないところがあった。おもしろがって遊んで家に帰ってその話をすると、そこはオンジといって、こわい蛇の棲む場所で、ひじょうにおそろしいところであるといわれ、すっかりおどろいてしまった。今でもそのこわさは、忘れられないという（小林・一）。草原のなかに棲むおそろしい蛇といえば、野の神カヤノヒメの信仰の残映にちがいない。

欠如の違和感

作家の安部公房に、「ヘビについて」（『砂漠の思想』講談社、一九七〇年）という評論がある。そのなかで、多くの人が持っている、蛇にたいする生理的な嫌悪感の正体について論じている。それは、当然あるべきものの欠如から来る違和感であるらしい

斐伊川　島根県東部　出雲河川事務所提供

という。手足のない蛇、ただのっぺりと胴体だけの蛇は、内側からその日常性を想像することがむずかしい。すなわち日常性の欠如である。日常性が類推できるかぎり、心理的に征服可能なものになるという。

この安部公房の発想は、『沙石集』の野槌の観念に、きわめて近い。怪物という意識じたい、日常性と非日常性というう物指しのうえに成り立っている。目鼻や手足がないから異常であるとする定義は、身近な野生の獣を、人間以外の動物の規準にするところから生じている。蛇は獣を想像させるほどの大きさがある。その点では、たしかに特異である。われわれの心の準備からいうと、ふつうに目につく動物のなかでは、蛇は予想外の姿をしている。その違和感は、意外性によるといってもよかろう。

目鼻がつくということが、秩序立つという意味であるとすれば、目鼻ばかりではなく、手足までもない野槌は、混沌の象徴である。蛇にたいする嫌悪も、獣の類を「秩序」（コスモス）とする人々がいだく、「混沌」（カオス）にたいする不安感である。ただでさえ秩序の感じられない蛇から、頭と尾を切り取れば、まったくの無秩序である。ツチノコは、まさに混沌そのものである。

蛇を野の神としたのは、『常陸国風土記』の麻多智の物語にみるごとく、蛇の生態も、大きくかかわっていたにちがいない。しかし、野の神の古い呼称であるノヅチが、後世、丸太を輪切りにした木槌のような、胴体だけの姿になっていたのをみると、やはり蛇はカオスの象徴だったのではないかとおもわれる。山林がそのまま自然であってよい大地であるのにたいして、原野は、開発されてもよいはずの自然である。そのカオスの世界を支配する神は、すなわち、混沌を象徴する怪異な蛇である。偉大なる他者は、「混沌」であった。

大地を支配する大地母神の信仰は、世界に古くかつ広くおこなわれている。歴史的には、古代オリエントにさかのぼる（石田・一七二～四）。しかも天地創造のとき、大地の混沌を、蛇によって表わす古伝も少なくない。カヤノヒメの神の信仰も、その一例になる。『古事記』垂仁天皇の段に、出雲へ行ったホムチワケの命が一夜ちぎった肥長比売《ひながひめ》の正体は、蛇であったとある。ヒは肥河（斐伊川）、ナガは蛇の意で、川の蛇の女神とされる（青木・一六九）。蛇はしばしば水の神にもなるが、これなどは大地母神の信仰からの分化であろう。

第2章　大王《おおきみ》と大地の主《ぬし》の蛇——古代日本の蛇信仰からの流れ

1　大地の主の神格

国造りの神

オホナムチの命は国造りの神である。『古事記』や『日本書紀』には、スクナビコナの命といっしょに国造りをする物語がある（青木・七九、坂本・上―一二八）。『播磨国《はりまのくに》風土記《ふどき》』（七一三―五ごろ成立）にもある。『出雲国《いずものくに》風土記』（七三三年成立）では、それがさらに強調され、オホナムチの命の呼称が「天《あめ》の下造《したつく》らしし大神《おおかみ》」になっている。くわしくは、「五百《いほ》つ鉏鉏《すきすき》なほ取り取らして天の下造らしし大穴持《おほなもち》の命」とある。たくさんの鉏を取って国土を形成したという意味で、大地の二次的な加工をする神であることをたたえた修辞である（小島・四二、三一四）。

このように人間的に活躍していたオホナムチの命が、神霊として社に鎮まったのが、国譲りである。『古事記』上巻（神代）の国譲りの段では、中つ国（地上の世界）を天つ神（天上の世界の神）に譲ったオホナムチの命は、宮殿ができたら、その片隅に身を隠そうといったとある（青木・九三）。『日本書紀』神代九段の一書第二では、それまでオホナムチの命が治めていた「顕露《あらわ》の事」は皇孫《すめみま》の命（皇統の子孫）に譲り、自分はしりぞいて「幽《かく》れたる事」を治めようといって、身に「瑞《みつ》の八《や》坂《さか》の瓊《に》」（美しい大きい玉）をおおって、永久に隠れたとある（坂本・上－一五〇～一）。「顕露の事」とは現実世界のことであり、「幽れたる事」とは宗教世界のことである。玉をおおうとは、オホナムチの命が玉を神体としたことを表わしている。

オホナムチの命が隠れた社は、出雲《いずも》郡杵築《きづき》郷にある杵築《きづき》大社（出雲大社、島根県簸《ひ》川《かわ》郡大社町）である。『出雲国風土記』では、出雲御埼《いずものみさき》山の西の麓にあるとある。出雲では、こうした山内や山麓に神をまつっている山を、「神《かん》なび山《やま》」と呼んでいる。出雲御埼山も神なび山の一つにあたる（小島・八三、三一七）。『出雲国風土記』には、そうした、山を依《よ》りどころにしてまつった社が目につく。日本には、古風な土地では、村を鎮護する山として、里に近い山に神をまつる習慣がある。その一例である。産土《うぶすな》神、鎮守神などと呼ぶ村の神の淵源も、この信仰にある。

『古事記』上巻（神代）の出雲の段では、オホナムチの命は大国主の神の名で活躍している。オホナムチの命は、スサノヲの命の命令で、根《ね》の堅州国《かたすくに》（地下の国）で試練を受ける。おわって、オホナムチの命は、スサノヲの命の女《むすめ》のスセリビメを背負い、三つの宝物を持って逃げ出す。そのとき、父のスサノヲの命は、オホナムチの命に、

「大国主《おおくにぬし》の神」となり、また「宇都志国玉《うつしくにたま》の神」になって、スセリビメを正妻とし、宇迦《うか》の山の麓に立派な宮殿を建てて住めという。「国主《くにぬし》」は国の支配者、「うつし国玉」は現実の国土の神霊で、大地の主の神格である。ウカは出雲郡に宇賀郷、宇加川がある。宇賀山は、現在、出雲御埼山の別名でもある（青木・六九）。

古い時代の文献には表われていないが、大地の主であるオホナムチの命は蛇であるという伝えがある（松前・一三三）。江戸時代の『雲陽秘事記』の記事である。松江城主の松平直政が大社に参詣して、千家、北島の両国造《くにのみやつこ》の制止もきかずに神体を見たとき、大きな九穴の鮑《あわび》が、たちまち十尋《ひろ》ばかりの大蛇になったとある。神を蛇とする信仰がなければ起こりえない奇跡である。

蛇山と出雲大社

永久三年（一一一五）の大社遷宮のときの「寄木《よりき》の造営」の話も、オホナムチの命を蛇とする観念が表われている。黒沢三右衛門尉《のじょう》の『懐橘談』（一六五三年ごろ成立）下に、稲佐《いなさ》の浦に漂着した大木に大蛇がまといついていたが、神の告げにより、大社の遷宮の用材にしたとある（市島・四三〇～一）。蛇が大社のしるしになっている。時代は新しくとも、根拠もなく、そんな風説が生まれるはずもない。御埼山を別に蛇山と呼ぶと『懐橘談』下にあるのも（市島・四二九）、たいせつな事実である。オホナム

稲佐の浜　島根県大社町　大社町産業観光課提供

チの命の本体の蛇が、山に鎮まっていたと考えたくなる伝えである。

山に鎮まる大地の主が蛇の神であるといえば、すぐに想起されるのが、奈良県桜井市にある三輪山《みわやま》の神である。三輪山（四六七・一m）は、平野に接した、姿の美しい山として知られている。神なび山と呼ぶにふさわしい山容である。社は山の西麓にある。大神《おおみわ》神社という。『延喜式』巻十「神名」に、大神大物主《おおみわおおものぬし》神社とある（黒板・一九二一）。古来、山を神体としてまつるといわれ、社殿は西向きに鎮座するが、拝殿だけで本殿はない。拝殿の後方にある三つ鳥居（三輪鳥居）を通して山を拝む。山は禁足地で、いわゆる「神体山《しんたいざん》」である。

三輪山の神が蛇の神であるという伝え

は、『日本書紀』雄略天皇七年の七月の条に見える（坂本・上－四七二）。

天皇が側近の小子部蜾蠃《ちいさこべのすがる》に、三諸岳《みもろのおか》の神の姿を見たいから捕えて来いと命じる。蜾蠃は三諸岳に登り、大蛇を捕えて来て天皇に示す。大蛇は雷鳴のようにとどろき、目を輝かせる。天皇はおそれて、大蛇を見ずに御殿の中にはいり、神を岳に放させる。蜾蠃には、あらためて「雷《いかずち》」という名をたまわる。

蛇の姿ではあるが、その性格は雷神である。三諸岳とは三輪山のことである。ミモロとは、神霊の依りつく神座《しんざ》をいう。三諸岳はつまりは神なび山ということになる。

海から寄って来る神

出雲の杵築と大和の三輪とのこのいちじるしい類似は、ただの偶然ではない。『古事記』出雲の段に、海を照らして来た神の物語がある。その神が大国主の神（オホナムチの命）に自分をまつればいっしょに国造りをしようといって、「倭《やまと》の青垣《あおかき》の東の山の上《へ》」にまつれと告げる。それが「御諸《みもろ》の山の上《へ》にいます神」であるとある（青木・七九）。ここでは、オホナムチの命が三輪山の神をまつっている。

『日本書紀』神代八段の一書第六に、「大三輪《おおみわ》の神」の縁起がある。大己貴《おおあなむち》の神が、いっしょに国造りをしたスクナビコナの命が、常世《とこよ》の郷《くに》（外国）に行ってしまったのを嘆いていると、海を光で照らして浮いて来る者がある。大己貴の神に、自分がいたから国造りができたという。大己貴の神が、おまえはだれかと尋ねると、あなたの「幸魂奇魂《さきみたまくしみたま》」であると名乗り、「日本国《やまとのくに》の三諸《みもろ》の山」に住みたいといったとある（坂本・上―一三〇）。三輪山の神は、オホナムチの命のもう一つの魂であるということになる。

平安時代初期の『延喜式』巻八「祝詞《のりと》」にみえる「出雲《いずも》の国造《くにのみやつこ》の神賀詞《かむよごと》」にも、同じ趣意の伝えがある。国譲りのとき、「国造りましし大穴持《おほあなもち》の命」（国をおつくりになったオホナムチの命）は、自分の和魂《にぎたま》と御子神など四つの神を、皇孫《すめみま》の命（皇統の子孫）の側近くの守り神としてささげておいて、みずからは杵築の宮（出雲大社）に鎮まったとある。その自分の和魂は、八咫《やた》の鏡に託《つ》けて、「倭《やまと》の大物主櫛𤭖玉《おほものぬしくしみかたま》の命」と称して、大御和《おおみわ》の神《かむ》なびにまつっている（武田・四五五）。神には荒魂と和魂があるという古風な神観念があり、それぞれ別の社にまつられていることがある。杵築はオホナムチの命の荒魂、三輪はその和魂になる。

「神賀詞」は、出雲《いずも》の国造《くにのみやつこ》が新たに就任したとき、朝廷に参って、天皇にささげる寿詞《よごと》である。いわば国譲り神話に対応する儀礼で、表向きはオホナムチの命が皇孫の命に服属するかたちをとる。しかし、本来の意義は、大地を統治する、大地の主であ

三輪山　奈良県桜井市

るオホナムチの命の権威を、皇孫の命が継承することにある。オホナムチの命が、和魂を三輪に寄せたということは、杵築でおこなうはずの大地の主の神のまつりを、皇孫の命（たとえば天皇）が三輪でおこなえるようにしたことになる。出雲と大和と、それぞれの土地で独立して成長して来たとおもわれる大地の主の信仰が、ある時期、大和で一つの神として結びつけられたのであろう。

海のかなたから訪れたもう一つの魂とは、「第二の我」（alter ego）の観念である。人間には、本人とはまったく別個に行動する、動物などの姿をとった、もう一つの霊魂があるという信仰がある。ここでは宗教的に、神の第二の我である。蛇が大地の主の第二の我に相当する。杵築で蛇を見たというのも、実は神の第二の我かもしれない。日本では、神と密接なつながりのある動物を、神の使わしめとして、神そのものとはしない。それを、三輪や杵築で蛇を神としているのは、重要である。

2　大美倭《おおみわ》の蛇の神

崇神王朝と三輪山

三輪山の神のことが印象的に語られているのは、崇神《すじん》天皇（十代）の時代である。崇神天皇は、『古事記』や『日本書紀』の皇統譜で、実在性の濃厚な最初の天皇である。この王統を崇神王朝あるいは三輪王朝と呼ぶ人もある。もちろんこの時期の記事に、どれだけの事実が含まれているかは、大いに疑問である。しかし、古代の人々が、この初代の大王《おおきみ》とおぼしき崇神天皇にかけて三輪山の神を語っていることは、そのことじたいが、一つの貴重な事実である。大王の王権にとって、三輪山の神がいかに大切であったかを示している。

『古事記』崇神天皇の段によれば、崇神天皇が三輪山の神をまつったのは、悪疫が流行し、人々が死に絶えそうになったからである。心配している天皇の夢に、大物主《おおものぬし》の大神《おおかみ》が現われて、「これは自分の意志である。オホタタネコに自分の霊をまつらせれば、祟りも起こらず、国も平安であろう」と告げる。そこで、さっそくオホタタネコを探して、神主として神をまつらせたとある（青木・一四九）。

三輪山の神が、悪疫をはやらせる神であったことは興味深い。『古事記』『日本書紀』の神話では、国譲り以前、オホナムチの命が治めていた中つ国が、悪霊の跳梁《ちょうりょう》する世界であったと語られているのと共通する。その点では、崇神天皇が三輪山の大物主の神をまつって悪疫を鎮めたのは、一つの国譲り神話である。国譲りとは、「混沌」の世界に、「秩序」を与えることである。平安時代になると、祟りをなして悪疫を起こす霊を御霊《ごりょう》と呼び、それを鎮めまつる御霊《ごりょう》信仰が盛んになるが、これはその最古の事例である。

花鎮めの祭り

こうした三輪山の神の祟る性格は、このとき限りのものではない。その後も、毎年の祭りによって広く知られていた。古代国家の諸制度を定めた『大宝令《たいほうりょう》』（七〇一年成立）の「神祇令《じんぎりょう》」にいう三月の「鎮花《はなしずめ》の祭り」がそれである（井上・二一一、五三二）。これは「令」の注釈書の『令集解《りょうのしゅうげ》』に引く「令釈」（七八七－九一年ごろ成立）によれば、三輪山の大神《おおみわ》神社と、その「麁御霊《あらみたま》」（荒魂）をまつる狭井《さい》神社（現在、大神神社の境内社）の祭りであった。春、花が飛び散るとき、疫病の神が分散して病をはやらせるのを鎮めとどめるためであるという（黒板・一九五）。国家的な御霊信仰である。

鎮花祭の神饌（薬草）　忍冬・百合根・桃の花
奈良県桜井市　大神神社　大神神社文教課提供

そこで祭祀《さいし》の務めを果したオホタタネコは、三輪山の神の子であったと伝える。『古事記』崇神天皇の段にいう、いわゆる「三輪山神話」である（青木・一五一～三）。

　イクタマヨリビメに、夜ごとに男が通って来る。だれかわからぬまま女は身ごもる。両親は、糸巻の糸を針に通し、針を男の着物の裾に刺せと教える。翌朝、糸をたどって行くと、「美和《みわ》山」に続き、神の社で終っている。それで男が三輪山の神であることを知る。

これは、蛇が人間の女のところに通

って来るという、昔話の「蛇聟入」の緒環《おだまき》型の典型的な例である。『古事記』では蛇とは明言していないが、糸が戸の鉤穴《かぎあな》を通っていたとあり、あきらかに蛇を想定している。オホタタネコは、大物主の神とこのイクタマヨリビメの子である。タマヨリは「霊依り」で、神霊が依《よ》り憑《つ》く巫女の呼称である。神と巫女の結婚により、神に仕える氏族の祖先が生まれるという神話の型である。

　オホタタネコは、『古事記』では、神君《かむのきみ》と鴨君《かものきみ》の祖であると伝える。神君は、三輪《みわ》君《きみ》、大三輪君《おおみわのきみ》とも称し、三輪山の神をまつる氏族である。鴨君は、葛城《かずらき》の鴨《かも》（奈良県御所《ごせ》市）の氏族で、「出雲の国造の神賀詞」にいう、大穴持の命の御子神など三つの神をまつる氏族である（青木・一五三、三九四）。アヂスキタカヒコネの命の御魂《みたま》をまつった葛木《かずらき》の鴨の神なびは、『延喜式』巻九「神名」の高鴨阿治須岐託彦根命《たかかもあじすきたかひこねのみこと》神社（高《たか》鴨《かも》神社、御所市）である。事代主《ことしろぬし》の命の御魂をまつる宇奈提《うなて》は、同じく「神名」の高《たけ》市御県坐鴨事代主《ちのみあがたにますかもことしろぬし》神社で、今の川俣神社（橿原市雲梯《うなて》町）がその跡かという。賀夜奈《かやな》流美《るみ》の命をまつる飛鳥の神なびは、「神名」の高市郡にみえる加夜奈留美命神社にあたる。オホタタネコは「神賀詞」がいう大和の四つの神々をまつる一族の祖である。

　このオホタタネコの出身地を、『古事記』も『日本書紀』も、河内の須恵器の生産地、大阪府堺市南部の陶邑古窯趾《すえむらこようし》群のある地方にあてている。おそらく須恵器の生産にかかわっていた氏族であろう（松前・四九〜五〇）。してみると、歴史的に、オホタタネコは、五世紀中葉以降に、河内から大和にはいったことになる。それは、ちょうど、応神天皇を祖とする応神王朝、あるいは河内王朝と呼ばれる、きわめて実在性の強い王統が河内に成立した時代である。オホタタネコの伝えは、そうした王統の歴史と深くかかわっているにちがいない。

帝紀・旧辞の成立期

私は『古事記』や『日本書紀』の材料になった、王統を中心にした系譜の「帝紀《ていき》」と物語の「旧辞《きゅうじ》」は、この応神王朝に成立したと考えている。日向《ひむか》を舞台にした神話と、出雲を舞台にした神話を基盤に、日本神話が形成されたのも、この王朝の時代ではないかと推測する。崇神王朝は、もう一つ前の王統である。その古い王統の古伝を、その後継者として、新しい勢力の王統が吸収したのが、崇神天皇の三輪山の神の物語ではなかったかとおもわれる。

そしてそこには、古い三輪山の祭祀権を、新しい崇神王朝が継承した跡が、二重映しになっているようにみえる。『日本書紀』崇神天皇十年九月の条の続きに、ヤマトトトビモモソヒメの命（ヤマトトトビメの命）の物語がある（坂本・上－二四六）。これは、その崇神王統の司祭者が、さらに古い神武王朝とでも呼ぶべき初期三輪王朝の三輪山の神の祭祀を、否定しながらも、継承しようとした姿を伝えるものであろう。

姫は大物主の神の妻になる。神は夜来る。姿を見たいというと、神は、明日の朝、姫の櫛《くし》入れの中に居るから、見ておどろくなという。朝見ると、小さな蛇が居る。姫が声を立てると、神は恥をかかされたといい、自分は去って姫に恥をかかせようと、宙を践《ふ》んで三諸《みもろ》山に登る。姫は悔いてどすんとすわったとき、陰《ほと》に箸《はし》がささって死ぬ。

託宣で大物主の神を現わしたのもこの姫である。『日本書紀』では、ヤマトトトビモモソヒメの命は、孝霊《こうれい》天皇（七代）の皇女として見えるほか、孝元《こうげん》天皇（八代）の皇女にもヤマトトトビメの命がいる（坂本・上－二三〇～一）。これが初期三輪王朝の巫女の呼称だったのであろう。ヤマト（倭、日本）と冠した人名は、崇神王朝以前に、圧倒的に多い。それとは別に、同じく崇神天皇七年に、やはり天皇の夢のなかで大物主の神が指名したオホタタネコが三輪山の神をまつっているのは、新王統がその初期三輪王朝の祭祀権を掌握したことを示しているようである。

ヤマトトトビメの命の伝えを、私が古いとみるのは、『古事記』では、「三輪山神話」の変型である、神が丹塗《にぬ》り矢になって現われる「丹塗り矢神話」を、神武天皇（初代）にかけて語っているからである（青木・一二九）。

美和《みわ》の大物主《おほものぬし》の神が、ミシマミゾクヒの女子のセヤダタラヒメを見そめる。神は丹塗り矢になり、川屋《かわや》（厠）の流れを下って姫の陰《ほと》を突く。姫が丹塗り矢を床の辺に置くと男に化す。姫は男と結婚する。生まれたホトタタライススキヒメの命（後に改めてヒメタタライスケヨリヒメ）は神武天皇の妃になり、綏靖《すいぜい》天皇（二代）を生む。

丹塗り矢は蛇の変型とみてよかろう。神武天皇は、イスケヨリヒメの命と結婚するとき、最初、狭井《さい》川のほとりにあるヒメの家に行って一夜をともにしている。『古事記』には、「サヰ」とは山百合《ゆり》のことで、川のあたりに山百合がたくさんあるのでこの名があるという（青木・一三二）。狭井川とは大神神社とともに花鎮め祭りを行った狭井神社の地で、ヒメの家は、その司祭者の家系であろう。ここも、もともと三輪山信仰と無縁ではなかった。神武天皇は、三輪山の神の子で、その巫女の資格のある女を妻にすることによって、大和での大王の権威を確保していたことになる。初期三輪王朝の初代の大王の姿が神武、崇神の二人の天皇に分化して描かれている。

応神王朝への古伝の吸収

『日本書紀』は、この伝えの異伝を、神代八段の一書第六に記している。神武天皇の后のヒメタタライスズヒメの命は、大三輪の神の子であるとしながら、別に、事代主《ことしろぬし》の神が「八尋熊鰐《やひろわに》」（大きなフカ）になって三島のミゾクヒヒメ（タマクシヒメ）に通い、生まれた子であるとする（坂本・上―一三〇）。同じく神武天皇の条の本文でも、事代主の神とタマクシヒメの子である（同・上―二一二）。事代主の神は、葛城《かずらき》の鴨君《かものきみ》がまつる神で、これは、応神王朝以後の勢力を前面に出した語り変えである。事代主の神が「八尋熊鰐《やひろわに》」に化して通ったというのは、丹塗り矢神話の変型である。

応神王朝が、三輪山の神の祭祀権を掌握することを重視したのは、それが大和の古代王権の象徴だったからである。三輪の山の神は、大地の主の蛇である。その蛇を統御するのが大王の権威であった。宗教的には、天の神は雷の神を遣わして大地の主を統御する。大地の主もまた雷の神の性格を持っていた。大王は天の神の資格で統治した。大地の主はまつりかたにより、「善」でもあり、「悪」でもあった。人間にとって偉大なる他者である。それは蛇の特性でもあった。蛇を「混沌《こんとん》」の象徴とするのはそのためである。世界に「秩序」を立てるのが、大王であった。

ヤマトトトビメの命の物語は、箸墓《はしはか》の由来譚になっている。昼は人が、夜は神がつくり、大坂山（二上山の北）から石を手渡しで運んだとある。古墳の葺き石の話である。この箸墓は、桜井市箸中にある前方後円墳（大市墓）にあてられている。典型的

箸墓古墳　奈良県桜井市

な前期古墳で、全長が二七八ｍもある(坂本・上－二四七～八)。物語にしろ、三輪山の神の祭祀を、古墳時代前期(四世紀)にかけて伝えているのは、大王の三輪山信仰の意味を知る上で、たいせつなことである。

　三輪を「大美和」ともいう。「大」も「美」も美称で、語根は「わ」である。それは『魏志』にいう倭国の「倭」と一致する。ヤマトを「大倭」「大和」と書くのは、「大美倭」「大美和」を二字に省略した表記ではなかったか。「大美倭」の別称にヤマトがあり、それを「大美倭」の訓としていたところから、「大倭《やまと》」「大和《やまと》」の表記が生まれたと考えることができる。「飛《とぶ》鳥《とり》の」が「明日香《あすか》」にかかる枕詞《まくらことば》であるところから、「飛鳥」と書いてアスカと読むようになるたぐいである。そんなことも想像してみたくなる、大王と蛇の神とのかかわりである。

3　大地の主の金毘羅神《こんぴらがみ》

日本人の金毘羅神

江戸時代、航海安全の神として信仰を集めた讃岐《さぬき》の象頭山《ぞうずさん》（香川県琴平町）の山上にある金毘羅権現《こんぴらごんげん》（金刀比羅宮《ことひらぐう》）は、もともとは、金光院松尾寺を守護する地主神《じぬしがみ》であった。金毘羅神は、仏教の守護神である。「金毘羅」とは梵語《ぼんご》の Kumbhīra の音写で、鰐《わに》を神格化した薬叉《やしゃ》神王である。「禁毘羅」「宮毘羅」とも書く。薬師十二神将の宮毘羅大将や、般若守護十六善神の一つになっている。漢訳経典の『大方等大集経《だいほうどうだいじっきょう》』に「金毘羅摩竭魚夜叉大将《こんぴらまかつぎょやしゃたいしょう》」、『大雲輪請雨経』に「金毘羅龍王《こんぴらりゅうおう》」とある。唐では「蛟龍《こうりゅう》」（水の霊）という。金毘羅神は、経典において、水の霊であり、龍神であった（望月・一三七四〜五）。

金毘羅権現は、地域社会では、地元の四つの村の鎮守神であった。荘官と呼ばれる七戸の旧家が交代で祭りを主宰する、いわゆる頭屋制の祭りがある（武田・三四〜八）。荘官とは本来は荘園の役人を意味する。荘園時代からの中世的な遺制であろう。金毘羅権現は、元来は、地域社会の鎮守としてまつられたものであろう。それが山上にあったのは、里に近い山を、村の鎮護とする山岳信仰の一例である。鎮守神とともに寺院を置く例は、荘園時代にはほかにも多い。

讃岐の金毘羅権現以外にも、金毘羅神信仰が古くから行われていた可能性は大きい。江戸時代の金毘羅信仰の流行じたい、そうした各地に広まっていた金毘羅神の信仰が、下染めになっていたにちがいない。林道春の『本朝神社考』（一六四三年ごろ成立）には、『山家要略記《さんげようりゃく》』を引いて、三輪明神（奈良県、大神《おおみわ》神社）を、天竺《てんじく》の霊鷲山《りょうじゅせん》の鎮守金毘羅神とする説のあることを論じている（宮地・一〇二）。霊鷲山とは、仏典に出て来るインドの霊山である。三輪明神は大地の主の神であり、蛇の神である（前掲2節）。ここでは、金毘羅神も、大地の主としての蛇の神である。象頭山の金毘羅権現は、その具体的な事例である。

『本朝神社考』中巻には、祇園《ぎおん》社（京都市、八坂神社）の神の牛頭天王《ごずてんのう》を、天竺では金毘羅神というと記している（宮地・一一五）。二つの神は水の神の性格を持ち、蛇の神である点で共通する。しかも、それ以上に、悪疫が起こることを防ぎ、悪い神を送るという信仰でも一致していた。それが祇園信仰の大きな特色であった。愛知県の東加茂郡下山村（豊田市）には、六月十日に、金毘羅さまが病気治療に四国に行ったのに始まるという、神送りの行事があった。これは金毘羅神が牛頭天王的性格で農村に土着したものにちがいない（4章4節）。

金刀比羅宮の御田植祭り　香川県琴平町　金刀比羅宮社務所提供

金毘羅神の神無月

旧暦十月の異名を神無月《かんなづき》という。この月は、日本中の神々が出雲（島根県）に集まり、地元にはいなくなるので神無月《かみなし》というと伝えている。九月の末には神々を出雲へ送り、十月の末には神々を出雲から迎える行事をおこなっていた村も少なくない。そうしたなかで、出雲へは行かないという神があるという伝えもある。金毘羅神はその代表的な神の一つである。それは、古くからのこの神の信仰の性格に由来している。

金毘羅神が出雲の神集いに参加しないのは、十月に祭りがあったためとも考えられる。香川県を中心に四国地方では、十月十日が金毘羅権現の祭りの日であるから、金毘羅さまは出雲へ行かない留守居神であると伝えている（武田・四九）。大分県の東国東郡富来町（国東市）でも、金毘羅さまは出雲へ行かないといって十月十日にまつる（郷田・三）。長崎県の南松浦郡椛島《かばしま》村（五島市）では、金毘羅さんは忙しそうに、祭りの日であるといいながら働いていたので、出雲へ行くことを免除されたという（竹田・七五七）。神無月のときに、村に残って留守居をする留守居神の伝えもいろいろある。留守居神には、稲の取り入れを祝って十月にまつる神が多い。水の神、蛇の神といえば、稲作を守る神にふさわしい。金毘羅神にも稲作の神の性格があったにちがいない。

異形神としての性格

出雲に行かない理由を、金毘羅神の属性とする伝えもある。高知県の長岡郡稲生《いなぶ》村（南国市）ではオイゲさまと金毘羅さまが、同大豊町では金毘羅さまが、疱瘡《ほうそう》を病んで器量が悪くなったので留守居をするという（武田・五〇）。長崎県北松浦郡の小値賀《おぢか》島では、金毘羅さまは耳が悪いから出雲に行かないという（井之口・六七七）。鹿児島県の鹿児島郡三島村の黒島でも、足が悪くて出雲へ行かないので、十月一日にまつって慰めるという（村田・八九四）。出雲に行かない理由を身体的事情とするのは、他の神々にも共通する特色である。これは、それらの神が、ふつうの人格神ではない、異《い》

池の丸神社　徳島県神山町　神山町産業観光課提供

形神《ぎょうしん》であるということを意味する。

　はっきりと、蛇の神は出雲へ行かないという伝えもある。兵庫県の宍粟《しそう》郡千《ち》種《くさ》村（宍粟市）では、金毘羅さまを蛇の神とする。金毘羅さまが出雲へ行って頭を出したら、おまえの体は長いがどこまで続いているのかと聞かれた。尾は家のほうに残っていると答えると、それなら来なくてもよいといわれたという。ここでは、妙見さまも留守居神である。やはり祭りの日に働いているのを出雲の神に見せて、行かなくてもよいことになったという。妙見菩薩は北極星の神格化で、蛇を象徴する北斗星信仰を吸収している。妙見さまも蛇の神かもしれない。

　徳島県の名西《みょうざい》郡上山《かみやま》村（神山町）の

池の丸神社にある池の神は、蛇体であるという。昔、一人の神が出雲に行くのに遅れて困っていた。それを、池の神が蛇の姿になって、背に乗せて連れて行き、自分は帰って来た。池の丸さんは金毘羅さんのことであるともいう（武田・五〇）。これは、蛇の神は出雲の神集いと関係があるとしながら、出雲へは行かないという言い伝えの根底にある論理を、よく表わしている。しかも新しい金毘羅信仰が、古い蛇の神の信仰を吸収していくようすもうかがえる。金毘羅神は蛇の神、水の神、大地の主として、古い日本人の信仰を継承していたのである。

4　出雲《いずも》の神在月《かみありづき》

総社の神は蛇

出雲へ行かないという蛇の神は、その土地を鎮護する大地の主の神であったらしい。武蔵の国府（東京都府中市）の周辺地方では、国府の六所明神（大国魂《おおくにたま》神社）の神は蛇体なので、神無月にも出雲へ行かないという。のろのろはって行ったため、遅れてしまった。それで、もう来なくてよいといわれたと伝える。六所明神とは、各地の国府に置かれた総社の呼称で、一国の鎮守として、その国の大地の主の神格を備えていたのであろう。

出雲では、神々が集まるからといって、神無月を神在月《かみありづき》と呼び、神在月の行事がある。それを「お忌み」という。これに直接かかわる神社が七社あり、宍道湖《しんじ》をとり囲む地域にある、出雲大社、佐太《さた》神社などの神社である（石塚・七）。そのうちの一つ、松江市朝酌町の多賀《たが》明神（朝酌下神社）の神は蛇体であるという。佐太神社へも行かないので、十月二十五日には、神々が見舞いに立ち寄るといって、この社の北にある魚見山で神事がある（岡・一八〜九）。集まった神々は、七社を二つの組に分け、それぞれの組の神社を順序にしたがって巡るといわれるが、佐太神社だけは、その双方に入っている（石塚・七）。佐太神社は「お忌み」の中心のようである。

十月になって日本海が荒れるのを、「お忌み荒れ」と呼ぶ。お忌みの期間に、近くの海辺に漂着した海蛇を「竜蛇《りゅうじゃ》」と称して拝み、それぞれ、佐太神社、日御碕《ひのみさき》神社、出雲大社に納めた。「竜蛇」は、竜宮からの使者といい、一般では、これをも「お忌みさん」と呼ぶ。佐太神社には、竜蛇の漂着を見張り、神社に納めることを務めとした社人もいた（朝山・一五）。どうも出雲の神集いの行事には、蛇の神の意識が強く表われているようである。

国に相当する地域の鎮護神では、ほかに長野県諏訪市と下諏訪町の諏訪明神（諏訪大社上社《かみ》、下社《しも》）に、神が蛇体であるので、出雲の神集いに行かないという伝えがある。蛇体の明神が出雲へ行ったところ、とがめられ、尾は高木（地名）にあるといって逃げたという話がある（平瀬・三九）。諏訪の神が蛇体であることは、『神道集』（一

諏訪大社の御柱祭　長野県諏訪市　諏訪地方観光連盟提供

三五四―八年ごろ成立）以来の「諏訪縁起」の甲賀三郎の物語にも見えており、諏訪（小坂）円忠の『諏訪大明神画詞《すわだいみょうじんえことば》』（一三五六年成立）にも、神が竜の姿で現われた古伝が記されている（小島a・三六五～六）。

　諏訪大社は、上社と下社に分かれ、もともとの祭神は、建御名方富《たけみなかたとみ》の命（南方《みなかた》刀美《とみ》の神）と妃の八坂刀売《やさかとめ》の神である。信濃の一の宮とされ、下社の神職家は、上代の信濃《しなの》の国造《くにのみやつこ》の家系と伝える。社殿の形態も古風で、古来、本殿はない。上社では、社殿の上段にある「御座石《ございし》」が神殿に相当し、その背後に「神体山」があり、さらに上のほうには守屋山がある。山を主体とした神である。下社も本殿はない。下社の春宮《はるみや》と秋宮《あきみや》の二宮の神殿に相当するのは、神木（春宮は杉、秋宮はイチイ）を取り囲んだ瑞垣《みずがき》である。その神木の前には自然石を置き、「神座」あるいは「相殿《あいどの》」と称している。諏訪の神も、山に鎮まる蛇の大地の主であるということになる。

諏訪の神は、『古事記』上巻（神代）の国譲りの段に見えている。大国主の神の子で、国譲りに反対した建御名方《たけみなかた》の神である。けっきょくは、天つ神の使者の建御雷《たけみかづち》の神に敗れ、「科野《しなの》国の洲羽《すは》海」（信濃国の諏訪湖）に追われて降伏したとある（青木・九一〜三）。建御名方の神は、あきらかに諏訪の神を想定している。『先代旧事本紀《くじ》』地神本紀には、大己貴《おおなむち》の神の子の建御名方の神が、信濃国諏方《すわ》郡の諏方神社にいるとある（鎌田・一一八）。大国主の神、大己貴の神とは、出雲大社の神オホナムチの命に相当する。諏訪の神は、出雲と不思議な縁で結ばれている。

神集いの伝えの歴史

出雲への神集いの伝えは、けっして新しくはない。藤原清輔《ふじわらのきよすけ》の歌学書『奥儀抄《おうぎしょう》』（一一三五―四一年ごろ成立）上巻に、

十月、神無月《かんなづき》、天《あめ》の下《した》のもろもろの神、出雲国にゆきて、この国に神なきゆゑに、かみなし月といふをあやまれり。

とある（佐佐木・二五二）。神無月を「神な月」と読むことの説明である。吉田兼好の『徒然草《つれづれぐさ》』二百二段には、伊勢の太神宮《だいじんぐう》（伊勢神宮）にあらゆる神々が集まるとする説があるが（久保田・二七五～六）、それは特殊な例である。出雲に神々が集まるという伝えは、同時代の由阿《ゆうあ》の『詞林采葉抄《しりんさいようしょう》』（一三六六年までに成立）第六（室松・六五）をはじめ、室町時代の記録にも散見しており（石塚・四）、これには大きな歴史がある。「お忌み」にかかわる諸社は、神なび山の信仰に由来しているのではないかという（石塚・八）。だいたい、神なび山のごとく、鎮めの山にまつられている神々である。『出雲国風土記』では、出雲郡の杵築大社（出雲大社）は、出雲御《いずものみ》埼《さき》山の西麓にある（小島b・八三）。佐太の大神の社は秋鹿《あいか》郡の神なび山（朝日山）の麓である。神社の項には「佐太の御子《みこ》の社」がある（同・六五～六）とあるから、麓の神は親神で、今の佐太神社の奥宮にあたる社であろう。

このように山と社の関係をみると、松江市大庭町の神魂《かもす》神社は意宇《おう》郡の神なび山（茶臼山）、簸《ひ》川《かわ》郡斐川町（出雲市）の万九千《まんくせん》社は出雲郡の神なび山（仏経山）に近いことが知られており、松江市雑賀の売豆紀《めづき》神社は、茶臼山をはさんで、神魂神社と東西の位置にある。ほかには、『出雲国風土記』にいう神なび山ではないが、神門郡の宇《う》井《い》滝《たき》明神（朝山神社）は姉山に近く、多賀明神には嵩子山がある（石塚・九～一〇）。

杵築大社と多賀明神以外には、蛇の神であるという伝えがあったのかどうか確かではない。しかし、佐太神社の神は、三輪山の神と同じく、蛇の神あるいは雷の神であったかもしれない。『出雲国風土記』島根郡加賀の神埼《かむさき》の条には、佐太の大神が生まれたときの物語がある。弓矢が失せたが、母神のキサカヂメの命が、御子がますら神（勇ましい神）の子であるなら、弓矢は出て来いというと、はじめは偽りの角の弓矢、次いで本物の金の弓矢が現われたとある。これは、三輪山の神が丹塗り矢に化す、「丹塗り矢神話」（前掲2節）の変型である。弓矢はますら神であろう（小島b・六一〜二、三二八）。

神集いの構造

出雲のお忌み諸社の行事が、組織的なつながりを持つようになったのは、新しいことかもしれない。各地の出雲への神集いの行事も、一つ一つの成立はさほどの歴史があるともみえない。しかし、それらを成り立たせている根本の思想は、私にはきわめて古いもののようにおもわれる。すなわち、大地の主の蛇の神をそれぞれの土地でまつることと、出雲への神集いの伝えである。三輪山の神、葛城の鴨の神々、諏訪明神の神が、出雲からそれぞれの地方に移ったという伝えが成立した時代には、それぞれの土地では、すでに本貫の出雲の神をまつる行事が、なんらかの形でおこなわれてい

弁の御嶽　大嶽の拝殿　沖縄県那覇市

たとみてもよかろう。「出雲国造の神賀詞」にみるように、出雲と朝廷も儀礼で結ばれていた。

　オホナムチの命の和魂《にぎたま》にしろ、三輪山の神そのものにしろ、出雲の浜に海から訪れたというのは注目すべき伝えである。琉球の神道では、大地の主が鎮まる山に相当する聖地を御嶽《おたけ》と呼ぶ。それと同時に、海のかなたの神の世界ニライカナイから、アガルイの大主《おおぬし》（東方の主神。太陽の神）を迎える信仰があった。一箇所の御嶽に二つの拝所（イベ）を置き、土地の鎮めの神と、迎えまつる来訪神とを重複してまつっていた形跡がある。なにかそうした来訪神信仰の論理が、ここでも働いているのであろう。神在月の「竜蛇」の信仰は、やはり、この海からの神霊の古伝と一連のもののようにみえる。

第3章　天の蛇の虹の橋――日本の「虹の蛇」から世界諸民族へ

1　虹は天の蛇

天の蛇の発見

虹《にじ》を蛇の姿とみる観念は、日本でも、かなり明確に跡づけることができる。この問題について、ニコライ・ネフスキーは、一九三二年に、ロシア語で、「天の蛇としての虹の観念」を発表している。ネフスキーが注目したのは、琉球《りゅうきゅう》諸島の宮古《みやこ》島で、虹をティンパウと呼んでいたことである。ティンは「天」、パウは「ハブ」（蛇）である。宮古島では、地上の蛇にたいして、虹を天の蛇とみていたのである。

ネフスキーは、一九一五年から二九年まで日本に滞在し、比較民俗学の視野から、日本の民俗学の発展に多くの寄与をしたロシア人の言語学者である。ネフスキーが虹を蛇とする、いわゆる「虹の蛇」(rainbow-serpent)に興味を抱いたのは、類例が東アジアなど外国にもあることを知っていたからである。ネフスキーは、インド、マレー、中国、アメリカ・インディアンなどをあげている。この論考の原稿は、一九二二年十

ネフスキー　前列向かって右から柳田国男、ネフスキー
加藤九祚『天の蛇』河出書房新社刊より

月には完成していたらしいという（加藤a・三四一〜二、同b・二七四〜五）。

虹の蛇の観念は、気象現象にすぎない虹にたいする民衆の宗教的な自然観を知るうえで、きわめて興味深い。虹は雨あがりに出る。夕立に多く、したがって雷とも結びつく。蛇はしばしば水の神である。雷の神も蛇と考えられることが多い。その中で虹を蛇とみることはごくしぜんである。虹の弓なりの形は、ますます蛇に似つかわしい。しかも、虹は天空にかかるが、足は大地にさがっている。天と地を一つにつなぐものである。大地の神も蛇とされることがある。虹は天と地と、雷の信仰を一つの体系にまとめるときの要《かなめ》にもなる。

若水を奪う虹

宮古群島には、言い伝えの中にも、虹の蛇の観念が生きている。宮古島のすぐ北にある池間《いけま》島には、こんな「若返り水の使者」の昔話がある。昔、人間はスデ水（若返り水）を浴びて脱皮をしていた。あるとき、天の神の太陽が、セッカ（ヒタキ科の鳥）にスデ水を運ばせた。ところが、途中でアウナズ（虹）が現われ、スデ水を奪って捨てた。太陽と月は、虹をしかった。それで、虹は太陽を避けて、その反対側に出るようになったという（佐渡山・五）。

この昔話は、宮古群島に多いが、ふつうは、虹ではなく蛇が登場する。蛇が脱皮をして、いつまでも若返る由来譚になっている（6章4節）。池間島の例は、虹を蛇とみる観念に支えられた変化である。アウナズは、ここでは明らかに虹の意味に用いられているが、一般には、琉球諸島でアオヘビ類を指す、アウナジ、オーナジ系統の語に相当する言葉である（宮良・四七〜八）。虹をそのまま蛇の呼称で表わしていたのである。八重山《やえやま》群島の竹富《たけとみ》島でも、虹をやはりオーナーギィといっている。この地方には、本質的に、虹と蛇（おそらくサキシマアオヘビ）とを同一視する観念が、生きていたのである（同・四二）。

竹富島のオーナーギィのほかにも、八重山群島には、虹の蛇の伝えがある。新城島《あらぐすく》では、虹は蛇が千年の歳月を経て成った大竜の化身であると伝える。虹をアミ・ファイ・ムヌ（雨を食うもの）と呼び、雨が降りそうで降らないのを、虹が雨を食ったという（宮良・四三）。そんな天気のとき、虹が出やすいのであろう。小浜島《こはま》で、チネー・ミマンチィというのは、ティン・ヌ・ミミジィ（天の蚯蚓《みみず》）の意である（同・四二〜三）。大地の中にいる長虫が、天上に昇っているという観念である。

虹は竜がはく息

虹が蛇とかかわりがあるとする伝えは、本土にもある（安間・九三）。長野県埴科郡《はにしな》には、虹は竜が天から水を飲みに来るのだという。竜とは、水中にいる霊的な蛇類の謂《いい》である。同郡には広く虹は水中の竜がはく息《いき》であるという伝えもある。更級郡《さらしな》でもジャ（蛇）の吹く気であるという。ジャも霊的な蛇のことであろう。山梨県西山梨郡でも、ノジ（虹）は蛇の息だという。秋田県の平鹿郡《ひらか》浅舞町（平鹿町）では「ノギ（虹）は吹いた」という。これも虹をなにかが吹き出すという観念を示している。大分県大分郡でも、虹が出るとジャ（蛇）が吹いたという（安間・九三）。虹を蛇そのものとするほかに、蛇の吹く霊気とする観念もあったのである。

虹が、川とか池とか、水のあるところから出るという伝えは広い。水域から水域にかかるともいう。蛇がいるという池から虹が出るという伝えもある（安間・九三〜四）。長野県の北佐久郡小沼村（御代田町《みよた》）では、虹は真楽寺の小沼の池から出るという。この池は、諏訪明神（諏訪大社）にまつられる甲賀三郎が、大蛇の姿になって出て来たところと伝える。埴科郡雨宮県《あめのみやがた》村（千曲市）では、昔から大蛇がいるといわれている池から虹が出るという。

一歩変化して、虹を蛇の通路とする伝えもある。長崎県の西彼杵《にしそのぎ》郡雪浦村（西海市大瀬戸町）では、雨が止んだあと、山と音無川に虹が立つと、その虹を伝わって蛇が天から降りて来るという。その姿はおそろしくて、村人は見ることもできない。蛇は川の水を飲み干すと天に昇り、その水を雨に降らせる。昔は蛇の祠《ほこら》をつくってまつっていたという（関山・一二）。ここでは、虹の蛇の観念が、なまなましく信仰として生きていたらしい。

八重山群島では、先にみた新城島のアミ・ファイ・ムヌのほかに、与那国《よなぐに》島にはアミ・ヌミャー（雨を飲むもの）という呼称もある。石垣《いしがき》島では、虹は川や海、あるいは井戸水を飲み干すという（宮良・四二〜三）。虹そのものが、蛇として、水を飲みに来るという伝えのほうが古風な表現であろう。

虹を天にかかる橋とするのは、一つの見かたである。長野県更級郡にも、虹は竜の女神が渡る橋であるとか、竜が天に昇る道であるとかいう伝えがある（安間・九九）。

小県郡《ちいさがた》では、虹は天の姫君の橋であるという。北佐久郡でも、虹は天国から地上に向かって出るとか、天の橋であるとか、川から川にかかる橋であるとかいう（安間・一〇二）。

『古事記』『日本書紀』の神話で、創世神のイザナキの命とイザナミの命が立つ「天《あめ》の浮《う》き橋」が、虹の形象であるというのも、一つの真理であろう（沼沢・一五五、大林・八四〜七）。宮古島の神話の古伝では、創世神の立つ天空の橋を、「天《あめ》の夜虹《ゆのづ》の橋《ばす》」と呼ぶ（慶世村・一〜二）。虹の橋とは、蛇の橋であった。

ニジの語源説

ニコライ・ネフスキーと同じころ、方言研究の宮良当壮《みやながまさもり》は、虹と蛇類の呼称の分析から、「ニジ」が蛇を意味する語から分化したものであることを、立証しようと試みている（小島・五九四〜五）。ニジの呼称には、ノジ、ネジ、ヌジ、ヌギなどの語形があるが、それは、アオヘビ類の呼称が「アヲ＋（語根）」の形をとっている、その語根部分の語形の変化の様相にきわめて近い。ノジ、ナジ、ナギなどである。

そこで宮良当壮は、ナギをウナギ（鰻）を含めた蛇形の動物の総称と考え、それからニジ、ヌギが分化したとする（宮良・五〇）。秋田県ではアオダイショウを、アヲノジ、アヲノズという（柳田・二八四）。ノジ、ノズは、同地の虹の呼称（宮良・二九）と共通する。また、琉球諸島の南部には、前に見たとおり、池間島や竹富島のアウナズ、オーナーディのように、サキシマアオヘビの呼称が、そのまま虹を指している例もある。「ニジ」が蛇を表わす語と同語であることは疑いない。

ネフスキーは、池や沼の主《ぬし》を蛇とする信仰から、ニジとヌシとを同源と見ようとしているが、この用例の水準では無理である。ヌシは「主」であり、蛇をヌシと称しているわけではない。ただ、ヌシと呼ばれるような動物が、蛇以外にはごく少なく、ほとんど目立たないことは注目に値する。蛇は「主」になり得るほとんど唯一の動物であったことになる。

2　虹の蛇の三千年史

殷代の卜辞

中国最古の文字は、まとまっては、殷《いん》代の甲骨《こうこつ》文字に見ることができる。占いに用いた亀甲《きっこう》や、牛などの肩胛骨《けんこうこつ》に刻んだ文字である。たしかな時代判定ができるのは、武丁（二十二代）から帝辛（三十代）までの時期である。紀元前一三〇〇～一一〇〇年ごろにあたる。占いに関する記述であるところから、卜辞《ぼくじ》ともいい、約三千の文字が知られている。

絵文字からはかなり進んだ図形の体系であるが、まだ古い象形のおもかげをとどめ

「蜺」の甲骨文字
（『殷墟書契菁華』）
『民族学研究集刊』
第２期より

ているものも少なくない。虹も興味深い形の文字で表わされている。弓なりに弧をえがく二本の線で、両端には口を開けて下を向く頭がある。どうみても、二匹の重なり合った蛇が、大地に下って来る姿である。三千年前から、中国でも虹は天の蛇であった。以下、熊海平《ゆうかいへい》の論考にしたがって紹介しよう。

郭沫若《かくまつじゃく》は『卜辞通纂考釈』で、これは雌雄二つの虹をかたどった「蜺《げい》」の字で、両端に頭があるとしている。一つ出た虹を「虹」、二つ出た虹を「蜺」と称したものであろうという（熊・二五五）。虹はふつう人の目をひく第一の虹の外側に、ややぼんやりと第二の虹が見える。『釈名』には、蝃蝀《ていとう》（虹）はいつも太陽が西にあると東に見え、東方の水気を掇《と》り飲むとある（熊・二五五）。甲骨文字で、頭を下に向けているのは、地上の水を飲む蛇の形である。

甲骨文字の第一例は『殷墟書契菁華』（三葉）を引く。それには、「北から蜺が現われて河で飲む」（有出蜺自北飲於河）とある。第二例は、『殷墟書契前編』巻七（四三葉の二）を引く。これも、虹の部分は同文である。「□から蜺が現われて河で〔飲む〕」（有出蜺自□於河）とある（熊・二五六～七）。ただ蜺が出たというだけではなく、川で水を飲むといっているのは、この文字の図形が、そのまま信仰として生きていたことを物語っている。郭沫若は、郷里の四川省では、今も、虹には頭があって水を飲むという伝えがあることを記している（熊・二五五）。中国では三千年を隔てて、虹の文化が一貫して続いていた。それはまた、日本の虹の観念ともきわめて似かよっている。

この第一例では、北から現われた蜺を「祟《たたり》あり」（有祟）としている。それは、現代、河南省や江蘇省の各地に伝わっている二つの農民の諺《ことわざ》と一致している。諺に「東の虹は太陽（あるいは、「たちまち雷」）、西の虹は雨、南の虹と北の虹は子どもを売る」という。子どもを売るとは、凶年になることを意味する（熊・二五六）。甲骨文字の時代の占いの判じが、そのまま今に諺で生きている。

青銅器紋の虹

周代には、銅器の花紋のなかに蜺の模様がある。『武英殿彝器《いき》図録』のなかから「口侯壺」（一〇五葉）を引いている（熊・二五七）。周壺と名付けられている銅器で、

周代銅器の雲霓紋
(『武英殿彝器図録』)

漢代石刻の虹霓像
山東省嘉祥武梁祠

『民族学研究集刊』
第2期より

腹部にある盤雲紋三層のうち、中、下層にそれがみえる。「盤夔《ばんき》紋」とも呼ばれるが、蛇の花紋で、「雲霓《うんげい》紋」と称するのがよいという。「霓」は「蜺」である。ちょうど甲骨文字の蜺の字の弓なりの胴体を半分に折り、縦長にして、二つの頭を近づけた形である。頭部に眼が加わっているほかは、まったく甲骨文字と同じ構成である。

ついで、漢代には石刻の虹の蛇がある。山東省嘉祥の武梁祠《ぶりょうし》の二つの「虹霓」の図である(熊・二五八)。一つは後石室の第三石の第二層の右側にある。二つの頭を地に接し、身を弓状にした虹霓である。左側には、雨師(雨の神)、風伯(風の神)、雷公(雷の神)の像がある。全体が一つの神話的な世界である。もう一つは、第四石の第二層にある。雷公、雷母(雷の女神)、雨師と、一類の神人の像があり、その右のかたわらに虹霓がある。身をくねらせた雲形の胴を持つ横長形の虹の図で、両端に頭がある。

武梁祠の虹霓は、どちらも、頭はずっと竜らしくなり、胴も鱗が描かれている。文字が具体的なものから抽象化に進むのにたいして、美術としては、宗教的な想像の世界を具象化しようとしているからであろう。第三石には足もあって、蛇からは遠ざかっているが、かえって、その全体の形は、甲骨文字の蜺の姿である。この石刻は、漢代、虹をめぐる信仰が、雷雨などの現象と結びついて展開していたことを物語るものであろう。

人家に来る虹

蜺が二つの頭を持って水を飲むという伝えは、南北朝から唐、宋の時代の文献の説話に見えている。『淵鑑類函《えんかんるいかん》』に引く唐の李冗《りじよう》撰の『独異志《どくいし》』には、白虹が部屋に入って来て、粥を食ったとある。風雨をなすとあるから、この白虹も天の蛇の仲間である。『古今図書集成』に引く『窮怪録』には、北魏の正光二年（五二一）六月に、晩虹が下って渓泉を飲んだとある。晩虹は夕方に東方に出た虹であろう。

『太平広記』巻三九六に引く『祥験集』には、虹霓が空から下って宴席の庭に入り、筵に頭を垂れ、食物を吸い、飲み尽くしたとある。頭は驢馬《ろば》に似るというのは、竜の顔である。これは情景描写から、あきらかに夕立のあとの虹である。『南部新書』には、唐の永貞二年（八〇六）に、彩虹が将軍の家に入り、初め漿《す》の甕に入って水を飲み尽くし、さらに井に入って飲んだとある。もちろんどれも体験とはいえないが、それが固有名詞をともなって、事実譚のようになっていたのは、虹の信仰がそれぞれの時代に生きていた証拠である。

　北宋の時代には、沈括《しんかつ》の『夢渓筆談』に、世間の伝えに、虹はよく谷川に入って水を飲むというのは本当であるとある。雨あがりに、虹が谷川におりて、二つの頭をその中に垂らしていたのを見たという話を記している。明の楊慎の『丹鉛総録』にも、雨がはれたとき、虹霓が下って谷川の水を飲むのを見たとある。これを「渇虹」と称している。雨を降らせて「のどのかわいた虹」が、水を飲みに来るという考えである。虹が水を飲み、それを雨として降らせるという日本の伝えと同じである。殷代以来、天の蛇の観念は、一貫して日本の信仰と近似していた。

3　虹の蛇の観念

水から生まれる虹

　日本や中国の周辺の民族にも、虹は水から出るという伝えがある。北海道のアイヌ民族も、山の上の水のきれいな池から出るということである。朝鮮半島でも、慶尚南道の咸陽《かんよう》郡では水の清い井戸、泉、あるいは田植え後の水田から、慶尚北道の大邱《テグ》府では池や沼や江から、旧咸鏡南道の元山《ウォンサン》府では大雨の後の水溜まりから出るという(安間・九五)。

シベリアの諸民族には、一歩進んで、虹は水を飲むものであるという伝えがある。アルタイ諸族にも、虹が川や湖の水を吸いとり、あるいは飲むという伝えがある。カフカスでは、虹が出ているとき、水汲みや水浴びに行ってはならないという。虹が水のあるところに来るという考えであろう。カフカスやヤクート人には、虹が子どもをさらうという伝えがある(ハルヴァ・一九六)。東シベリアでは、イェニセイ・オスチャーク(ケット)族は、虹を称して「雷が水を飲む」という。ウラル諸族のヴォチャーク(ウドムルト)族は、虹を霊的な水を飲むものと呼ぶ(ホルンベルク・四四三)。

ヨーロッパの虹の蛇

こうした観念は、ヨーロッパ全域にも広まっている(ハルヴァ・一九六)。東ヨーロッパでは、虹は海や湖や川の水を吸って、あらためて雨として地上に撒《ま》くといい、はっきりと「虹の蛇」の観念があって、巨大な蛇の一種であると想像している。西ヨーロッパに住むウラル諸族のエストニア人は、虹は雄牛の頭を持ち、川に下って来て、水を空《から》にするという(ホルンベルク・四四四)。フランス西北部のブルターニュ地方でも、虹の蛇は燃える眼をした雄牛の頭である。ローマ人は、虹は大地から水を飲むと考え、同系統のルーマニア人も、虹は両端が川から出ているという。古代ペルシャでも虹を蛇と見たそうである（リーチa・九二二）。

東南アジアの類例

こうしたユーラシア大陸の虹の蛇の観念は、東南アジアの原住民のあいだでは、大地の蛇と結合している。マレー半島のサカイ（セノイ）族では、虹は地中に棲んでいる大蛇の体から出る影であると信じている。虹の赤色はその身体、緑色は肝臓、黄色は胃であるという。同じくイジョクのネグリト族では、虹は竜王の使者の釣り糸であるという。竜王はどこか遠いところに住んでいるという（古野・八三〜四）。これも、大地の蛇の一種であろう。

マレー半島の古い住民であるキンタㇰ・ボンㇰ族やメニㇰ・カイエン族では、虹はフヤㇰという二つの蛇が水を飲みに来たものであるという。フヤㇰは兄弟で、兄はタク・タヒ、弟はタク・スワウといい、弟はこれら部族の文化英雄である。稲などの主要な作物や品物は、弟の末子の体から生じたという。太陽を東から昇るようにしたのも弟である。やがて二人は地下へ行き、虹をつくっていっしょに出て来る。弟の方が深く入ったので、下側の虹である。稲が生育する雨季の六箇月には、いつも監視に虹が出て来るという（古野・八四〜六）。大地の虹の蛇が創世神であり、稲の神話を支えている。

大地の虹の蛇の伝えは、インドの原住民にもある。アッサムのナガ諸族の系統の中部インドのマリア・ゴンド族でも、虹を「大地の蛇」と呼び、大きな蟻の穴の中からはい出して、雨が止んだしるしに、虹の光を空に投げかけるという（古野・八六）。東南アジアの古層文化に属するとおもわれる諸民族に、顕著な虹の蛇の伝えがあり、しかもその蛇が明確に、ただの天の蛇ではなく、大地の蛇であるのは、観念の生成を考えるうえでたいせつな事実である。

オーストラリアの虹の蛇

オーストラリアの原住民のあいだにも、虹の蛇がある。ここでは、神話や儀礼の中で、虹の蛇が重要な地位を占めており、造物主、文化英雄、豊穣の神、大父神になっている（リーチa・九二二）。とくに重要視されているのは、北西部の諸族で、そこでは虹の蛇をカレルと呼び、生まれていない子どもや、雨や豊穣の精霊がたたえられている水溜まりと結びつき、子どもや雨をもたらすものといわれている（ルオマラ・九三）。

基本的には、虹の蛇は創世神話の体系に組み入れられていたようである。北西部のカラディエリ族では、二人の造物主が虹の蛇を造り、その虹の蛇が、大地、海、魚、川などを創造したという。また、太陽とその妹が、容れ物に入れた虹の蛇を東から西へ運んだ跡が川になり、それが銀河であるという伝えもある（ウォーターマン・四一、二九）。

オーストラリア中北部のノーザンテリトリーのオエンペリでは、虹の蛇は地下の穴に住むという。雌の虹の蛇は海の岩の中に住み、いやがらせをするときに虹として出る。雄の虹の蛇も、その水穴から虹として雨季のあいだに出る。彩られた雄の虹の蛇は、ほおひげと長い歯がある。動くことによって川を創造するという（ウォーターマン・三六）。ここでは、大地の虹の蛇である。

アメリカ大陸の虹の蛇

アメリカ大陸の原住民にも、虹の蛇の観念ははっきりとみられる。北アメリカでは、平原地域のシャハプティアン族の主要な部族であるネズ・ペルセ族に近似するショショニ族が、虹を巨大な天の蛇と考えている。氷の丸屋根にみたてた天空に、虹である巨大な蛇が、背を当ててこすっているという。ナイアガラの水の上の虹は、この滝を巨大な爬虫類の住み処《か》とする暗示であろうという（アレグザンダーa・一三九、三〇〇）。

北アメリカの原住民の蛇信仰では、概括すると、巨大な霊的な蛇は、天のものであ

ナイアガラの滝　カナダ

るとともに、水のものでもあるという。おそらくその蛇は、おもに人格化された虹や雷光で、それで天や水と結びついているのであるという（アレグザンダー a・三〇〇）。中央森林地域のティミスカミング＝アルゴンキン族やティミガミ＝オジブワ族は、虹はある大きな水域の裂目から出る霧によって生まれるという（フェーゲリン・九二二）。虹は、アメリカの原住民の神話では、確固たる人格神として登場することが多い。虹の蛇の観念は、そうした神話や儀礼の深い層に定着しているようである。

南アメリカでも、多くの原住民が虹を巨大な水の蛇と同一視している（メトロー・九二三）。中部アメリカのメキシコでは、ケツァール鳥の羽毛のある蛇の神は、本来雨雲の神であり、虹か雷光の化身である天の蛇であるという(アレグザンダーb・六八)。雨と虹と雷光が、蛇で体系化されている。ギアナ高原のブランコ川上流のアレクナ族では、ケイェメンと呼ぶ神霊が、巨大な水の蛇の姿の虹で、水鳥の祖父とされ、その地下の住まいの入口は、池の底にあるとする(レヴィ＝ストロース・二六二)。水の蛇が、虹として天と地を統一している。

テフェ湖のアマゾン諸族では、虹は彩られた蛇で、多彩色の陶器の製作とかかわりがある。ボリビア東部のクマナ族は、虹は見つめた者に石を投げつける蛇であるという。一般にパラグアイ川西部のグラン・チャコの諸族には虹の蛇の伝えがある。アシュルスライ族は虹は天の蛇とする。そのほか、虹は蛇のような怪物であるとか、怪物の死体が虹の姿で空に現われるなどの伝えもある(レヴィ＝ストロース・三二三、三〇四〜五。リーチa・九二二)。

アフリカの蛇信仰

アフリカの原住民の蛇信仰は、もっとも顕著であるといわれる。その蛇はたいてい川の中か水域に住む(ハースコビッツ・九九八)。それは蛇が超自然的なものであることを表わし、水の神と結びつくからであろう。そうしたアフリカにも、やはり、虹の蛇の観念がある。虹は生きもので、ふつうは蛇とみられる。しばしば有害な影響があるとして、おそれるという。ルアンゴの住民は、良い虹と悪い虹とを信じている（ワーナー・二三四）。

西アフリカのギニア湾岸の諸族には、虹の蛇について、まとまった伝えが知られている。ヨルバ族は虹の蛇をオシュンマレと呼ぶ。地下の大きな蛇で、他の神話の蛇のように、大地の神である。その蛇は大地から天空へ水を飲むために来る。エウェ諸族では、虹の蛇は海に尾で立ち上がり、海から来て、かがんで水を飲む（リーチa・九二二）。また虹を、大きな蛇アシィィエウォが雲に反射した化身とみなし、蛇が草を食べに来たとか、雲の中に水を求めに来たとかいう（ワーナー・二三四）。

ベニンの原住民には、かなり体系的な虹の蛇の観念がある。巨大な虹の蛇をアイド・ハゥエドという。大地の主の蛇である。この虹の蛇は、創造神マウゥが宇宙を創造して回るとき、あちらこちらに運んだという（リーチb・三〇）。ここでも虹の蛇は、創世神話の次元に存在している。アイド・ハゥエドは、天の蛇として、天上から大地へ稲妻をもたらすといわれ、一方では大地の下の蛇とも考えられている（リーチa・九二三）。大地の主の蛇として、天上と大地を結びつけている。

アフリカやオーストラリア、アメリカでは、創世神話のなかに虹の蛇が登場している。それも大地の主の蛇であることが多い。大地の主が天空まで支配しているかたちが、虹の蛇である。大地の主の蛇が、気象現象まで統御しているのであろう。虹の蛇は、そうした世界観の表象として存在している。日本でも、大地の主の蛇の信仰があり、それが雷神信仰の形をとっている。日本の虹の蛇の観念も、アフリカなどの蛇信仰と同じ基盤の上に成り立っていた。

4　蛇・虹・死者・人間

虹を指ささない習俗

虹を指さしてはいけないという伝えが、日本の各地にある。長野県埴科郡でも、虹を指さすと指がくさるという。鹿児島県でも、虹を人さし指でさすと手がくさるという（安間・九五）。琉球諸島では、沖縄群島の久高《くだか》島で、虹をシー・キラー、ティー・キラーという。「手を切るもの」という意味である。虹は神であるから、これを指させば失礼にあたり、指さした指の先から、だんだんにくさってきて、手が切れてしまうという（宮良・四二）。

沖縄群島などでは、墓についても、指さすと手が切れるという。どうしても指さす必要があるときは、親指をなかに入れて握ってさす。これは東京あたりで、子どもたちが、霊柩車《れいきゅうしゃ》を見ると親指を隠して手を握るのと同じ趣意である。死者を指さしてはならないということであろう。これは蛇を指さすことを忌む習慣と類比できる。東京あたりでも、蛇を指さすと指がくさるといい、両手で蛇の長さを示したときには、ほ

洞窟利用の墓　沖縄県　沖縄本島南部

かの人に、そのあいだを切ってもらうか宗教的な要因がありそうである。指さしの禁忌には、なに(宮良・四二)。

われわれの日常生活の中には、人を指さすのは無作法であるとする観念がある。それを準用すれば、霊的なものや死者を指さすことも、礼を失した行動になる。しかし、そうした漠然とした作法の根底にある論理がなにかが問題である。安間清は、虹や蛇について、指さしてはならないというのは、虹と蛇を同一視する、虹の蛇の観念の表われとみる(安間・九五)。これはきわめて妥当な見解である。この禁忌が虹の蛇の観念の上に成り立っていることは、まずまちがいあるまい。

『詩経』の禁忌

虹を指さすことを忌む習俗は、東アジアに広く知られている。朝鮮にもある。慶尚南道の咸陽付近では、やはり虹を指させば指がくさるという（安間・九八）。中国では、古く『詩経』の「国風」の「鄘《よう》」に「蝃蝀」の一節がある。「蝃蝀在東、莫之敢指」（蝃蝀は東にある、これをあえて指さしてはならない）という。蝃蝀は虹のことである。この詩は不品行な女を非難したもので、そんな女は見る者もいないという意味で、虹にたとえたと解釈されている（盧・一二二）。これによれば、古代中国には、虹を指さすことを忌む風習があったにちがいない。しかも中国には、現代でも蛇を指さすことを忌む習慣がある（9章3節）。

同じ伝えは、東南アジア一帯にもある。インドネシア系統の台湾の原住民のあいだにも広く分布している。ブヌン族に顕著で、アタヤル族、セデク族、サイシアット族、ツオウ族、ルカイ族、パイワン族にもある。南アジアでは、インドのアッサム地方のアンガミ、セマ、アオ、レングマなどのナガ諸族、ミャンマーとの境界地方の同系統のラクヘル族、ルシェイ族、ミャンマーのカレン族にもある。南太平洋では、ボルネオのインドネシア系統のドゥスン族、マーシャル群島、ロイヤリティ諸島のリファン族（古野－馬渕・七五～九、古野・七一～二、八三）や、ハルマヘラ島のガレラー人、北部ニューギニアのブカウア族（フレイザー・四八三）にもある。

アメリカ大陸の類例

これらの諸族には、かならずしも虹の蛇の観念があるわけではない。しかし、虹を指さすことを忌むだけでも、これほど顕著にあるのは、偶合とはおもえない。北アメリカの原住民にもある。サウス－ダコタ州に住むスー（ダコタ）族も、人さし指で虹をさしてはならないという（フレイザー・四八二）。北部カリフォルニア諸族の子どもたちは、虹の色を数えたり、指さしたりすることを、戒められている（フェーゲリン・九二三）。虹を指さすことを忌む例は、ホピ族、トンプソン－インディアンにもある（リーチ・九二二）。先にあげた南アメリカのボリビアのクマナ族で、虹を見つめると蛇が石を投げるというのも、熟視するなということであろう。この禁忌は、宗教表象としての虹の本質に、かかわっているようである。

ヨーロッパの類例

ヨーロッパでは、一般には、虹は異郷、とりわけ天国への橋であるという、「虹の橋」の観念がある。イギリスには、そうした伝えは残っていないが、虹を指さすのは悪いことであると考えているという。イングランドの北部地方や西部ライディング地方には、虹を見たら、虹を消すまじないをしなければならないことに注意している

（ベヤリング・一二五～六）。この禁忌も、なにか古い観念の名残りにちがいない。

ヨーロッパ人は、人を指さすことを、きわめてきらうそうである。日本では、それがさらに具体的になって、死者を指さしてはならないというかたちになっている。これについて私は一つの仮説を持っている。指さすことを忌むものが、人であり死者であり、蛇であり虹であるとすると、人と死者・蛇・虹とは、等価値であることになる。神話的観念では、しばしば蛇は、人間と対立するものである。人間が善で、秩序あるものとすれば、蛇は悪で、混沌を表わす。虹は蛇の霊的な姿であり、死者は人間の霊的な存在である。霊的な世界で、人と蛇とが交錯しているのである。

その交錯のさまを表わすのが、ヨーロッパにも古くからある虹の橋の観念である。ギリシア神話でも、虹の女神イリスは天上と地上をつなぐ使者であり（呉・二二〇）、北欧神話『エッダ』でも、虹は天国と大地を結ぶ橋である。虹は死者の霊魂が天上に昇って行く橋であると信じ、虹を三色に見立てた。真中の赤色は燃える火で、橋をあがる資格のない者は、そこで焼かれるという（マッカロック・三二九ほか）。オーストリアやドイツの一部では、子どもの霊魂は虹に乗って昇天するという（ベヤリング・一二五～六）。

死者の渡る虹の橋

虹の橋を、神霊あるいは死者の渡る橋とする伝えは、東南アジアや南太平洋にも多い。台湾の原住民でも、きわめて顕著である。アタヤル族やセデク族では、「神霊の橋」という。死者の霊は橋を渡って祖霊の住む国へ行くと信じられ、その橋と虹を同一視する。他のサイシアット族、ツオウ族、パイワン族、ルカイ族、アミ族などにも、「神霊の橋」の観念はある（古野－馬渕・七五～七、古野・七三～八）。

天にかかる虹を、天上と地上を結ぶ橋と見るのは、いわば素朴な観察である。死者の霊が虹を渡って天上に行くという信仰も、死者の霊の橋の観念があれば、それが虹の橋に結びつくだけで生まれる。しかし、虹には本質的に人間の死との連想が少なからずある。インドシナ半島のルゥンガオ族は、朝の虹は、非業の死をとげた人の霊が水を飲みに来たものという。モイ族は、滝にかかる虹は、滝に溶けこむ屍体《したい》の数を示すという（古野・六九）。

アッサムのナガ諸族にも、虹を神霊の橋のようにみる伝えがあり、やはり死者の霊がかかわっている。セマ・ナガ族では、虹の先端が村の中に落ちていると、戦いで住民の一人が殺されるという。またアンガミ・ナガ族などでは、死者を葬ったところに虹を表わす竹の弓を設けるが、それは霊魂が天に昇る道を象徴するという。ベンガル湾のアンダマン諸島では、虹は死者の霊が住む世界とこの世との架け橋であるという（古野・六八～九）。

南太平洋のインドネシアでは、フィリピンやセレベス（スラウェシ）に、神霊の虹の橋がある。セレベスのブキ族や南西部のマカッサルの住民は、天の神の息子が虹を通って地上に下り、人間のために世界を築いたという（ディクソン・一五六）。創世神話の天の橋である。メラネシアでは、ソロモン群島のサン・クリストバル島民が、虹は海の神霊の通路とする（古野・八九）。これは虹の蛇の観念にも近い。ポリネシアでも、ハワイを始め、ソサエティー、クック、ティコピアなどの諸島にある。ここでは主として神の通路の虹である（カートレイ・二七八）。

北アメリカの原住民にも、虹の橋が異郷への道であるという伝えは多い。マッケンジー川地方、北太平洋岸、カリフォルニア、イロコイ領域、南西領域にあり（トンプソン・三三三）、その中には、虹を霊魂の通路とする部族もある。たとえば、北太平洋岸のトリンギット族や、南東領域のカタウバ族などでは、虹を死者の道としている（リーチa・九二二）。

星を指ささない習俗

ジェイムズ・フレイザーは、その名もピタゴラスの定理で知られている古代ギリシアの学者、ピタゴラス（前五三二ごろ—前四九七年ごろ）が、門弟に星を指さしてはならないと語ったということに注目している。これはドイツでは、ごく一般的な俗信である。古いヨーロッパの習俗であろう。エストニアでは、月や星を指さしてはならないという。北アメリカのオジブワーインディアンでは、月を指さしてはならないという（フレイザー・一三三〜四、四八二〜三）。

ヨーロッパ人のあいだには、死ぬと天の星の一つになるという考えかたがある。星を指さすことを忌むのも、星が死者の霊であるという観念によるものであるとすると、これも死者を指さしてはならないという禁忌の一例になる。エストニアやオジブワーインディアンで月というのも、月を死の世界の象徴としているのかもしれない。北部ニューギニアのブカウア族では、虹は殺された人々の血で成り立っているといい、虹を指さすと、その死者の不運な精霊が祟りをするという（フレイザー・四八三）。

指さしてはならないものについて、われわれはここで、一つの連比の式を立てることができる。

人間：死者：：蛇：虹

これに、さらに宇宙観を加えて体系化すると、次のようになる。

現実：神秘：：人間：死者：：蛇：虹：：大地：天空

大地は現実の世界で、そこでは蛇と人間の対立が起こり、天空は現実を裏返しにした神秘の世界で、虹と死者の宗教的融合が生じている。指さしの禁忌は、蛇を「他者」とする、人類の古くからの観念に根ざすものであると考えられる。

虹の下の宝物

ドイツの作家ハンス・カロッサ（一八七八―一九五六年）の『幼年時代』（一九二二年）に、虹は黄金の皿の上に立っているという伝えがあることが描かれている。ヤーコプ・グリム（一七八五―一八六三年）は、つとに『ドイツ神話学』でこの伝えを取りあげている。金貨が虹から落ちるともいい、それを「黄金の小皿」と呼ぶという（グリム・七三二）。ヨーロッパには、広く、虹が大地に接するところには幸運があるといわれ、そこには、黄金など宝物が用意されているという（リーチａ・九二二）。日本でも東北地方から九州地方にかけて、やはり虹の立つところに黄金や宝物が埋まっているという伝えがある。朝鮮や中国、マレーにもある（安間・一〇二～三）。類似の伝えは、アフリカの原住民にもある（リーチａ・九二二）。

虹の立つところとは、きわめて特殊な条件である。天と地が接するところであり、現実的なものと空想的なものとの接点でもある。そこに超自然的な事実が存在すると

伊勢神宮内宮　五十鈴川御手洗場　三重県伊勢市

考えるのは、ごく自然ななりゆきである。黄金や宝物とは富の代表であり、人生のあこがれの象徴である。そうした非日常的な状況の中で、夢が現実的なものに変わるのである。虹の足元へ行ってみたいという衝動は、黄金の皿の魅力ばかりではなさそうである。

ユーラシア大陸には、ヨーロッパから東アジアにかけて、蛇あるいは竜が宝物を守っているという話がある。虹の宝物は、やはり、そうした構造的条件のもとで、虹の蛇の観念の表われとして成り立っているようにおもわれる。虹が立つところは、蛇の拠点である。そこに埋まっている財宝は、大地の蛇の支配を受けていることになる。根底には、蛇が「人間の他者」として、人間の求めるものを秘めているという観念があったのであろう。

『日本書紀』雄略天皇三年の四月の条に、伊勢神宮の最高の神職である斎宮をつとめる栲幡皇女《たくはたのひめみこ》が、無実の疑いをかけられて、五十鈴《いすず》川のほとりに持ち出した神鏡を埋め、自殺したという記事がある。天皇が皇女を探させると、夜、川のほとりに虹が見えた。蛇のようで四、五丈ばかりある。虹の立っているところを掘ると神鏡が出て来た。皇女の屍もすぐ見付かったとある（坂本・上―四六六）。蛇のような虹とは虹の蛇の観念であり、虹の立つ下に神鏡があったのは、虹の財宝の一例である。一つの物語にすぎないが、世界に共通した虹の観念が、日本にも古くからあった証拠として貴重である。

第４章　栗花落左衛門《つゆざえもん》の蛇性――日本の水神としての蛇信仰

１　栗の花の落ちるころ

栗花落家の遺跡

「栗花落」と書いてツユと訓《よ》む。旧暦五月、栗の花の落ちるころが、ちょうど梅雨《つゆ》の時期になる。それでこの当て字がある。後の兵庫県の武庫《むこ》郡山田村の原野（神戸市北区山田町原野）、昔の摂津国矢田部郡の丹生山田庄原野村の栗花落《つゆ》理左衛門の屋敷に、「梅雨井《つゆい》」と呼ばれる井戸があった。昭和七年ごろまでは、原野には、壊れかけた白滝明神の社祠と、白滝姫の墓という墓石が残っていたそうである。栗花落《つゆ》の井戸は社の前にあった。いつもは水が干からびているが、栗の花が落ちる五月ごろには、こんこんと清水が湧き、附近八町歩の水田をうるおすと伝えていた（河本・二四）。

岡田徯志《けいし》の『摂陽群談』（一七〇一年刊）巻八には、この「梅雨井」のことがくわしく見えている。水の涌《わ》き出る場所には、長さ四尺余り、幅三尺、深さ一尺、ふだんは水がなく、平砂のようであるが、梅雨に入ると、かならず水が湧き出す。その水口

白滝姫の墓
兵庫県山田町
『旅と伝説』第5年第4号
1932年刊より

の数で入梅の日を定めたという。地主の姓もツユといい、世間では栗花落《つゆ》左衛《ざえ》門《もん》と称したとある（蘆田・一三八）。

この不思議な井戸について、栗花落家には伝えがある。始祖の山田左衛門尉真勝は、淳仁天皇（七五八〜七六四年在位）の時代に、朝廷に仕えていた。そのとき真勝は、横佩《よこはき》右大臣豊成の息女、白滝姫に恋をする。姫と歌の贈答があって、真勝の真心を知った姫は、その妻になる。やがて姫は亡くなるが、それが五月であった。屋敷の東の境に葬り、叢祠を建てて弁財天をまつった。そこから水が湧き、今に至るまで、その水が梅雨を知らせるという（蘆田・一三八）。この弁財天社が白滝明神であろう。

島根県の出雲地方とその周辺には、栗花落左衛門と同名のツユザエモンと呼ばれる蛇の伝えがある。ふだんは岩肌の割れ目などに姿を隠している蛇が、梅雨の期間中には、かならず胴体を現わすという（臼田・四、石塚・二二）。分布は、出雲から、備後の比婆《ひば》郡・双三《ふたみ》郡・石見《いわみ》の安濃《あの》郡・邑智《おおち》郡一帯と、広島県北部から島根県西部に及んでいる。斐伊川《ひい》沿いの地方では、これをツユジンと呼んでいる。ツユ神《じん》と解釈しているが、出雲の能義《のぎ》郡ではツユザイと称しているから、ツユジンもツユザエモンの転訛《てんか》であろう（石塚・二二）。村では一般に、左衛門を短く発音する習慣がある。それを合理的に、「神《じん》」と解釈していたのであろう。

梅雨に姿を見せる蛇

蛇はしばしば水の神の姿である。梅雨期に蛇の挙動に注意したのは、稲田を耕作する農民にとって、水の恵みが一番気になる季節だからであろう。最初は頸部《けいぶ》、中ごろは胴部、最後は尾部と、外に出す部分が変化するが、頭と尾の先は見せないという（臼田・四、石塚・二二）。胴の部分だけ見せるというのは、ツチノコに似ていておもしろい。蛇の腹をつつくと雨が降るという伝えのある土地もある（石塚・二二）。ツユザエモンが梅雨の時期を示すという観念は、水と蛇の違いはあるが、摂津の栗花落左衛門とまったく同じである。

出雲地方のツユザエモンは、多くは自然の岩地にいるというが、小祠にまつられているものもある。毎年神職を呼んで祭りをするとか、祠に大元神楽《おおもとかぐら》の藁蛇を納めるとかいう例もある。個人で屋敷に祀っている家もある。赤い蛇で、非常に祟りやすく、まつってある近くの草や木を切っても、障りがあるという。床下にまつっているといわれている家もある。一尺ほどの蛇で、主人が三度の食事を与えて養っているという。粗末にすると家が繁昌しないと恐れられているそうである（石塚・一二一〜三）。

ここまでくると、家に蛇をまつる風習と、少しも異ならない。栗花落家の弁財天社も、もともとは蛇をまつっていたのかもしれない。かつては、この梅雨期に、蛇や蛇の霊をまつる習慣が、一般にあったのであろう。自然の岩肌に棲む蛇をまつるのが本態のようにもおもえるが、祭祀が十分に果せるように、祠を建て、あるいは屋敷に蛇を迎え、身近にまつろうとする気風も、強かったにちがいない。稲作儀礼の中でも、種まき儀礼や取り入れ儀礼と異なって、田植えにまつる神霊は、独自性が強かった。ツユザエモンは、そうした時期にまつる蛇の擬人名である。

白滝姫の物語は、摂津の栗花落家とは独立しても、広く語り継がれている。岡山県の白石島《しらいしじま》（笠岡市）の「山田の露」と題する盆踊の口説唄のように、「兵庫口説」としても広まり（河本・二四五、嶋村・五二〜三）、「山田白滝」の昔話の分布も広い。栗花落家をしのばせる山田の白滝という名も、国の東西に保存されていた。奈良県の葛城《かつらぎ》市當麻の當麻寺《たいまでら》の縁起の物語で有名な中将姫《ちゅうじょうひめ》は、白滝姫の姉であるという（蘆田・一三八）。まとまった白滝姫の物語が、職業的な芸人によって語られていた時代があったのであろう。

白滝姫の霊が水の神と結びついたのは、おそらく、姫と真勝との歌問答がそれに似つかわしかったからであろう。姫がまず詠みかける（蘆田・一三八）。

雲だにもかからぬ嶺の白滝をさのみな恋そ山田男よ

「雲さえもかかっていない峰にある白滝は、とても雨の降るみこみはなく、あなたが耕している山の水田に、水を送ることはできそうもございません。どうか、この白滝を、それほどまでに期待なさらないでくださいませ。山田を耕している男のかたよ」。姫を滝に、真勝を農夫にたとえて、水田の灌漑《かんがい》を主題にして詠んだ歌である。

それにたいする真勝の返歌は、

水無月の稲葉の末のこがるるに山田に落ちよ白滝の水

とある（蘆田・一三八）。「六月には葉末まで立派に生育した稲を見ることを期待して、白滝の水を十分に山田にかけてくださることを願っております。どうぞ白滝の水よ、私の山田に落ちかかってください」。この山田の白滝の水問答は、五月の田植えの水を確保することを主題にしている。つまりは梅雨井の由来になっていたのである。

梅雨穴の水

梅雨のときだけ水が湧くという泉は、京都にもあった。『雍州府志』巻八によると、烏丸正親町《からすまおうぎちょう》南西の禁門の側に、「梅雨《つゆ》穴」があった。毎年梅雨の節ごとに、ここに水が湧き出すので、その辺りの人が掘って井とした。この時期には、家々の井の水は多くは濁るが、この水はすんでいる。それで、ところどころの人が来て汲む。梅雨が晴れると、この水も涸《か》れるという（市島・二四四）。雨の多いときには一般の井戸は水が濁り、ふだん涸れている泉からいい水が湧くとは、ありそうなことである。梅雨井の伝説は、梅雨どきの水利用の習俗のうえに成り立っているようである。

同じく『雍州府志』巻八には、「梅雨水」も見えている。京都の大徳寺の門前の人家の後園にあるという。伝えにいう。近くの御泥池の大蛇が婦人に化けて、ときどき大徳寺の塔頭《たっちゅう》の徳禅寺に来て、徹翁義亨《てつおうぎこう》（大徳寺第一世住持）の法を聴き、行き来にここを通った。それで毎年梅雨の節には、水がみなぎり出るという（市島・二五三）。大蛇と水の因果関係がはっきりしないが、要は、ここにも梅雨どきに水がよく湧く泉があり、それが蛇とかかわりがあるという伝えがあったのであろう。これもツユザエモンの伝説の類例である。

梅雨は蛇性の現われる季節であった。『新著聞集』（一七四九年刊）十篇にも、一つの伝えがある。紀伊国（和歌山県）日高《ひだか》郡には、蛇の子孫であるといって、近隣の村が婚姻を結ばない村があった。この村には、古くから、蛇身の女が一人ずつかならず生まれる。容貌は千人にすぐれ、髪の長さは身の丈に余る。五月の墜栗花《つゆ》に入ると、その女の髪はねばって、とりもちを塗ったようにもつれ合い、櫛の歯も立たない。墜栗花が明けて近くの川で髪を洗うと、さわやかになり、はらはらと解けるようになる。この女は村のなかにも連れそう男はいないとある（早川・三四五）。

栗花落左衛門ばかりではなく、一般に、梅雨どきの湧き水と蛇とを結びつけてまつる風習があったのである。ツユザエモンの名は、ある時期に、その蛇の神の呼称として、流行したものであろう。梅雨は旧暦五月の自然の大きな特色である。稲作儀礼でいえば、田植え儀礼の季節である。太陽の動きでいえば、ちょうど一年を四つに分ける至分の一つ、夏至の月にあたっている。そういう自然と文化の交錯のなかで、水と蛇が重大な意味を持っていたようである。

八丈島の水守制度

八丈島《はちじょう》は、伊豆諸島のなかでは唯一、水田稲作が一般におこなわれていた島である。ここには、灌漑を管理する水守《みもり》と呼ばれる水番の制度があった。この水守は、苗代に水をかけるときから稲が熟するまで、水守館《みもりやかた》と呼ばれる小さな半地下の小屋に泊り、死や血の忌みをさけて、水の配分の責任を負うとともに、稲作のための祭祀も主宰し

八丈島の水守館　東京都八丈島中之郷

た。ひとくちに水守は水神をまつるというが、三根《みつね》の根田原《ねたばら》では、かつては、一帯の湿地の主《ぬし》であったと伝える大蛇をまつったという弁財天社を、毎朝拝んだそうである。

三根では弁天さまはマムシの神であるという。マムシに出会ったり、夢にマムシを見たりすると、弁天さまにお参りする風習もあった。マムシの出現を、一種の祟りとみている。水守が、弁天さまに参っての帰りにマムシに会うと、身を清めなければ、水田には出なかったという。水守が、死の忌みのある人に声を掛けたら、その年の稲の穂がみんな蛇になったという話もある。

水守の宗教的性格と蛇とが深くかかわっていた。稲作を守る水守にとって、蛇は、稲作の結果を支配する神霊であった。

湧き水は、その土地の霊威を含んでいる

という信仰がある。琉球諸島で、とくに顕著である。参拝に行けなかった人のために、その土地の湧き水を持ち帰る習慣もある。おそらく水守は、大地の主をまつり、その大地の主の血液ともいうべき湧き水の支配を願ったのであろう。灌漑用水の管理者が大地の主の司祭者であり、蛇をまつることによって、稲作の成功を願っていたのである。

2　蛇とサンバイ信仰

田植えにまつるサンバイ

梅雨の季節の蛇の神というと、中国、四国地方のサンバイを思い出す。サンバイあるいはサバエとは、この地方で、田植えのときにまつる神の名である。中国地方では、島根、広島両県を中心に、東は鳥取県の日野郡、岡山県の川上、阿哲《あてつ》両郡あたりまで、西は山口県東部の玖珂《くが》郡周辺までに分布する。四国地方もほぼ東西同じぐらいの幅で広がっている。愛媛、高知両県から、東は香川県西部の仲多度《なかたど》郡、三豊《みとよ》両郡、徳島県の三好《みよし》、美馬《みま》、那賀《なか》の三郡あたりまでである（小島a・一五）。

これらの地域のうち、中国地方山地の村には、田植えのときにうたわれる、組織的な田植え唄があり、サンバイのことを読みこんだいくつかの歌の詞がある。いわゆる大田植えの歌である。そのなかに、サンバイの神統譜が語られている。島根県の邑智

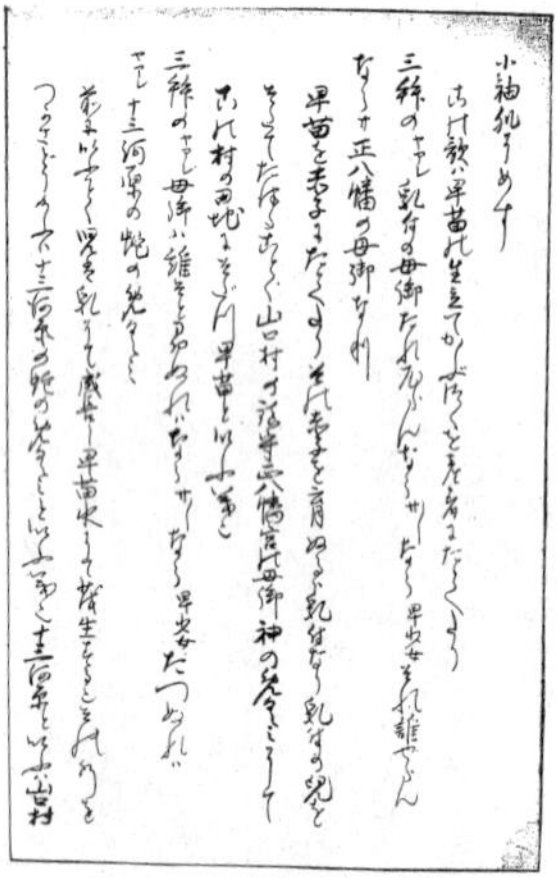

『神門郡山口村田植歌解』
写本　1869年より

郡の田植え唄には、父はテイシショダイジング（天照大神宮）、あるいは帝聖大神、母は天なる神の母御、あるいは勇社《ゆうじゃ》が滝の大蛇とある（三上・一六）。天照大神《あまてらすおおみかみ》など、素朴な神道説の影響もあらわであるが、母を大蛇とするのは、たいせつな特色である。千家俊信《せんげとしざね》の『神門《かんど》郡山口村田植歌解』（一八一九年成立）の田植え唄にも、サンバイの母御は十三河原の蛇のめぐみとある（鴨田・六九〜七〇）。

島根県あたりの大田植えで、田植えの指揮をするサゲが手に取るサゲ杖という六尺ほどの青竹は、田植えが済むと田に立てておくが、家のなかに入って来た蛇を取り押さえるのに効果があるという。これも、サンバイと蛇とのゆかりを示している。田植え唄とは別に、徳島県三好郡の祖谷山《いや》では、オサバイの神は蛇であるといい、田植えどきには蛇をたいせつにするという（臼田a・八〇）。

この徳島県の伝えなどは、自然に棲む蛇をツユザエモンとしてまつる島根県の出雲地方の習俗と同じ心持ちである。勇社が滝の大蛇というと、栗花落家の白滝姫の名を連想する。出雲の飯石《いいし》郡吉田村には、ツユザエモンとサンバイを結びつけた伝えもある。村の岩地に棲むツユジンは、サンバイアガリの日には天に昇るといい、サンバイさんはツユジンさんに乗っていくのであろうという（臼田b・四）。こうなると、もうツユジンは自然のままの蛇ではない。サンバイとツユジンが一つになろうとしている。

サンバイはひとくちに田の神であるという。田植え初めと、田植えあがりにまつるのがふつうである。サンバイは年に数度まつるという説もある。邑智《おおち》郡桜江町の谷住《たにじゅう》郷《ごう》に伝わっていた天正六年（一五七八）の記年のある『三祓《さんばい》縁起』には、正月は年徳《としとく》、三月は井手《いで》の明神、五月は三把結《さんばい》の神、七月は棚機《たなばた》、十月は猪《い》の神になるとある（臼田a・一五六〜七）。正月は新年の歳神である。三月は用水の神で、田の水口祭りであろう。五月はサンバイの神、七月は七日の七夕《たなばた》の神、十月は十日の猪《い》の子の神である。一つの神格を五度まつるというのだが、サンバイと呼ぶのは五月だけである。やはりサンバイは、田植えの季節と密接な関係のある神である。

大田植え　広島県山県郡
『田うへうた』写本　1859 年より

サンバイの語義

サンバイの語義については、いろいろな説もあるが（早川・一五八〜七一）、私は『日本書紀』神代九段の一書第六に見える「さばへ」と同源であると考えている（小島b・一二三）。

葦原の中つ国は、磐根《いはね》、木《こ》の株《もと》、草の葉《かきは》も、なほよく言語《ものい》ふ。夜は熛火《ほほ》のもころに喧響《おとな》ひ、昼は五月蠅《さばへ》なす沸き騰《あ》がる（坂本・上—一六〇）。

これは日本神話の国譲りの物語の序段に見える、荒ぶる神が跳梁《ちょうりょう》する中つ国（地上の世界）の描写である。岩や草木が口をきくのは、まだ人間の社会になっていないことを示す。そこは、夜は飛ぶ火（螢）のようにさわがしく、昼は五月の蠅のようにわさしているとある。

この「五月蠅」は騒がしいもののたとえとして、『万葉集』では、「騒く」の枕詞になっている（四七八、八九七番）。『拾遺和歌集』巻二にも、

さばへなす荒ぶる神もおしなべて今日はなごしの祓《はら》へなりけり

という歌がある。「五月蠅のように騒がしい荒々しい神も含めてすべて、今日は和やかになる、その和《なご》ではないが、そうした荒ぶる神など災いのあるものを祓い清める、夏越《なご》しの祓えであることよ」。「夏越しの祓え」とは、旧暦六月晦日《みそか》に行われた「祓え」の神事である。「五月蠅」は祓い清められるべき悪いものの象徴である。

こうした「五月蠅」とサンバイとを結びつけるのが、稲の害虫のサバエである。田の神のサンバイ地帯を挟んで、近畿地方から琉球諸島にかけて、稲の害虫をサバエと呼ぶ地方が広がっている。稲の害虫を排除する虫送りの行事を、サバエ送りといっている土地もある。そうしたなかで、高知県一帯では、田植えにまつる神をサバエといっていた。こうなると、田の神と稲の害虫とのあいだには、呼称上の区別はない（小島a・一七〜八）。

しかもサンバイ信仰地帯のなかにも、サンバイが稲の虫の名になっている例がある。香川県の三豊郡には、稲の豊作をオサンバイサンに願うという伝えを持ちながら、田植えの直後に水田で見付ける虫もオサンバイサンと呼び、珍重する風習のある村があった。ここでは田の神と稲の虫が同じ名で呼ばれていたことになる（小島a・一六〜七）。サンバイとサバエでは語形は異なるが、同じ田植えのときにまつる神を高知県ではサバエと呼んでいるから、サンバイとサバエとに、本質的なちがいがあるとはおもえない。

サンバイ信仰の西の辺境にあたる山口県には、稲の害虫をサバエと呼ぶ例が顕著である（小島a・一一七）。西日本では、田植えの時期にまつる霊あるものを、広くサバエと呼んでいたと推測できる。それは稲の豊作を祈願し、かつ送り出すものであったために、一面では「善」なる神でありながら、他方では避けるべき「悪」なる神にされやすかった。田の神にサンバイという語形が固定したのは、田植え唄の歌詞の力であろう。別の語形で、稲の害虫と区別をしようという意識も働いていたにちがいない。

このような私の考え方を支えているのは、「サバヘ」の語義である。先の『日本書紀』神代九段の一書第六の原文には、「五月蠅」に「左魔倍《さばへ》」と訓注がある（坂本・上一一六二）。これをそのまま割り当てると、「五月」が「さ」で、「はへ」が「蠅」である。しかし、「さ」にも「はへ」にも、もっと本質的な意味がある。サが本来、田植えを意味していたことは、その複合語などから明らかである。田植えの月だから五月はサツキである。ハエも、いわゆる蠅ばかりではなく、もう少し広い意味があった。たとえば、愛媛県の宇摩郡では、田植えのころに出る、ハエ、ハチ、アブなどの害虫すべてがハエであった（小島a・一一九）。

天の羽羽斬り

そこで興味深いのは、『日本書紀』神代八段の一書第四に見える「天《あま》の蠅斫《ははきり》の剱《つるぎ》」である。スサノヲの命が、八股《やまた》の大蛇《おろち》を斬るときに用いた剣の名である（坂本・上－一二六）。この「蠅」の訓みと意味を知る上で参考になるのが、斎部広成の『古語拾遺』（八〇七年成立）に登場する「天《あま》の羽羽斬《ははきり》」である。これもスサノヲの命が大蛇退治に使った剣の名で、「羽羽」は古語に大蛇のことであると注がある（西宮・二三）。大蛇を斬った剣という意味である。してみると、「蠅斫《ははきり》」の蠅も、もともとは大蛇を指していたことになる。

日本語の古い語音では、ハ行の子音はP音であった。それにしたがえば、「羽羽」は papa か paba である。「蠅《はへ》」も papë で、上代特殊仮名遣いの乙類のエである ë が a に交代した papa という語形も、存在しうる語である。「蠅斫」も、もともとは「羽羽斬」と同じく、「ははきり」の表記であろう。papa はあきらかに、へミ pëmi、ヘビ pëbi と同根の語である。琉球方言のハブ pabu も同様である。ハブは、特定の毒蛇の種の和名にもなっているが、琉球方言では蛇の通称でもある。「五月蠅《さばへ》」が田植え時期の虫であったごとく、「さばへ」は田植え時期の蛇でもありえた。「五月蛇」である。サンバイは蛇であるという伝えが古風であり、サバエが原形的であるとする根拠がここにある。稲の害虫や蛇を含めて、田植えの時期に、なにかサバエと呼ぶべき神霊をまつる習慣が、古くからあったのであろう。ツユザエモンも、そうした五月蛇の中世的な呼称となる。

3　蛇を頭に巻いた童子

元興寺の道場法師

奈良の薬師寺の僧景戒《きょうかい》の『日本霊異記』(八二二年成立)上巻第三に、飛鳥の古京にあった元興寺《がんごうじ》の僧道場《どうじょう》法師の生い立ちの物語がある。元興寺は、日本最古の本格的な伽藍《がらん》建築をもった寺院で、明日香《あすか》村にはその遺跡が残っている。一名飛鳥寺《あすかでら》と呼ぶ。堂塔の完成は推古天皇四年(五九六)である。飛鳥大仏として知られている安居《あんご》院の本尊は、元興寺の中金堂《こんどう》の本尊が、そのままの位置に伝わったものという。物語は次のようである(小島a・四一～二)。

敏達天皇の時代のこと、尾張国(愛知県)阿育知《あいち》郡片蕝《かたわ》里の農夫が、田を耕して水を引いていると、雨が降り出した。鉄《かね》の杖を持ったまま、木の下に隠れていると、雷が鳴って、農夫の前に雷が落ちた。子どもの姿である。鉄の杖で突こうとすると、雷は助けてくれれば、お礼に子どもを授けるという。雷の言葉にしたがい、農夫は楠の木の水漕《すいそう》をつくり、水を入れて竹の葉を浮かべた。雷は、雲や霧を湧き上がらせて天に昇った。ここまでが第一段である。雷が子どもの姿であること、天に昇る作法があったことが語られている。

第二段は、子どもの誕生である。やがて生まれた農夫の子どもは、頭に、頭と尾を垂らした蛇を二巻き、巻き着けている。十歳あまりのころ、朝廷に力持ちの人がいると聞いて、力試しをしてみたいと、天皇の宮殿の近くに来て住んだ。その力の強い王《おおきみ》は、宮殿の東北の角の別棟にいた。その別棟の東北の角に、八尺四方の石があった。王がその石を投げると、屋敷のなかに入り、門をふさいだ。農夫の子どもは、その石を見て、これが力持ちの王の家であると知り、その石をさらに遠くに投げておいた。このように雷がさずけた子どもは、たいへん力持ちで、すばしっこかったという。

その後、農夫の子どもは、元興寺の童子《どうじ》になった。童子とは寺僧につかえる少年である。そのころ鐘堂の童子が、夜ごとに殺される事件があった。この童子は、鬼を捕らえることを申し出た。夜中に大きな鬼が来るが、童子を見て引きさがる。夜明けがたにふたたび鬼が来ると、童子は鬼の髪の毛をつかみ、強引に逃げようとする鬼の頭髪を引きはがした。夜が明けて血の跡をたどって行くと、寺の悪い奴《やつこ》を埋めた辻で消えていた。鬼の頭髪は、元興寺の宝物になっているとある。これが第三段で、悪人は道の辻に埋葬し、その霊が鬼になって現われることがあるという信仰を伝えている。

童子はその後、在俗のまま仏教の修行をする優婆塞《うばそく》になって、元興寺に留《とど》まった。童子は十七歳になると帰郷する規則になっていたが、この童子は、鬼退治の功績を認められて、出家《しゅつけ》への道を歩みはじめたのであろう。優婆塞が元興寺の田を耕して水を引くと、天皇の一族の王《おおきみ》たちが邪魔をして、水を入れさせない。田が干あがったとき、優婆塞は、百人で引くような大石を水門にすえ、寺の田に水を入れた。王たちは優婆塞の大力を恐れてさからわなかった。それで、寺の田は水も涸れずに、稲はよく稔《みの》った。寺の僧たちは、優婆塞を得度《とくど》出家させ、道場法師《どうじょうほうし》と名づけたという。

この第四段は、第二段と同じく、王との競争のかたちをとっているが、主題は優婆塞の水田経営である。蛇をしるしに雷からさずかった子が、水争いに勝ち、稲の豊かな稔りをもたらしたというのは、重要なことである。蛇は雷の象徴であり、水を支配する力をもっていることを語っている。寺院を舞台にした物語ではあるが、ここには仏教的なにおいはない。雷に功徳をほどこすことが、どれほど有意義かということが説かれている。物語じたいは、どう考えても、仏教以前からの古い日本人の稲作の信仰を踏まえている。

日本の農民は、落雷に、特別な宗教的な意義を認めていた（柳田a・六四、小島b・五三）。岐阜県の美濃地方では、稲田に落雷があると、四方にしめ縄を張った（土岐・八四）。茨城県の中部などでは、苗代田に葉のついた竹を立てた。雷が落ちたとき、すぐに雷が天上してくれないと、あばれて苗代田がめちゃめちゃになるからといい、竹を立てて雷が天に昇りやすくするという（山内・五七、柳田b・四〇六）。道場法師譚で、楠の木の水漕に竹の葉を浮かべるのに似ている。稲の豊かな稔りを願い、雷の出

雷神社　岩手県奥州市米里地区　佐野喜一宮司提供

現を期待する一方で、雷を送り返す作法も確立していたのであろう。

お田の神の田

稲と雷との結びつきは、今も雷光をイナビカリ、イナヅマと呼ぶ言葉に生きている。イナヅマは「稲の配偶者」で、稲をはらませる夫とみたのである。東北地方には、落雷のあった稲田を神聖視する風習もあった（柳田b・四〇六）。岩手県などでは、落雷のあった田は「お田の神の田」と呼び、女や家畜は入れずに、清浄を守った。そこに「雷神」と書いた石を立ててまつる風習もある。この地方を中心に、ウンナン田と称する水田が多くあるが、それも落雷のあった田であるという伝えもある。その雷をウンナン神としてまつった神社もある（小島b・五三～四）。

ウンナン田とは鰻《うなぎ》のいる田であるともいう。鰻のいる田は、水が温かくて良い田であるとする。ここでは、鰻は雷のしるしの蛇の役割を果しているのかもしれない。ウナギとは蛇の呼称の一類の語である（小島b・五四）。日本には一般に蛇を水神とする信仰がある。蛇を雷の姿とする観念も、その表われである。ウンナン神は、雷と鰻を一体にした水神信仰であろう。中国では古来、雷は天を駈《か》ける竜が起こすと考えてきた。竜は神霊化した蛇の姿である。晋の郭璞《かくはく》の『山海経《せんがいきょう》』第十三「海内東経」では、雷沢の中に雷神がいる。竜の身をし、人の頭である。その腹をたたくと雷になるとある（郝・三七三）。

同じ信仰は、ユーラシア大陸北東部にもある。モンゴル族、ソヨート（トゥーバ）族、その他の中央アジアの諸族、およびゴルド（ナナイ）族などの東ツングース諸族にもある。モンゴル族では、翼を持つ竜の鳴き声が雷鳴になり、尾を打つたびに雷光がひらめくと伝える。竜はあるときは水中にあり、あるときは空中を飛ぶという（ハルヴァ・一九〇～一）。雷光をとおして、竜が天と地を往来するとみたのであろう。雷光を頭のたくさんある蛇とする伝えもある（ポターニン・一一五）。

上代仏教と雷神

道場法師の物語が元興寺でたいせつにされたのは、上代の仏教が、雷神信仰の上に成り立っていたからではないかと私は考えている。仏教が伝来した当初、仏像はしばしば「神」と表現されている。『日本書紀』では欽明天皇十三年十月の条に「蕃神」、敏達天皇十四年二月の条に「仏神」（坂本・下―一〇二、一四九）、『元興寺縁起』（七四七年成立）に「他国神」「仏神」とある（竹内・三八三〜四）。日本最古の仏像の物語を記す『日本霊異記』上巻第五には「客神」とあり、「仏の神の像」と注がある。「客神」は「まれびとがみ」であるという（小島a・四四）。

道場法師の物語は、水争いの最古の文献の一つである。それが皇族と寺院との争いであるのもおもしろい。この時代を代表する二つの権威の対立である。その意味で、この物語は、典型的な、水稲栽培をめぐる、水の恵みの宗教を語る文芸であった。雷神の加護をえた者が、稲田の水に恵まれるという信仰である。その雷神の象徴が蛇であったのをみると、道場法師もまた一人の栗花落左衛門であった。

この水争いが、事実上、力競べになっているのも、ただの文芸上の仮構ではあるまい。『日本霊異記』中巻第四には、聖武天皇の時代として、道場法師の孫娘の力持ちの女の物語がある（小島a・六一）。そのころ、朝廷では、諸国から力持ちの女を集めて用いていた（同・一〇三）。『続日本紀』天平七年（七三五）五月二十三日の条には「力婦」と見える（黒板・一三八）。力持ちの重視は、女性ばかりではなく、男性にもあったはずである。道場法師の伝えには、力持ちの男が、水田灌漑の管理者として、とくに宗教的に重要な地位を占めていた時代が反映しているのかもしれない。栗花落家もまた、蛇をまつる水利支配者の家系ではなかったかとおもわれる。

4　祇園《ぎおん》信仰と瓜《うり》の中の蛇

安倍晴明の方術

林道春の『本朝神社考』下巻に、平安時代の方術家の安倍晴明《あべのせいめい》の逸話として、瓜のなかに毒蛇が入っているのを、見抜いたという話が出ている（宮地・三二七）。

方術家が、家のなかで不思議なことが起こるであろうと予言したので、藤原道長《ふじわらのみちなが》は、門を閉めて客を断っていた。日暮れどき、大和国の瓜使いが来たので、門を開けて瓜を納めさせた。そこに安倍晴明と、大医の重雅《しげまさ》と、僧の勧修《かんじゅ》がいる。晴明が、その瓜のなかには毒があるから、すぐに食べてはいけないという。勧修がまじないを唱えて加持を行うと、一つの瓜がころがって躍りあがった。重雅が針を取り出して瓜にさすと、動きが止まった。割ってみると、なかに毒蛇がいて、針が目にささっていた。

瓜は祇園《ぎおん》信仰と関係が深い。京都の祇園祭りで有名な祇園社（八坂神社）では、その木窠《もっか》の神紋について、祇園の神が胡瓜《きうり》の上に降臨したので、その断面を紋にしたと伝えている。江戸時代には、胡瓜の初なりは、かならず天王さまに供えるといって、川に流す風習があった。江戸の隅田川などでは、それをすくい集めて売る者が出るほどであったという（井上・一七七）。天王さまとは、祇園社の神、牛頭《ごず》天王《てんのう》のことである。東京の近郊の農村では、初なりの胡瓜には蛇がはいっているからと、食べずに川に流す習慣があった。

　秋田県の大館市片山の古四王さまには、胡瓜から蛇が出て来るところを描いた、絵馬額が納めてあった。八月十六日の祭りには胡瓜を供える。スサノヲの命が島流しになったとき、半分の胡瓜が流れて来たのを船にして帰って来たからとか、川の上流から胡瓜が流れて来て、そのなかにいた蛇をまつったからとか、由来を伝えている（今井－明石・三二）。

胡瓜天王さま
神社から迎えた杉の葉
岩手県江刺市増沢地区

　中世的な神道説では、祇園社の牛頭天王を、神話のスサノヲの命にあてていた

（宮地・一一四）。垂加神道家の山口幸充の『嘉良喜随筆《からきずいひつ》』（一七五〇年頃成立）巻四にも、神無月の出雲への神集いの信仰と関連して、俗伝に、祇園はスサノヲの命で、出雲大社とは同じ神なので、出雲へは行かないといって、十月朔日《さくじつ》に参詣する者が多いとある（早川・二八六）。これは蛇の神は出雲へ行かないという伝えの一例で（2章3節）、やはり祇園の神が蛇であるという観念が根底にあったのであろう。古四王さまも、祇園信仰の胡瓜の蛇をまつっていたのである。

祇園社の祭日は六月十五日である。祇園社を勧請《かんじょう》した各地の天王社も、この日を祭日にしていたところが多い。ちょうど胡瓜の稔る時期である。この日に、胡瓜を供える風習も広い。岩手県の江刺市増沢では、天王社（八雲神社）を胡瓜天王さまと呼び、旧暦六月十四日には、胡瓜を供え、御幣をつけた杉の木の枝を受けてきて神棚にまつる習慣があった。神に供えてからでないと、食べないという土地もある。この日より前の瓜には毒があるともいう。牛頭天王は、もともと疫病を鎮めるためにまつる神である。胡瓜のなかの蛇というのも、その邪悪なものの姿であったかもしれない。胡瓜を川に流すのも、邪悪なものを送り出す、神送りの方法の一つである。

三重県の伊勢市にある修験道の世木寺に伝わっていた古写本にも、こんな物語があった。スサノヲの命が外国へ旅に行ったとき、疫鬼に追いかけられた。蔓草の生えている畑に逃げこむと、鬼は、足に蔓をひっかけて転び、そのすきにスサノヲの命は逃げのびた。その蔓草が胡瓜で、それから胡瓜は祇園の神の神使となり、疫病除けの効力があるものとされたという（井上・一七七）。胡瓜は、「悪」なるものを送り出し、疫病除けに役立つ「善」なるものであった。

祇園の胡瓜の縁起

祇園社の初見は、『日本紀略』延長四年（九二六）六月二十六日の条で、「祇園天神堂を供養す。修行僧建立す」とある（黒板a・二七）。これがその創建であろう。その後も、疫病が流行し、諸社寺で鎮めるための供養を行ったときには、たいていはそのなかに祇園社の名も見えている。『類聚符宣抄』所収の天徳二年（九五八）五月十七日の文書には、「祇園天神堂」とあり（宮内省・一〇二）、『日本紀略』康保三年（九六六）七月の条にも、「祇園」と見える（黒板a・九八）。

祇園社が、その初期において「天神」を称しているのは興味深い。「天神」の名で有名なのは、同じく京都の北野にある天神（北野天満宮）である。怨《うら》みを抱く菅原道《すがわらのみち》真《ざね》が雷となって祟りをなしたのを鎮めるためにまつったといわれる。『扶桑略記』天慶四年（九四一）の条に引く『道賢上人冥途記』では、やや異なる。道真の霊を、当時世間では火雷天神《からいてんじん》と称したが、道真は太政威徳天《だじょういとくてん》で、祟りを現わすのは、太政威徳天の第三の使者、火雷天気《からいてんき》毒王《どくおう》であるとある（黒板b・二二二）。

ここでたいせつなのは、道真が、祟りを示す雷神を使役する神格であることである。天神とは、おそらく、雷神を使者として支配する神であろう。天神まで雷神信仰に含めるとすれば、天神は雷現象を支配する雷神ということになる。祟りをなす怨霊（御《ご》霊《りょう》）を統御する祇園の神も、つまりは天神であった。御霊を鎮めるために神をまつる御霊信仰は、雷神信仰に形式をかりた天神信仰であった。

祇園信仰の本義

鎌倉時代初期の『伊呂波字類抄』に引く祇園縁起には、牛頭天王は武塔《ぶとう》天神ともいい、娑竭羅《しゃから》竜王の女を后として八王子を生んだとある（正宗・九一）。『本朝神社考』中巻には、スサノヲの命は牛頭天王で、天竺では金毘羅神というとある（宮地・一一五）。金毘羅神は仏典にいう竜蛇の神で（2章3節）、祇園社の神はつまりは蛇の神ということになる。『本朝神社考』では、祇園社の祭神を三座とし、牛頭天王（または武塔天神）、婆利《ばり》女（または娑竭羅王の女）、毒蛇気神（八股の大蛇の化現か）とある（宮地・一一五）。牛頭天王は天神、婆利女は妻神、毒蛇気神は御子神で、蛇神であろう。

祇園信仰にかかわって、瓜の中に蛇がいると伝えるのは、こうした祇園の神を蛇とする信仰の表われである。大和の三輪山の神が、やはり悪疫を鎮めるためにまつる神であるといいながら、蛇の神であった（2章2節）のと、同質の信仰である。蛇は天神に支配され、「善」にも「悪」にもなる両義的な神格であった。祇園社では統御する神と、される神がまつられていた。それが御霊信仰の形であったかもしれない。

県守淵の由来

『日本書紀』仁徳天皇六十七年の条に、備中（岡山県）の川島川の淵《ふち》で、笠臣《かさのおみ》の先祖の県守《あがたもり》が、大虬《みつち》を退治する話がある。虬は竜、ミツチは「水《み》つ霊《ち》」で、水の霊の竜蛇のことである。毒をはいて人を殺す大虬がいる。県守は、まるのままのヒョウタンを三つ水に投げ入れ、このヒョウタンを沈めることができなければ殺すと大虬にいう。大虬は鹿に化して沈めようとするが、果せない。県守は剣で大虬を斬った。それでこの淵を県守淵というとある（坂本・上－四一四～六）。類話は、同じく仁徳天皇十一年十月の条に、河内（大阪府）の茨田堤《まむたのつつみ》の話としても見えている（坂本・上－三九三～四）。

水に浮かぶヒョウタンが、水の神を鎮圧する呪力を持っていることを説く物語である。蛇の神である牛頭天王は、しばしば水の神の色彩も帯びている。疫神じたい、水の神とかかわっている。初なりの瓜を川に流し、祇園社に瓜を供えるのは、水の神で象徴される疫病の神を鎮圧するためであろう。瓜のなかにいる蛇は、その逆で、完全に保護された疫病神の姿を表わしているといえよう。

第5章　蛇をたたえる人々――日本の蛇飼育習俗からの展望

1　蛇をまつる家

影取池の伝説

多摩丘陵の一角、神奈川県の川崎市宮前区の有馬に、昔、影取池《かげとりいけ》という池があった。すでに、江戸幕府の『新編武蔵風土記稿』（一八三〇年成立）巻六十二には、八畝ばかりの溜井であったが、近ごろ廃して芝地になっているとある（蘆田・一六七）。なくなったのも、ずいぶん前のことである。影取谷戸《やと》の一番奥にあり、明治の末ごろまでは跡が残っていたそうである。影取には、箱根から江戸に通じる矢《や》倉沢《ぐらさわ》街道の裏道が通っていた。江戸の下町への近道である。木がうっそうと茂って、昼間でも暗いほどのところであったという。池には大入道がいて、影が映るとその池の主《ぬし》に影を取られ、気絶したり、死んだりするといわれていたと今に伝えている。

影取池という名の池は各地にあり、いろいろな伝えがあるが（中山a・四〇一～二）、有馬にも、池を埋め立てた事情について、一つの物語がある（宮前・一九話）。

村の長者の娘が、影取池で、池の中に吸いこまれた。長者は、二度とこんなことが起こらないようにと、池を埋めることにした。八分どおり埋めたとき、急に嵐が起こった。池の大蛇が裏山の崖の穴に移り棲んだという。その後、この山が崖崩れを起こした。数十年後、この崩れた跡から大蛇の白骨が出て来た。その骨は、村のある家で秘蔵しているという。

昭和二十九年十月に、私はこの影取谷戸を訪ねている。村の伝えにくわしい人の話では、この物語の大蛇の骨を所蔵している家というのは、蔵のなかに蛇をまつっているといわれている家であるということであった。江戸時代末期から明治中期にかけて、経済力を持った家で、蛇をまつっているから栄えたと、噂されていたそうである。その蛇というのが、影取池の大蛇の骨であったかどうかは、直接は確かめることができなかったが、池を埋めた時期と、この家の繁昌とは、ちょうど重なっている。

蔵のなかの蛇をたいせつにするという話はよく聞く。先の川崎市の福虫《ふくむし》の伝えもその例である。今の茨城県の久慈郡大子《だいご》町にも、米を食う蛇の話があった。『筆の熊手』にいう。ある郷士の家では、年来、土蔵の長持のなかに蛇を飼っていたという。一日に白米七升を食い、それは主人が持参した。この蛇は、ときおり主人といっしょに寝たともいう。この家は代々富貴で、ある年、この蛇を千両でよそへ売ったが、蛇は立ち返り、買い主は大損をしたという話もある（中山b・二九二）。

家のなかに棲む蛇をたいせつにする風習もあった。神奈川県の愛甲郡煤ヶ谷村（清川村）では、屋根裏に棲んでいる蛇（アオダイショウ）をヌシといい、その家をヌシが守るという。こうした伝えは、おそらく今日なお、日本各地に生きているであろう。京都府の南桑田郡（亀岡市）でも、蛇は家や土蔵によくいるが、これを主《ぬし》であるといってたいせつにするという。主は魔物であるから、長くなったり短くなったりして見せる。殺したり追い立てたりすると、蛇の怒りをかって貧乏になるという（垣田・八五～六）。

家畜化の諸段階

動物を人為的に飼育すれば家畜であるが、それにもいろいろな段階がある。飼育によって誕生した個体を育てる本格的な家畜から、野生の個体の一時的飼育や、野生の動物が家に巣をつくったのを保護するような例もある。家や蔵の中にいる蛇をそのままにしておくというのは、いわば自然のままであるが、その場所が人間の生活圏であってみれば、あえて追い出さないのは、消極的ながら、やはり飼育の一種である。蛇にも、こうした意味で、家畜化の歴史があった。

新潟県の南蒲原郡本成寺村（三条市）のヘンビニウ（蛇藁積み）は、かなり積極的な保護で、餌こそ与えないが、飼育に一歩近づいている。この村で、屋敷にヘンビニウがあったのは、村でも有数の富裕な家である。いつのころからか、藁《わら》ニウ（藁積み）に蛇（アオダイショウ）が棲みついた。家の者が取りかたづけようとすると、蛇が夢のなかに美女になって現われ、そのままにしておいてくれと頼んだ。それ以来、この家では、一坪ほどの大きさのヘンビニウを置いておくことになったそうである。覆いの藁がなくなると、蛇が群がって家の中に入って来て、催促するという。この家は蛇のお蔭で繁栄したといわれている（外山・四五〜六）。

こうした蛇藁積みは、かならずしも、特定の家だけの現象ではなかったようである。同じ南蒲原郡大崎村（三条市）には、新たに蛇藁積みができたという事例もあるという。やはり藁積みにアオダイショウが棲みついたもので、藁を買った人がこの藁積みを解き始めると、蛇がたくさん出て来て買い手を追い払い、主人に手付け金をもうけさせたという話もある（外山・四六）。先の『筆の熊手』の話に近い。どうも蛇藁積みは、蛇をまつると金持ちになるという信仰のようである。

長崎県の佐世保市黒髪町の西川家では、屋敷に棲む蛇を、家の守護神と伝えている。家の裏の川べりの石垣にカラスヘビがいて、それは家を守る神さまだからと、たいせつにしているという。ときどき子どもの蛇を見かけるというから、ここで繁殖してい

浅井神社　富山県高岡市　清水正光宮司提供

るらしい。これなどは、まったく飼育とは関係のない、自然のままの蛇であるが、それが人間と結びついているところがたいせつである。

神事のための飼育

神事には、完全な一時的飼育もあった。富山県の高岡市国吉の浅井神社の「お晴見《はれみ》祭り」である。蛇による占いの行事で、三月初巳の日に選ばれた村人四人が、四月初巳の日から三日間の物忌をして、山へ二人、里へ二人、蛇を捕らえに行く。これをお晴見取りという。最初に捕らえた蛇を器に入れ、四月の中の巳の日のお晴見祭りの日まで飼っておく。当日は、それを神前に安置し、蛇の動作で、一年間の晴雨や火、風を占う。終ると捕らえた場所に返すという

（角川・二）。

家を守護する蛇とは異質であるが、こんな例からも、ただ保護するという以上に、積極的に蛇を家で飼育することもありえたことが推測できる。先の南蒲原郡本成寺村では、蛇をヌシと呼ぶと、家の主人を飲み殺すと伝えていた（外山・四六）。蛇を人間と対峙《たいじ》する、自然の世界の「家の主人」とみていたのであろう。蛇と人間との交渉史は、自然のなかでの出合いだけではなく、人間の世界に蛇を取り込むことによって、宗教的に深いものになっていた。

2 蛇神《へびかみ》持ちと蛇神憑《つ》き

蛇神持ちの分布領域

日本の社会には、「憑きもの」の伝えの一種に、ある家が飼育している小動物が、その主人の意志にしたがって、他人に「憑き」、危害を加えるという信仰がある。動物が相手に影響をおよぼして障害を起こすことを、動物が「憑く」といい、動物を飼育している家を「憑きもの筋」と呼ぶ。憑きもの筋には、狐の類とおもわれているものを飼っている例が圧倒的に多い。それが狐持ち筋である。犬神持ちのように、犬の霊をまつっているという憑きもの筋もある。そうした中で、中国、四国地方には、蛇を飼育しているといわれる蛇神持ち筋がある（石塚・一二、四八）。

愛媛県の宇摩郡豊岡村の長田（伊予三島市）にあった「頓病松《とんびょうまつ》」という大松の由来譚として、日野和煦《にこてる》の『西條誌』（一八四二年成立）に、蛇神持ちのことがくわしく記されている（石塚・五三～四）。

世にいう蛇神というものを持っている家が、この村にたくさんある。これは蛇を瓶に入れて、藪や、木の本、山の中に埋めて置き、ときどき御供えといって、作り初穂などを与える。それが遅いときは、その蛇が、家に群がって来る。本人は心に覚えがあるので、あれまたご催促だと言って、供え物をその瓶のそばに施し置くと、蛇はすぐに帰り去る。頓病松の下にも掘って埋めた瓶があり、長虫（蛇）が住んでいる。

蛇のいる場所は、家の中でも、屋敷の内でもないが、その趣意は、新潟県の南蒲原郡の蛇藁積みによく似ている。しかし、そうした蛇をたいせつにする風習と蛇神持ちには、大きな相違点がある。それは、蛇神持ちでは、家の人が、蛇を使役する霊力を持っていると考えられていることである。『西條誌』に続けていう。

蛇神持ちの人が、恨みのある人の名を言って、だれだれに行けと詛《のろ》うと、七十五四の蛇が群がって、ぞろぞろと仇《かたき》のいる家に襲って行く。そうすると、その家の人は、すぐに悩まされ、身体が腫《は》れたり、腹痛があったり、あるいは、針で刺すようになったり、小刀で削るようになったりする。謝っても治らないこともあるという。

これがいわゆる憑きもの持ち筋の特色である。したがって、そこに社会現象としての問題も生じる。持ち筋とその影響を受けた家、あるいは人、それにそうした家や人を取り巻く地域社会との緊張関係である。持ち筋の家は、他の家々から特別扱いされていることが多い。しかし、ここでは、持ち筋に、特別な感情的意識がないと『西條誌』は記している。

この村では忌み憚《はばか》るところなく、だれは蛇持ちであると語り、同席の人をさしても、蛇持ちである者にはあり、そうでない者にはないという。戯れかとおもって、その者について蛇持ちのことを尋ねると、供え物に遅れたときに催促をすること、供え物の分量のことなど、余すことなく語り、恥じるようすもない。村に蛇持ちの家が多く、あたりまえのことと心得ているからである。庄屋、役人なども、指を折って蛇持ちの名をあげる。

とある。家の消長、新しい分家や来住者など、村の変遷を加味してみると、蛇持ちは、特別なことではなく、ある時期の村の一般の習俗であった可能性も出てくる。

先祖代々の蛇飼育

因幡藩士の上野忠親（一六八四―一七五五年）の『雪窓夜話』（一七五二年ごろ成立）には、備前（岡山県）の「たふべう」のことがくわしく見えている。トウビョウと呼ばれる蛇神持ちのことである（倉光・七一〜二）。

トウビョウは、煙管《きせる》のラウほどの小蛇で、長さ七、八寸、これを飼って、家ごとに一頭二頭ずつ持っている村里がある。その人が好んで持つのではなく、心中はうるさいとおもっているが、先祖が、いつの人からか、飼って持って来たものなので、もはやその家を離れず、その子孫に伝わって、末代まで所持するのである。

とある。トウビョウは、家についた蛇の飼育の習俗であったことになる。

トウビョウの特色は、やはり、蛇が主人の意中を察して、他人に危害を加えることである。『雪窓夜話』にいう。

他人と争うとか、憎らしいとおもうとか、人の持ち物をうらやましくおもうとかすると、蛇神はすぐにその主人の心の動きを知って、相手の人のところへ、またたくまに行く。本人にも、他の人にも見えない。相手の人の体に入って苦悩させる。病人がそれを知って、蛇神を持つ人と和解すると、すぐに病人を離れて別条はない。

事実は、二つである。蛇神を持つ家があることと、蛇神に冒されて病気になったと信じる人があるということである。二つの因果関係を、だれが認めるかが問題である。

『雪窓夜話』に続けていう。

それほど深くおもったことでもないのに、このようなことが起こるから、主人もうるさいとおもうが、蛇神を離すことができないという。蛇を殺しても元のように戻って来て、絶やすことができない。蛇神が主人に怨みがあれば、主人の体に入って責め殺すこともあるので、持っている者は、これを神のように崇《あが》めるという。

持ち筋の家にとっては、先祖代々、霊威の強い蛇を飼っているというだけのことである。蛇神持ちも、家に棲みついた蛇をたいせつにしていた家と、本質的にはすこしちがわないのである。

3　蛇を飼育する習俗

古代中国の蠱道

日本の憑きものに相当する方技は、中国にも古代からある。動物の霊をまつり、その霊を使役して他人をのろい、危害を加える「蠱《こ》」である。古くは『漢書』巻四十五、列伝十五の「江充伝」に巫蠱《ふこ》のことが見える（古典研・一五三五）。巫蠱とは、呪術師が蠱を使役する法術である。それを蠱道ともいう。

蠱道は日本でも古く養老二年（七一八）成立の刑法『養老律《ようろうりつ》』の「賊盗律《ぞくとうりつ》」に、その罰則がある。条文には「造畜蠱毒」とある。「蠱毒《こどく》を造り畜《たく》わえる」ことである。その本文の注にいう。「造《つく》り合《あ》わせて蠱に成して、人を害するに堪えるのをいう」とある。くわしくは『唐律』の注釈にある。「蠱は多くの種類があり、めったに究め尽くせるものではない。ことは正しくないことにかかわっており、あらかじめ用意して知ることはできない。あるいは、いろいろな虫を集め合わせて、一つの器の内に置く。長くかけてたがいに食い、それらの虫はみんな死ぬ。もし蛇があれば、蛇蠱《だこ》とするの類である」（井上・九五）とある。

江戸時代の学者の中にも、日本の憑きものと中国の蠱道とを類比している人は少なくない。むしろそれがこの時代の学問の方法であった。蛇神持ち筋についても、注意されている。茅原定《ちはらさだむ》の『茅窓漫録』（一八三三年刊）には、四国には蛇蠱があり、俗に土瓶《どびよう》というとあげ、蛇蠱は『隋書』の志に見えるとしている（早川・七七四）。たしかに、蛇神持ちにも、他人に危害を与えるというもう一つの側面がある。つまり蛇蠱である。

香川県の三豊郡では、蛇神をトンボガミ、略してガミという。トンボガミを遣わすことを「追いかけ」という。なにか悶着が起こったとき、追いかけをすると、トンボガミは相手の人に災厄をおよぼす。急病人が出たとき、祈禱《きとう》者にみてもらうと、どこそこのトンボガミだと言いあてる。そこで、その家に、トンボガミを連れ帰ってくれと頼みに行く。主人は、屋敷にあるトンボガミの塚に御幣を立て、拝んでから連れ戻しに行く。痛みはすぐになおるという（細川・四六七）。

蛇神憑きの成立要因

狐持ちや犬神持ちでは、たしかに霊を使役するという機能が強調されている。しかし、蛇神持ちでは、それはけっして積極的なものではない。この三豊郡の例でも、トンボ神を「追う」と世間ではいっているが、当家の主人にとっては、先方から「ガミ憑き」が出たといって来たので、その後始末をしているにすぎない。蛇神憑きの例は、だいたいそんなかたちである。私には、やはり、家の神の性格が本来のようにおもわれる。

この三豊郡の例でも、「ガミ憑き」が出るのは、外部の人たちの信仰の問題のようにみえる。ある家では、憑いたという事件がしばしばあるので、当主の代になって、屋敷の塚を掘り起こして、神職に封じてもらったという。塚の中には、石が数個組み合わせて埋めてあったそうである。この村には、そうした塚の跡らしいものが、二つ三つはあるという（細川・四六七〜八）。この地方では、憑きもの筋の家は、集落に一戸あるかないかぐらいで、たいていは、公然と、屋敷内や裏の藪などに、石を積み上げたトンボガミの祭壇をもっているらしい（石塚・一九〇）。あたかも、屋敷にまつる家の守護神である。

蛇神の正体

蛇神の正体は、かならずしもはっきりはしないが、伝聞にも、それなりの真実が含まれているにちがいない。三豊郡では、トンボガミは、大きさは杉箸ぐらいから、竹楊子《ようじ》ぐらいまで、いろいろあるという。色は淡黒色、腹だけは薄黄色、頸《くび》に黄色い環があり、「金《きん》の環《わ》」という。土製の瓶に入れ、人目につかない台所の近くの床下などに置く。ときどき食物をやり、酒を注ぐ。屋敷内に放し飼いの家もあるという（倉光・七二）。また長さ一尺五寸から二尺ぐらい、頸に青黄の環が二つかかり、数は七十五匹いるといわれているという（石塚・五三）。

頸に黄色い環があるのは、ヤマカガシか、ヒバカリであろう。小形で、しかも、すぐに人に慣れて、簡単に飼える。ほとんど人に害を加えない。蛇神にもふさわしい。近年、ヤマカガシは、奥歯でかまれると、毒が体にまわり、死に至ることがわかった。蛇神が本質的にはおそれられていたのも、ヤマカガシであるとするとよくわかる。蛇神の伝聞と、自然の事実とのみごとな対応をみると、持ち筋の家で蛇を飼っていたというのは、けっして単なる噂ではあるまい。屋敷の塚の石組みも、蛇の巣であろう。

徳島県の三好郡では、蛇神をトンベガミという。長さ五、六寸で、錦のような美しい模様があり、頸に黄色い環がある。小さい瓶などに入れ、白米や米の飯で飼う。村の祭りには甘酒を与える。持ち筋が村に二、三戸ある。その家の人に恨まれると、トンベガミを憑けられるという。トンベガミは、ときどき、道や野中をうろついていることがある。あやまって踏んだり、いじめたりすると、取り憑かれる。トンベガミらしい小蛇を見つけると、近づかないようにする。またトンベガミが、他の人の家に入ろうとするのを見かけたら、棒ではねのけはねのけ、飼っているとおもわれる家まで送るという（笠井・四六五〜六）。これも蛇飼育の事実を伝えているようである。

高知県では蛇神持ちは高岡郡に多いが、全県下に及んでいる。トンベ、ヘンビ、クチナワ、ナガナアなどという。ナガナア持ちの家のハンドを開けると、なかに蛇の子がいっぱいいるといい、通婚を嫌う。仁淀《によど》川の上流地方では、その家の人が年に一度、川原に蛇を連れて行くのを見ると、蛇の眷属《けんぞく》が七十五匹いるという（桂井・二六九、二七一〜二）。川原に連れて行くというのは、ヤマカガシもヒバカリも、水田や水辺に棲むというのと関係がありそうである。

岡山県の阿哲《あてつ》郡でも、蛇神は頸に黄色い環のある小蛇であるという。七十五匹群をなしているともいう（綜合・一〇二二）。これもヤマカガシ類の蛇であろう。基本的には、四国と変わっていない。真庭《まにわ》郡でも、トウビョウは、頸部に環紋のある四、五寸ぐらいの蛇で、毎年、蛇の食用に、米一俵を蔵にまいたという話もある（三浦・四五二）。この地方の蛇神も、あきらかに、蛇の飼育習俗のもとで成り立っている。古木を神体とする森の神をトウビョウさまといい、頸部に環のある蛇が出るといって恐れるともいう（石塚・五二）。もともと、どこかの家が管理していた蛇神であろう。

広島県備北《びほく》地方でも、明治時代まではトウビョウ持ちの家が多かったという（山田・四五九）。この地方のトウビョウは、形は丈が短く、中太で、鰹節のようであるという。小さい瓶に入れて土の中に埋め、上に祠を建て、内々にまつる。酒が好物で、金持ちにしてもらうには、蓋を開いて酒を注ぐという（柳田・七九）。トウビョウの形がツチノコに似ているのもおもしろいが、頸のあたりに白い環があるという（同前）のは、やはり、ヤマカガシの類であろう。これも、家の守護に蛇を飼っていた例にちがいない。

蛇神の分布が、田植えのときにサンバイやサバエをまつる地域と重なっているのは、けっして偶然ではあるまい。その中間の姿をうかがわせるのが、ツユザエモンであろう。蛇神などは、病気の治療にかかわる祈禱者などの介入で、憑きものとして、他人に憑いて障害を起こさせるものになったが、その本来の目的は、動物の霊威を願って、まつることにあったことは疑いない。なぜ、中国、四国地方に蛇神の信仰が濃厚であったか、日本文化史の興味深い謎である。

4 福蛇《ふくへび》の寝床《ねどこ》

蛇聟入と蛇信仰

『古事記』の三輪山神話は、三輪山の神である蛇と人間の女子との子どもが、その神をまつるオホタタネコであると語っている（2章2節）。これは、昔話でいえば、「蛇聟入」緒環《おだまき》型の最古の例であるが、異類聟を蛇とするのは、一つの信仰である。たとえば、同じ類型の昔話は朝鮮にも知られているが、古い記録である高麗の僧一然の

『三国遺事』巻二の後百済《こうひやくさい》の甄萱《キヨンフオン》王の生い立ちでは、異類は大蚯蚓《みみず》であり、『青邱野《せいきゆうや》談《だん》』巻一では、珠である（孫・附二三〜四）。

蛇の血を引く家系としては、緒方《おがた》氏が有名である。『平家物語』巻八「緒環《おだまき》」の章にくわしい。豊後の住人、緒方三郎惟義《これよし》（惟栄）の出自である（佐藤－春田・三三八〜九）。

> 豊後国片山里のある一人娘に、男が通って来る。やがて身重になるが、男の素姓はわからない。母の教えで、朝、男が帰るとき、狩衣の頸の上に針をさし、緒環（巻いた糸）をつけておく。糸をたどって行くと、豊後国と日向国の境にある日向国の姥嶽《おばたけ》の腰の大きな岩窟の中に入っている。正体は五丈ばかりの大蛇で、日向国の高千尾大明神である。娘は男子を生む。幼いときから、大力で、体も大きい。十一歳で元服させ、大太《だいた》と名付ける。夏も冬も、手足に大きなあかがり（あかぎれ）が出来ているので、胝《あかがり》大太と呼ばれる。維義（惟義）はその五代の末である。

これは古くは『平家物語』屋代《やしろ》本に見え、流布本系統の諸本の本文もほぼ同一である。『平家物語』は、緒方三郎惟義の武勇を語るために引いているが、物語は、一面では、

祖母山　宮崎県　高千穂町役場観光課提供

姥嶽《うばたけ》の大蛇の神伝である。姥嶽は、今の祖母山《そぼさん》（一七五六ｍ）である。高千尾大明神とは、宮崎県の西臼杵郡高千穂町の高千穂《たかちほ》神社にあたる。祖母山の南麓である。異伝を記す『源平盛衰記』巻三十三（早稲田・三五～七）では、娘を日向国塩田の大太夫の子の花御本《はなのおもと》とし、大蛇を嫗《うば》嶽《たけ》の明神とする。嫗嶽の明神とは、大分県竹田市の健男霜凝日子《たけおしもこりひこ》神社である。山の北麓の神原《こうばる》にある遥拝所から七〇〇ｍほど東に登ったところに深い洞窟があり、そこが大蛇のいた岩窟であると伝える（秦・三〇二）。いずれにせよ、姥嶽の神を蛇とする信仰である。ここでも、山に鎮まる大地の主の神が蛇だったのである。

『源平盛衰記』には、三郎惟義には、蛇の子の末を継いでいるしるしであろうか、

宇田姫神社　花御本の屋敷跡という　大分県清川村

穴森神社　嫗嶽大明神の化身である大蛇が棲んだ洞窟
大分県竹田市　竹田市産業観光課提供

体に蛇の尾の形と鱗があったので、「尾形《おがた》」と称したとある。『源平盛衰記』は、『平家物語』の古い諸本を編集した読み物である。緒方氏の一族と称して、体になにか特徴があると伝えていた家は、そちこちにあった。横井希純の『阿州奇事雑話』（一七九七年ごろ成立）にも、徳島県の美馬《みま》郡穴吹町の宮内に、尾形の一党と称して、一族の者には、背中に蛇の尾の形があると伝えていた家系があったことが記されている（坂本・一五三）。武将として名高い緒方氏との縁故を、主張するためだけともおもえない。

蛇の子の英雄

新潟県の南蒲原郡には、また別の蛇の子孫の家があった。笠堀村（下田村）の五十嵐《いがらし》家である。男の着物の裾に糸をつけた針を刺し、翌朝、糸をたどって行くと、八木山下の川の淵で、大蛇が苦しんでいる。大蛇は、針を刺されたので死ぬが、おまえの家を守るといって見えなくなった。今もその家では、代々子どもの腋《わき》の下に、三枚の鱗があると伝えている。南北朝時代の勤王家五十嵐小文治は、この家の出身で、四十五人力であったという（高木・一八四）。飛鳥古京の元興寺の道場法師や胝《あかがり》大太をおもわせる話である。

神話学者の松村武雄（一八八三―一九六九年）の生家も、またこの一例である。郷里は、群馬県の利根郡布施村（新治村）である。松村家は、遠祖の娘に、若い男の姿で毎夜通って来た大蛇の後裔《こうえい》であると信じられている。代々の子どもには、背に鱗があり、口には牙が生えると伝えられていた。父と姉には、牙らしい歯があったが、本人には、鱗も牙もなかったそうである（松村・二三〜四）。なにがこのようなことを信じさせたのか。やはり、家の守護神として蛇をまつっていたのと同じ信仰であろう。

蛇を家の繁昌の守り神としてまつる風習は、朝鮮にもあったらしい（三輪・一八〇〜二）。

梁允済《りょういんさい》は、平安北道《へいあんほくどう》の熙川郡邑内面《きせんぐんゆうないめん》の加羅之洞《からしどう》の人である。家は名門だが貧しかった。ある凶作の年に、食べ物に困って、隣村の盧座首《ろざしゅ》（郡守に次ぐ役人）の家に行き、米でも粟でも、利子つきで借してくれと頼んだ。座首は、貸すまでもないと、庭に積んであった稗《ひえ》を一背負いだけ与えた。帰る途中、背中で音がするので稗を下ろしてみると、蛇が一匹いる。允済は「福蛇《ふくじゃ》」にちがいないと、だいじに持ち帰り、蛇の居所をつくり、毎月吉日を定めてまつった。允済の家は栄え、郡第一の富豪になり、盧座首の家は衰運に向かった。允済が死んだとき、蛇が元気なく家の周囲をまわっていた。子どもたちが、おまえの気の合ったところへ行けというと、まもなく、雲山郡に嫁いだ三女の家に移った。蛇の居所を定めてまつると、その家は段々に栄え、雲山郡での物持ちになった。

庭に積んであった稗のなかの蛇とは、新潟県の蛇藁積みをおもわせる。蛇を飼育してまつると家が富み栄えること、その蛇が移ると福運も移ることなど、日本の家を守る蛇ときわめてよく似ている。

蛇神飼育の人類学

ユーラシア大陸を隔てて、バルト海沿岸のリトアニアにも、家で蛇を飼ってまつる風習があった。リトアニアでは、異教時代、人々は自分の家に一匹ずつ蛇を飼っていたという。家の片隅に蛇の寝床を用意し、特別な呪術師に、蛇を家の中に案内してくれるように頼む。家の人たちは、その蛇をたいせつに世話する。蛇は家の守護神であると考えられていた（アレグザンスキー・七七）。リトアニア人は、ヨーロッパ人の中ではきわめて古風な文化を持っていた。神として蛇を家に飼うのも、きっと古くからの伝統であろう。蛇の飼育は、人類の精神文化史の不思議な一面をうかがわせている。

第６章　三枚の蛇の葉——日本の落語から古代ギリシアまで

１　よみがえる蛇

グリム昔話集

ドイツのグリム兄弟の昔話集『子どもと家庭の昔話』に、「三枚の蛇の葉」（一六番）という話がある（グリム・一－一二七〜三一）。

(一)若者が戦場で武勲をたて、国王の一番の家来になる。王には美しい王女がある。王女は、先に死んだ者といっしょに墓に入るという約束のできる男と、結婚したいと願っている。若者はこの王女と結婚する。まもなく王女は死ぬ。王女の屍《しかばね》を墓に納めるとき、若者もいっしょに墓のなかに連れて行かれる。若者は、わずかな供え物を食べて生きのびる。

(二)ある日、蛇がはい出して来る。死人に近づくのをおそれて、若者は蛇を剣で三つに切る。しばらくすると、別の蛇が出て来る。先の蛇が切られているのを見ると、戻って行き、やがて、緑の葉を三枚、くわえて来る。その蛇は、切られた蛇の体を継ぎ合わせ、傷口に、葉を一枚ずつ載せる。すると死んでいた蛇の体は、もとどおりになって動き出す。二匹の蛇は行ってしまう。

㈢それを見ていた若者は、落ちている葉を拾い、人間にも効くかもしれないと、王女の屍の口と両眼に一枚ずつ載せる。すると王女の顔に赤味がさしてきて生き返る。若者と王女は大声をあげて墓の戸をたたく。番兵が聞きつけ、二人は墓から出る。

これは、蛇が死者をよみがえらせる力のある薬草を知っていることを主題にした、物語である。

ギリシア神話の世界

すでにグリム兄弟自身が、その昔話集の第三巻の注釈で示しているように（グリム・レクラム―三―三八）、この昔話は、ほとんどそのままの形で、古代ギリシアの伝説に見えている。クレーテー（クレタ島）の伝説で、ミーノース王の息子、グラウコスの物語である（呉・二八八）。

(一)グラウコスは、幼いころ、中庭に埋めてある蜂蜜を入れた甕《かめ》の中に落ちて死ぬ。占い師のポリュエイドスは、神託により、グラウコスを生きたまま返すことを課せられる。占い師は、すぐに死んでいるグラウコスを見つけるが、生き返らせなければならない。占い師は、グラウコスといっしょに墓の中に入れられ、屍を置く部屋の中に閉じこめられる。

(二)そこへ一匹の蛇が出て来て、死体に近づく。占い師のポリュエイドスは、剣で蛇をうち殺す。そうすると、もう一匹の蛇が出て来て、仲間が死んでいるのを見ると引き返し、しばらくして薬草をくわえて戻って来る。薬草を死んだ蛇にこすりつけると、蛇は動き出し、二匹は連れ立って去る。ポリュエイドスは、さっそくその薬草を取って、グラウコスをよみがえらせる。無事な二人の姿を見て、ミーノース王をはじめ、王宮の人々は喜ぶ。

この物語は、紀元前五世紀のギリシアの悲劇詩人たちにより、いくつかの劇に作られている（呉・二八八）。

グリム兄弟の昔話集の「三枚の蛇の葉」には、さらに後段がついている。

(四)生き返った王女は、心変わりする。若者といっしょに、父王のもとに行くために船に乗る。王女は船頭と道ならぬ仲になる。王女は船頭に手伝わせ、若者を海に投げこむ。それを見ていた若者の家来は、小船を出して若者を助け、持っていた三枚の蛇の葉で、若者の命を救う。王女は父のところに行き、若者は死んだというが、若者たちは先に着いている。悪事が露顕して、王女と船頭は海に放されて死ぬ。

前段は誠実な夫が妻の命を救い、後段は不誠実な妻が夫の命を奪おうとする話である。前段と後段とで、裏返しの関係にある構想の物語を用い、三枚の蛇の葉の効用を二重に語っている。後段は昔話の「恩知らずの夫人」の型で、それがこの昔話全体の枠組を構成している。蛇の葉の趣向は欠くが、夫に命を救われた妻が若者を愛し、夫を殺そうとするという「恩知らずの夫人」の類話は、古代インドの文学にもある。『ジャータカ』一九三話（前田・五〜一〇）、『パンチャタントラ』四巻十三話（田中―上村・四〇四〜七）、『カター・サリット・サーガラ』六十五章一四七話（ペンツァー・五―一五三〜六）など、チベット訳では『カンギュル』（経律部）の「ドゥルワ」（律）（シーフネル・九番）、漢訳では、呉の康僧会訳の『六度集経《じっきょう》』巻六（五八話）（高楠・三―三三）、元魏の吉迦夜共曇曜訳の『雑宝蔵経』巻二（二二話）（高楠・四―四五八〜九）、唐の義浄訳の『根本説一切有部毘奈耶破僧事』巻十六（高楠・二四―一八〇〜一）などにある。

蛇の蘇生力

ヨーロッパの「三枚の蛇の葉」の類話でも、薬草をもたらすものは、かならずしも蛇になっていないようである（ランバーツ・三一八）。たしかに、ずたずたに切られた蛇が生き返るというのは、空想的にも見えるが、古来、人類は、蛇に強い蘇生力があると考えてきたようである。蛇の脱皮の現象を、よみがえり、生まれかわりとみたのである。中国では、晋代の葛洪《かっこう》の『抱朴子《ほうぼくし》』巻三「対俗」に、「蛇は無窮の寿あり」（石島・五三）と、蛇に永遠不死の生命があることを説いており、前漢代の淮南王劉安の『淮南子《えなんじ》』巻十六「説山訓」には、神蛇は断たれてもふたたびつながる能力があるという（楠山・八九七）。古代ギリシアのグラウコスの伝説も、同様の古代文明の生命観を示している。

恩返しをする蛇

蛇が薬草をもたらす趣向は、昔話の「恩知らずの人間」にも含まれている。インドでは古代の文献にもある。『カター・サリット・サーガラ』六十五章一四八話では、薬草は欠落しているが（ペンツァー・五－一五七〜六四）、漢訳の『六度集経』巻三（二五話）には、はっきりと蛇の薬の趣向もある（高楠・三－一五）。ここにはチベット訳の『カンギュル』の「ドゥルワ」の例を紹介しよう（シーフネル・一三番）。

薪を取りに行った男が獅子に追われる。男も獅子も落とし穴に落ちる。蛇を追っているはつか鼠を鷹が追う。蛇も鼠も鷹も落とし穴に落ちる。通りかかった猟師が、人間と動物たちを助け出す。獅子は食い殺したカモシカを猟師に贈る。鷹は王妃が置きっ放しにした装身具を取って来て、猟師に贈る。王が装身具を探させると、助けられた薪取りの男は、猟師が装身具を持っていることを知って密告する。猟師は牢屋に入れられる。これを知ったはつか鼠は、蛇にことの次第を伝える。蛇は牢屋へ行き、猟師に、自分が王にかみつくから、あなたは、これこれの薬と呪文で治しなさいと教える。猟師は、蛇にかまれた王の傷を治し、釈放されたうえ、褒美までもらう。

人間は恩知らずであるが、動物は恩を忘れないという話で、これが一般的な型である。「恩知らずの人間」にも、蛇の薬草の趣向のない類話は少なくない。日本では、平安時代後期の『今昔物語集』巻五（一六話）に、天竺《てんじく》（インド）の話として同じ説話が見えているが、これは九色の美しい鹿に助けられた人間が、鹿との約束を破って、鹿を捕らえに行く国王の道案内をする話である（山田・三七五〜八）。先にあげた『六度集経』巻六（五話）がその例である。出典は中国の『法苑珠林《ほうおんじゅりん》』巻五十で、原拠は呉の支謙訳の『仏説九色鹿経《くしきろくぎょう》』（高楠・三－四五二～四）である。しかし昔話には、『カンギュル』のような蛇の報恩型も、広く分布している。

朝鮮でも、この昔話の類話には、蛇の薬草の趣向がある（崔・一一八番）。

獐《のろ》と蛇と少年を助けた老人が、少年の讒言《ざんげん》で牢屋に入れられる。そこへ蛇が来て老人の腕をかむ。毒で腫れて痛む。しばらくして、蛇は薬草をくわえて来て、傷に押しつけ、残りを置いて去る。傷は癒える。郡守の母が蛇にかまれ、毒で死にそうだと聞く。老人は申し出て、蛇の残した草で、郡守の母の傷を癒やす。郡守は老人の無実を知り、褒美まで与える。（三輪・一九〇～五）

まったく、結びは蛇の薬草の話である。「三枚の蛇の葉」や「恩知らずの人間」をとおして、命の恩人を裏切る物語形式に、蛇の薬草の趣向が結びついていたのである。

2　蛇の薬草

蛇が持って来た薬

昔話の「恩知らずの蛇」にも、末尾が、蛇のもたらす薬物の話になっている例が、インドのパンジャブにある（スウィンナートン・二八番）。

若者が婚約者を迎えに行く途中、マングースと戦っている蛇を助ける。蛇は、ここでは恩を仇《あだ》で返すのだといって、若者を食おうとする。若者は八日間だけ待てと約束する。婚約者を連れて約束の日に来る。若者が蛇に食われると聞いて、婚約者が悲しむと、蛇は丸薬を二つ持って来て、これを飲めば子どもができるという。婚約者が、それでは自分の名誉はどうなるのかというと、蛇はまた丸薬を持って来て、この丸薬をすりつぶして、悪口を言う者にふりかければ、その人は燃えて灰になるという。婚約者は、それを蛇にふりかけて、灰にしてしまう。

「三枚の蛇の葉」と同じく、「恩知らずの人間」や「恩知らずの蛇」も、類話のすべてが、蛇の話であるわけではない。たとえばインド亜大陸では、三十余例のうち、二例だけである（トンプソン－ロバーツ・三二）。しかし、そのなかで、蛇が特色のある存在になり、蛇の薬草あるいは蛇の医療の趣向が付いているのは、これらの昔話の重要な特徴である。これは、アジアやヨーロッパの諸民族の蛇に対する信仰の反映であろう。ことに、この三つの昔話が、どれも全体の構想が、「救助」と「その裏切り」という構造をもち、「恩知らず」を主題にしていることは、偶然ではあるまい。

蛇の役割は、主人公に対して、「三枚の蛇の葉」では並列、「恩知らずの人間」では報恩、「恩知らずの蛇」では忘恩と、それぞれ異なった立場をとっているが、どの昔話でも、蛇の薬草がその主題の「核」をなし、同一の機能を果している。蛇は、このばあい、「善」と「悪」、「誠実」と「不誠実」の接点の位置を占めている。蛇には、そうしたものごとの始まりの原点を意味する「混沌《こんとん》」、あるいは「転換」の機能が与えられていたようにおもわれる。

古代ギリシアのグラウコスの伝説にも、後段がある（呉・二八八）。

㈢グラウコスがよみがえったあと、ミーノース王は、占い師のポリュエイドスに無理じいして、予言の術をグラウコスに教えさせる。占い師はしかたなく教えるが、島を出発するとき、グラウコスに、自分の口の中に唾《つば》を吐くように言いつける。グラウコスがそのとおりにすると、グラウコスは占いをする力を失ってしまう。

このグラウコスの物語も、占い師のポリュエイドスを中心にみると、前段は「救助」、後段は「その裏切り」である。「恩知らずの夫人」からくらべると、構想の色合いはすっかり変わっているが、蛇を核にして物語の転換が生じているのは、同じことである。

インドネシアの蛇の薬草

東アジアでは、「三枚の蛇の葉」の前段に相当する部分が、「蛇の薬草」として、独立して語られることが多い。インドネシアのシュラウェシ（セレベス）にもある。東部トラジャ族の一部族ナプ族の伝えである（ドゥ＝フリース・二四七〜九）。

男と妻がアダンの葉を採りに行く。男は妻を森の外に待たせて、森の中に入る。すると、大蛇が来て、妻を呑もうとする。妻の救いを求める声を聞いて男が来ると、大蛇が妻の体を巻いている。男は大蛇に斬りかかるが、妻の首を切ってしまう。男は二度目に大蛇を斬り殺す。別の大蛇が来て、死んだ大蛇を介抱する。やがて大蛇は生き返る。大蛇が薬草らしいものを使っているのを見て、男はその草を探し、妻の首の傷につける。妻は生き返る。

これは、死んだ妻を夫が薬草でよみがえらせる型で、まったく「三枚の蛇の葉」の前段と一致する。これと古代ギリシアの伝説とが、歴史的にどのようにかかわっているか、今後の興味深い課題である。インドネシアには、インドの影響を受けた説話が少なくない。古代インドの説話集にこの類話が見出されるとすると、東西の古代文明の説話に、深い交渉があった一例になる。

中国では、古代から、薬草の由来譚として、この類話が知られている。古くは南朝宋の劉敬叔の『異苑』巻三に見える。昔、土地を耕していた農夫が、傷を負っている蛇に出会った。別の蛇が草を銜《くわ》えて来て傷の上につけると、何日かして蛇はいなくなった。農夫がその草の余りの葉を取って傷を治療すると、みんな験《しる》しがあった。それでこの草に「蛇銜《だがん》」という名をつけたとある（李・三三〇四、袁・三五三）。

晋代の『抱朴子』巻三には、人が斬れてしまった指を蛇銜膏《だがんこう》で継げるのを、しばしば見たとある。これはおそらく蛇銜草でつくった膏薬であろうという（石島・五九、四一八）。切断された指をもとのようにつけるということも、すぐであれば可能なことであるそうであるが、「三枚の蛇の葉」や古代ギリシアの伝説の語り方と同じであるのが興味深い。

日本では、同じ話が、佐藤中陵（一七六二—一八四八年）の『中陵漫録』（一八二六年序）巻九に、琉球の蛇使いが売る、蛇にかまれたときの薬の由来談として見える（早川・一九八）。

蛇使いの家では、多くハブを瓶に入れてたくわえる。そのなかに親ハブといって、

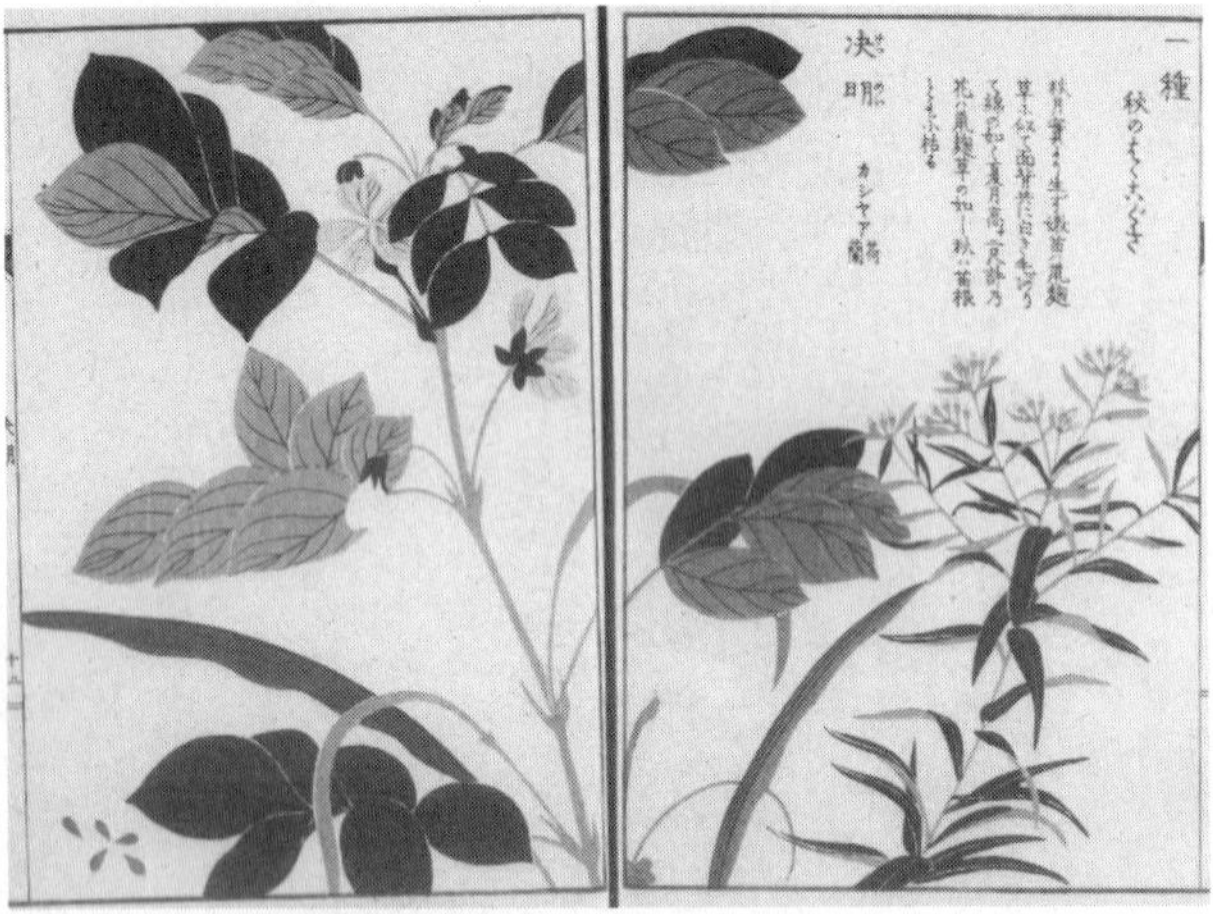

馬蹄決明　岩崎常正『本草図譜』より
国立国会図書館蔵

数世を経た第一の頭《かしら》がいる。その家の主人は、他へ行くときは、まず頭にどこへ行く、いつ帰るといって暇請《いとまご》いをして、かならず出入りする。あるとき、それを忘れて他に行った。主人が帰って来て、なにげなく家に入ると、その親ハブが走って来て足をかんだ。これはどうしたことだろうとおもいながら、挨拶を忘れたからであろうと気づいて、親ハブにあやまると、親ハブはそとへ走って行き、草をくわえてきて、かんだ主人の足に置いた。主人は、この草は薬であろうと、かまれたところにつけると、すぐに痛みがなくなり、二日でまったく治った。

この蛇使いは、それから、この草を採って人々に売るようになったという。効くので求める人が多く、植えて作っていたが、隣の人がその草と知って種子を盗み、あちこちに伝えて国中に広まった。この草は薩摩にも来ている。珍草として、まれにえて植えている者もある。それは馬蹄《ばてい》決明であるとある。決明は蛇がきらい、蛇の毒を解くという薬草であるという（早川・一九八）。本草学者の中陵の鑑定であるから信用してもよかろう。本草学とともに、この物語も中国から伝わったものであろう。

3　蛇含草《じゃがんそう》の由来

落語の蛇含草

落語に「蛇含草」という話がある（宇井・二八一）。「蛇の薬草」の笑話型である。

隠居から蛇含草をわけてもらう。大蛇が人を呑んで苦しくなったときに、人を溶かす草であると聞く。隠居が餅を焼き始める。五、六十は食えると大きなことをいって食うが、途中で苦しくなる。家に帰って横になり、胸をなでると、蛇含草が手に触れる。これだとおもって蛇含草を食べる。隠居が心配してたずねてくると、餅が袖なし羽織を着てあぐらをかいている。

東京では「そばの羽織」といい、そばの食いくらべをして、そばが羽織を着てすわっていたと話す。主人公が武士なら、そばが大小をさしていた、とオトす（宇井・二八一〜二）。蛇が呑んだ人間を溶かす薬草であるから、人間が服用すると、自分の体のほうが溶けてしまうという理窟である。

これは、江戸時代の小咄《こばなし》にもある。岡白駒の『訳準開口新語』（一七五一年序）では、道士の話になっている（武藤・一三）。

蛇が蛙を呑むのを見る。腹が一斗桝のようにふくれるが、草むらのなかで、ある草を探して食べると、すぐにもとどおりになる。道士は消化の薬草であるとおもって、その草を数本採って帰る。道で友人に会い、大食を自慢して、餅を五十個食べる賭けをする。死にそうなほど食べ、その薬草を口にすると、身体はばらばらになり、肉は溶けて流れてしまう。あとは、重なった餅の上に衣服がかかっているだけである。

ほとんど同じ話は、古くは『一休関東咄』（一六七二年刊）上巻にもある。これでは山伏が主人公で、山伏は消えて、二斗の餅が、兜巾《ときん》・鈴懸《すずかけ》・法螺《ほら》の貝・金剛杖《こんごうづえ》を持ってすわっていたとある（武藤－岡・七〇）。
演題にも「蛇含草」とあるように、これはあきらかに中国の蛇銜草の話のパロディーである。その笑話は、中国にもある（林・四～六）。浙江省新市の話である。

卵屋の店頭から毎日卵がなくなる。学生が見ていると、梁《はり》の上から大きな蛇が下りて来て、卵を呑み、梁の上にあがって、腹を曲げて卵をくだいている。それを見た学生は、木の卵を呑ませて殺そうと考え、木の卵を作って並べておく。蛇は木の卵を呑む。腹を曲げるが卵はくだけない。すると蛇は荒野へ行き、ある草（点点触触茎茎草という）を呑む。木の卵はこなごなになって排泄される。学生は、草に不思議なききめがあることを知る。後に自分が病気になったとき、この草を飲むと、すぐに体は溶けてしまい、頭髪だけが残った。

この笑話は、中国でもよく知られているそうである。

中国の蛇含草の類型

清代の袁枚《えんばい》（一七一六―九七年）の『子不語』（『新斉諧《せいかい》』）巻二十一にもある。これでは、蛇含草が木を消化し、鉄を金に変える話になっている（袁・五五五六〜七、前野・三六二〜七一）。

張文敏の甥《おい》が、洞庭湖の西磧《せいせき》山荘に身を寄せている。台所に卵を二個置くが、毎晩蛇に盗まれる。白い蛇が卵を呑み、首のところがふくれると、木に首をこすりつけて卵をくだいて消化する。それを見た甥は、卵の殻の中に木片を入れておく。蛇はそれを呑み、首を木にこすりつけるが消化できない。すると、蛇は庭のなかをはいまわり、緑色の三つまたになった葉に体をこすりつけ、木の卵も消化する。甥は、その草を採って、消化不良を起こすと使う。腹を撫でるとすぐに治る。近所に背中にできもののある人がいる。甥がこの草を煎じて飲ませると、すぐに治ったが、体も小さくなり、骨まで水になる。家族は怒って甥を役所につき出すという。台所へ行くと、草を煎じた鉄の鍋が、黄金に変わっている。それを家族に贈って許してもらう。その草の名はわからなかったという。

浙江省の笑い話は、これとまったく同系統である。

古くは宋代の何薳の『春渚紀聞』巻十「記丹薬」に、中国の臨安（杭州）の僧法堅の話として見えている。

旅人が、潜山を通ると、腹がひどくふくれた一匹の蛇がいる。草の中をくねって行き、一本の草をかじり取って腹をこすると、腹のふくれがなくなり、もとのとおりになって去った。旅人は、この草は腹のふくれる毒を消す薬にちがいないと、採って箱のなかに入れる。夜、宿屋に泊まると、隣の部屋の泊り客が、腹がふくれて苦しんでいる。旅人がこの草を釜で煎じて一杯飲ませると、声が聞こえなくなった。夜明けに、隣の部屋から、水の滴《した》たる音がする。声をかけても返事がない。起きて灯りをつけてみると、その人の体は水になり、骨だけが寝床に横たわっている。旅人はさっそく逃げ出した。夜があけて、宿屋の主人はそれを見るが、どうしてそうなったのかわからない。釜を洗い飯を炊こうとすると、釜は金になっていた。

これは『子不語』と同じく、釜が金に変わっている。蛇含草が鉄を金に変えるという伝えも古くからあったことがわかる。

宋代の『太平広記』巻四五九に、『聞奇録』からとして、一つの「蛇含草」の話を引いている。役人が南方で一匹の大蛇を見た。長さ数丈、直径は一尺五寸ある。腹のなかにくさびのような物がある。一本の木にそいながらその葉を食う。腹のなかの物は、しだいにとけてなくなる。村人が、この大蛇は鹿を呑むとこの木の葉でよくとかすという。従者にその葉を採ってしまわせる。帰ってからのこと、食物が消化しないで腹がふくれた。そこでその葉を煎じて飲んだ。一夜たち、昼になっても音沙汰ない。夜具をとってみると、ただ骸骨だけ残って、あとは水になっていたとある（李・三七五五、今村・二一八）。古い時代から、すでにかなり異なった語りかたがあったことがわかる。

蛇含草を用いる医術

度江山人の『北陸奇談』（一八〇一年序）巻三には、能登（石川県）の医家の伝えとして、類話が見えている（物集・一〇二七）。

羽飲《はぐい》（羽咋）の七郎右衛門は、身代がよく、医術にすぐれていた。ふしぎな絹で包んだものでこすると、どんな病気でも、一、二度で治るという。七郎右衛門は若いとき、卵問屋であった。夏のころ、毎夜卵を盗むものがある。気をつけているると、三尺ほどの蛇が梁から来て、卵を十四、五ばかり呑んで帰った。七郎右衛門は、翌日木を削って卵の形につくり、三、四十個ばかり箱に入れておいた。蛇は前夜のように呑んだ。見ていると、石垣に入ろうとするが、木の卵が消化しないので入れない。庭をはいまわり、一本の草を見つけると、それを食い取り、卵のあたりをなでて、草を呑んだ。すると木の卵は消化し、蛇は石垣に入っていった。七郎右衛門はふしぎにおもって、その草を採っておき、食あたりの人の胃のあたりをなでると、すぐに効く。それからどんな病気を治療するのにも、治らないということはない。その草は蛇含草というそうである。

これは中国の蛇含草の笑話の転用にちがいないが、木の卵の趣向もあり、その基本構想は、かえって浙江省の昔話と一致している。案外、この「蛇含草」の話は、中国の特定の文献を介することなく、本草学の知識などとともに、いわば耳学問として伝わっていたのかもしれない。中国へ渡った禅僧などが伝えている可能性もある。

4　若返り水と蛇

人間の死の起源

昆虫類、甲殻類、爬虫類、両棲類などの脱皮の現象を、動物の若返りとみる観念は、世界の諸民族にある。たいていは、それと対比して、人間の死の起源を語る神話になっている（フレイザー・三五〜四三）。中国では、人間は蟬《せみ》や蛇のように脱皮して、六、七十歳の老人が少年少女に生まれ変わることができたので、死ぬことはなかったという。ただ、脱皮は大変苦しかったので、あるとき老女が死んだほうがましだといったため、人間は死ぬことになったという（伊藤・一一三～四）。

メラネシアのバンクス島などでも、やはり、人間も蛇や蟹のように、古い皮を脱ぎすてて若返ったという。ある老女が皮を脱ぎ、家に帰ると、子どもたちは母親であると信用せず、追い出した。それで、老女はもとの皮を着て帰った。それから人間は脱皮しなくなり、寿命が短くなったという。このように、人間は、かつて、蛇のように皮を脱いだので不死であったという神話は、東南アジアのインドシナ半島、インドネシア、ポリネシア、メラネシア、さらに南アメリカのギアナや東アフリカなどに広く分布する（フレイザー・三五～九、四二～三）。

こうしたなかで特色があるのが、人間に与えるはずの若返り法を、使者が誤って蛇に与えてしまったという型である（フレイザー・四二～三）。たとえば安南（ベトナム）では、使者は、人は老いたら皮を脱ぎ、蛇は老いたら死ねという神の言葉を正しく伝えたが、蛇がおどして、その逆にさせたため、人は死に、蛇は不死をえたという。これと同じ伝えは、メラネシアのニューブリテン島のガゼル半島の海岸の住民にもある。善い精霊が人間に不死を、蛇に死を与えるため、人間に毎年脱皮して死から免れる秘法を教えようとしたが、遣わした弟が、蛇に不死の秘法を伝えたため、人は死に、蛇は脱皮して不死になったという。

これとまったく同じ型の伝えが、日本では琉球諸島全域にある。「生き水の使者」の昔話である。使者が小鳥であるところに特色がある。八重山群島竹富島の伝承は、次のようである（上勢頭・三六〜七）。

天の神が、小鳥のセッカを使者にして、人間がいつも若くて死なないようにするために、若水を飲んだり、浴びたりするようにと、人間にとどけさせる。途中、セッカが草むらでいちごを食べているあいだに、蛇が若水を飲み、浴びてしまう。そのため、蛇は脱皮をして若返り、長生きをするようになる。セッカが、少し残った若水を人間のところにとどけると、人間は手足の爪につけた。それで爪は切っても伸びるようになった。セッカは罰を受け、縄でしばられたので、体が小さくなったという。

この話は、骨子にほとんど変化なく、とくに宮古群島と八重山群島に広く知られている。

「生き水の使者」と関連して、宮古群島には、「蛇に生き水」の話が節《せつ》（シツィ）の行事の由来として伝わっている。使者が小鳥ではなく、しかも今も月にいるというのが特色である（ネフスキー・一一〜三）。

人間が住み始めたとき、月と太陽は人間に不死を与えるために、アカリヤザガマを遣わす。使者はスデ水と死に水を入れた桶をかついで地上に下る。月と太陽は、人間にはスデ水を浴びせて、いつまでも生まれ変わる長い命を与え、心のない蛇には死に水を浴びせて、短い命にするように命令する。しかし、使者が桶を下したすきに、蛇がスデ水を浴びてしまう。しかたなく、使者は人間に死に水を浴びせる。このため、蛇は脱皮して長生きをし、人間は死ぬようになる。神は人間をあわれみ、すこしでも若返るようにと、節《せつ》の前夜に若水を送ってくる。これが節の若水である。使者のアカリヤザガマは、この罰で、今も桶をかついで月の中に立っている。

これは月を不死の源泉とし、人間に不死を与えることに失敗した使者を兎とするアフリカの伝え（フレイザー・二七〜三二）と、同じ思想を語っている。

新年の若水の由来

節《せつ》とは、宮古群島の生産暦での新年儀礼である。主作物の粟《あわ》の収穫が済んだ、旧暦の五、六月の甲午《きのえうま》の日の夜から始まる。初日の夜が大晦日の夜で、第二日の乙未《きのとひつじ》の日が元日にあたる節《せつ》である。若水は、この日の早朝に、海の水で身を清めた女たちが井戸から汲み、家中の者が浴びる。若水をスデ水ともいう。若返る水という意味で、動詞の「すでる」は、蛇などの脱皮や卵の孵化《ふか》を表わす。琉球諸島では、一般に、若水をスデ水と考えている。

若返り水の思想は、古くは『万葉集』にもある（石田・一八～二二）。「変若」と書きヲツと訓む動詞は、若返るという意味である（石田・一八～二〇）。『万葉集』巻六に例がある。

古《いにしへ》ゆ人の言ひける、老人《おいひと》の変若《を》つといふ水そ。名に負《お》ふ滝《たぎ》の瀬《せ》（一〇三四番）

「昔から人が言い伝えている、老人が若返るという水ですね。その名にそむかない滝の激しい流れですね」。滝の水を若返りの水とする伝えである。

『万葉集』巻十三には、後半に「月読《つくよみ》の持てる変若《をち》水《みづ》、い取り来て君に奉《まつ》りて、変若《をち》得《え》しむもの」（三二四五番）とある長歌もある。「月読が持っている若返り水を、取って来てあなたにさしあげて、若返りさせたいものですね」という意味である。「月読」は月であり、月の神である。月に変若水があるという信仰を踏まえた歌である。月に若返り水の源泉があるとする観念は、『万葉集』も「蛇に生き水」も同じである。

『万葉集』には「月読壮子《つくよみをとこ》」（巻六、九八五番ほか）、「月人壮士《つきひとをとこ》」（巻十、二〇一〇番ほか）という語もある。月を男にたとえた表現であるが、月の影に男の姿を見る伝えが、上代にもあったのであろう。ここでも宮古群島の伝えと共通してくる。月の中に、物を荷《にな》った人がいるという伝えは、ユーラシア大陸をはじめ、広く分布している（石田・二五～三四）。宮古群島の「蛇に生き水」には、使者が罰として太陽の中にいるという伝えもある（佐渡山・四～五）。月の影と太陽の黒点を一対に説く神話的発想（レヴィ＝ストロース・四三～四）の痕跡であろう。

古代オリエントの神話

人間がえるはずであった不死を、蛇が横取りしたという主題は、すでに古代メソポタミアのアッカド語の作品『ギルガメシュ叙事詩』の末尾にもある（ガスター・六一～二、七二）。蛇を不死の表象とするのは、きわめて古くからのことと考えられる。古代ギリシアにさかのぼる蛇の薬草も、この不死の観念の変型である。蛇が不死をえたのは、神意に反することであったというかたちで、蛇が「悪」の存在として語られているのも注目される。蛇の薬草を主題の核とする「三枚の蛇の葉」など、一連の昔話の物語の枠が、「裏切り」を主題にしていたのと同じ構造である。ここでも、蛇は人間の対抗者であり、人間の影の部分を表わしている。

「生き水の使者」は、奄美大島では、樹木が若返る話になっている。神が若返り水を小瓶につめ、人間にかけてくるように鳥に命じたが、セッカが自分がやると横取りした。若返り水を持ったセッカが、疲れてワカブラ木で休もうとしたとき、水がこの木にかかってしまったため、この木は毎年皮をぬいで若返るようになった。鳥は自分が運べば人間は死ななくてすんだのにと、人が死ぬたびに鳴いて悲しむという（金久・二二～三）。この樹木型は福島県にあるほか、朝鮮にも知られている。上帝の使者として鵲《かささぎ》が人間に不死の霊薬を届ける役を与えられるが、松の木で休んだため、松が霊薬をなめてしまい、常緑樹になったという（田中・七五～八七）。

日本、朝鮮に広がる樹木型も、それなりに歴史があるにちがいない。「生き水の使者」の蛇型や「蛇に生き水」は、人間と蛇を対立する存在として語り、しかも東南アジアにも類話があって、古風な観念を基盤にして成り立っていると考えられる。ことに「蛇に生き水」はさらに月の若返り水とも結びついており、ますます古い文化層に属する神話に由来するものであろう。琉球諸島に、そうした古い観念が残っていた一例である。

西王母の不死の薬

不死の薬といえば、中国では西王母《せいおうぼ》の持っている不死の薬が有名である。『淮南子』

巻六「覧冥訓」には、羿《げい》が不死の薬を西王母に請うが、姮娥《こうが》が盗んで月に逃げたとある（楠山・三二七）。高誘の注では、姮娥は羿の妻である。羿がまだ飲まないうちに姮娥が盗み食いし、不老不死を得て月の中に逃げ入り、月の精になったとある（楠山・三一九）。巻八の「本経訓」などでは、羿は洞庭湖の脩蛇《しゅうだ》（大蛇）を退治した英雄と伝える。『初学記』巻一「天」の「少女風」の項に引く『淮南子』では、羿の妻姮娥は、月に逃げたあとで、身を月に託し、蟾蜍《せんじょ》（尾のある蛙）に化して月精になったとある。これは『淮南子』の古本の文章であるという（袁・三〇四）。

これも構造的には、「蛇に生き水」にきわめて近い。まず月が登場している。妻が不死の薬を得たのは、夫への裏切りである。これは宮古群島の昔話の蛇の役である。その妻が不死となって月に行き、不死の薬を搗《つ》くというのは、月が不死の源泉であることを示す。これも宮古群島と同じである。月の蟾蜍は、宮古群島の蛇と使者との二役を演じている。人間と使者の二役にあたる羿が、蛇を退治しているのも、両者の対抗関係を表わしている。「蛇に生き水」と異なって、使者や蛇があいまいになっているが、こうした古代中国の神話の破片から、今後も思いがけない発見があるかもしれない。

最後に、もう一つ書き添えておこう。「生き水の使者」に登場する使者の失敗の物語は、『古事記』『日本書紀』の神話のアメノワカヒコの段（青木・八三〜九、坂本・上

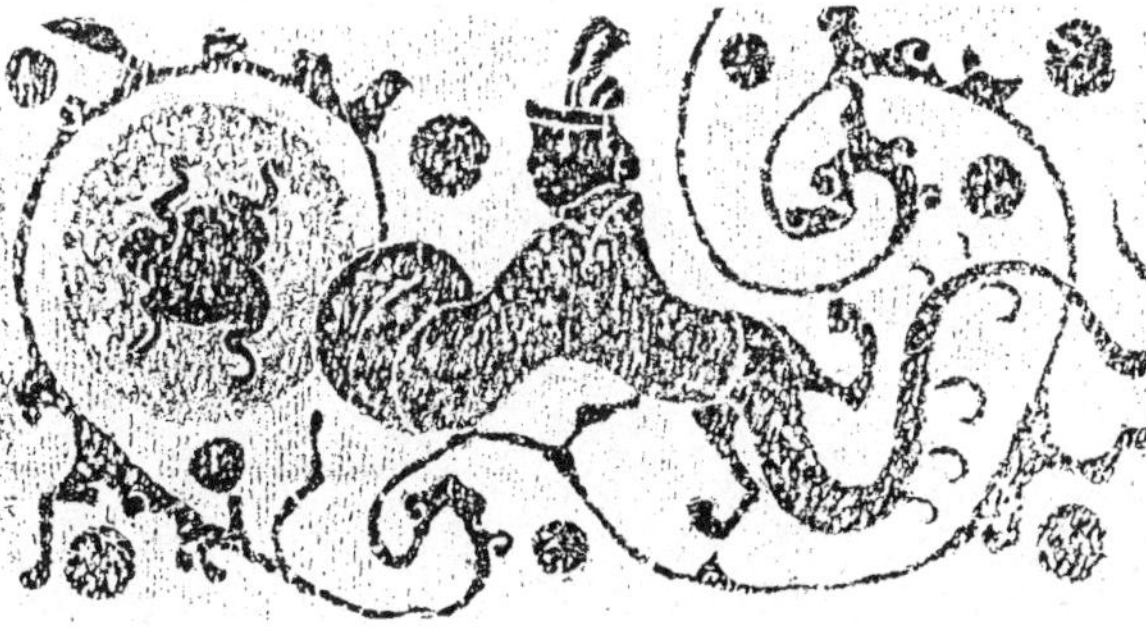

嫦娥奔月　嫦娥は姮娥のこと　『南陽漢代画像石刻』
上海人民美術出版社刊より

―一三四〜八、一四二〜五）に相当する。アメノワカヒコ自身が天の神の使者であり、帰って来ないこの使者を迎えに行く雉は、第二の使者である。神話には、物語の主題の核になっている生き返り水は説かれていないが、そのかわりに、アメノワカヒコの死が主題になっている。これは不死の喪失にあたる。この段の神話としての意味は、現在の伝えだけでは十分には理解できないが、私は、使者になった鳥の失敗の部分で、人間が不死を失った物語が、語られていたのではないかと想像している。

第7章　蛇をつかう法術《ほうじゅつ》——日本の神判《しんぱん》の伝統

1　蛇をつかう神判

蛇の『隋書』時代

中国の正史『隋書』巻八十一「東夷伝」の「倭国」の条（隋書倭国伝）に、その時代、おそらく七世紀初期の日本の裁判について記した一節がある。「あるいは、小石を沸いている湯の中に置いて、競っている者にそれを探させる。言っている道理が正しくない者は、手がただれる。あるいは、蛇を瓮《かめ》のなかに置き、それを取らせる。言っていることが正しくない者は、手を螫《さ》される」とある（和田－石原・七二）。

熱湯に手を入れる判定法は、『日本書紀』の允恭《いんぎょう》天皇四年の条に、「盟神探湯《くかたち》」としてみえる。泥を釜に入れて煮立て、手を前に押して湯の中の泥を探るか、斧《おの》を真っ赤に焼いて掌《てのひら》に置くかする。真実である者は無事であり、偽りのある者は傷つくという神判の一種である（坂本・上－四三八）。

この時代一般におこなわれた裁きの方法で、垂仁天皇二十五年の条の注に、

琉球神道記巻第一 幷序　弁蓮社袋中集
南閻浮提賜谷輪王所化下琉球國者雖爲
海中小嶋而　神明權迹之地也國土安穏
而災厲不起四時調適而不曾見蔘淵之相
殆可謂仙境　主人公者忝蒙大國封有
王者号正理率土憐恤兆民兆民亦禮信純
熟而古今未聞有強梁之者所以諌鼓鳥栖
刑鞭螢飛宰官之族位以拂陛而衣冠済済
兮貴公省私朝覲夕謁不敢怠總而撈守禮
之邦亦此由也當初輪圜中高處下城名中
山府県該於八隅離于三　神祠遠閣遠而
衛護有験禅刹近羅列爾祈禱無闕因茲老
農進五穀則不勞耘耕尚廣水倉廩不乏織
女不倦紡績而蕉紵麻服盤市鄽若國中無
所作者佗方必運送之金銀珠玉無陶冶満
氍綾羅錦繡不椅染餘桁毕薦盆瓶浄茗収
壺書籍筆硯繪晉團扇隨意隨取都唐山倭
門朝鮮南蠻之商客之所致也是併　和光

袋中良定『琉球神道記』　1608年成立　国立国会図書館所蔵

中臣氏の先祖の探湯主《くかぬし》が占いをする話、応神天皇九年の四月の条に「探湯《くかたち》」、継体天皇二十四年の九月の条に「誓湯《うけひゆ》」とある（坂本・上－二七〇、三六八、下－四三）。蛇の法は見えないが、斧を焼く法のように、実際におこなわれていたのであろう。

琉球の蛇の神判

蛇を用いた神意による裁きは、十七世紀初期の琉球でも、おこなわれていたらしい。一六〇六年まで四カ年、那覇に滞在した浄土僧の袋中《たいちゅう》良定《りょうじょう》が、その見聞を記した『琉球神道記』（一六〇八年成立）に、神罰の方法の一つとしてあげている。悪い心の者はふだんから毒蛇が攻め、誠実な者は毒蛇を見ることもなく、まして傷つけられることはないとある

（横山a・一〇九）。中世の琉球の神道では、神の霊威が神罰的に発揮されている（富島・六）。その一例でもある。

この時代、琉球では、祭祀は、国王の女子が就任することになっていた聞得大君《きこえおおぎみ》を頂点にいただく、女性の神役の組織が司《つかさど》っていたが、その人々が司法権まで握っていたようである。朝鮮の『李朝実録』（世祖恵荘大王実録、巻二七）の一四六三年八月の条にも、それがうかがえる。琉球の使者の話に、もし悪い人があれば、巫人、祝神などの女性の神役に神が憑《つ》いて言葉を伝え、その家を焼こうという。神火が起こってその家は焼けても、隣の家には延焼しないという（小葉田・二一）。

ハブにかまれた国王

古来、琉球で蛇の神罰の例として有名なのは、ハブにかまれた国王の話である。やはり『琉球神道記』巻五に見える。大世《おおよ》の主《ぬし》という王が、毒蛇を恐れて、高楼を建てて厚い板でしっかりと囲った。王が自慢して、毒蛇もここには来ることができないであろうというと、それからいくらもたたずに、王は左手を毒蛇にさされた。そのとき、三司官《さんしかん》の一人がいて、王の手を肱《ひじ》から切り取り、自分の肱を切って継いだとある（横山a・一一二）。

大世の主とは、琉球の第四王統（第一尚氏）の第六代の尚泰久王（一四一五—六〇

首里の弁才天堂　沖縄県那覇市首里当蔵町

年、在位一四五四―六〇年）のことである。三司官とは行政にあずかる最高位の役人三人で、家老職である。肱を切ったというのは、その先をハブにかまれたのであろう。かつては、蛇毒が体にまわらないように、かまれた部分を切り取る療法が行われていたそうである。

首里王府の『中山世鑑』（一六五〇年成立）巻二では、これを、第三王統の初代の察度《さっと》王（一三二一―九五年、在位一三五〇―九五年）にかけている。「高よざうり」という数十丈の高楼を建てた。あるとき察度王が楼上で、ここにいれば毒蛇の恐れもないというと、その夜、左の手を毒蛇にかまれた。傷は広がり、手は切断した。近臣が、王が片手では儀礼に困ると、自分の手を肱から切って、王の手に継いだ。それで察度王の左の手は、色が黒くて毛が生じ、全体の肌とは異なっていたとある（横山b・三五〜六）。

『琉球神道記』では、この記事の末尾に、一般的な毒蛇の害について記している。蚊帳の中で、かまれて死ぬ者もある。野でかまれる者もある。すぐに治る者もある。この国で恐ろしいのは、このことであるという（横山a・一一二）。

神罰は、その蛇の恐れの頂点にある。『中山世鑑』では、察度王の被害を、神の裁きとして強調している。ハブをあなどったのを、おごりの心が出て来たためであろうとし、ハブにかまれたことを、天道がそのおごりを懲らしめたのであろうという（横山b・三五）。ここではハブによる神判の精神を、みごとに継承している。

尚泰久王の絵像が、首里の末吉の万寿寺にあると『琉球神道記』には見えている（横山a・一一二）。左手が肱から先が異なるという伝えは、おそらくこの絵像にともなって語られていたのであろう。『中山世鑑』によれば、その絵像は近年まであったが、一六一〇年の九月二十二日の失火で焼けたとある（横山b・三六）。袋中良定は、その絵を実見していた可能性がある。絵像を、尚泰久王とするか察度王とするかで、物語の主人公に違いが生じているが、琉球の中世史からみれば、『琉球神道記』が原形であろう。

首里王府の『琉球国由来記』（一七一三年成立）巻三（横山c・八七）や『琉球国旧

記』（一七三一年成立）巻四（横山d・九四）では、「高よざうり」は察度王の建立で、首里城の正殿の前にあった奉神門外の庭にあったとする。しかし『向姓家譜《しょうせいかふ》』湧川《わくがわ》家（一七六三年成立）には、「高よざうり」が一五七六年には存在した記事がある（那覇市・一七七）のを見ると、一四五三年の首里城焼失後に、尚泰久王が建立したとするほうが自然である。「高よざうり」は高楼であるという以上には、その正体は不明であるが、ハブとのかかわりで人々の記憶に生きていたのは、いかにも琉球らしい歴史である。

弁財天の巫女の蛇

『定西法師琉球物語』は、江戸時代初期の琉球を語る物語である。そのなかに、やはり蛇による神判が見えている。琉球は弁財天の島である。それゆえ男から女を敬う。盗人などあって詮議するには、弁財天の社に巫女がいて、それがヤコミサといって大きな蛇を連れて来る。人を集めてその蛇に見せると、咎《とが》のある者にくいついて、いさかも違《たが》わない。それで盗人などという者はいないとある。

琉球を弁財天の島とするのは、すでに『琉球神道記』巻五にも見えている神道説である。琉球の神はキンマモン（君真物《きみまもの》）であり、弁財天であるとする。弁財天は仏教の神で、中世の神道では、一般に海の神、水の神になっている。キンマモンも海底を宮とし、海から上ると『琉球神道記』にはある（横山a・一〇九）。海の神として、弁財天と習合させたのであろう。男から女を拝むというのも、琉球では公的には女性の神役が、私的には家の女性が祭祀を司り、女が宗教的権威を握っていたことをいうとみてよい。

定西は石見の僧であるという。天正年中（一五七三―九二年）に、若くして薩摩の医師について妙薬の伝授を受け、薩摩に滞在していて王弟の佐志喜王子と親しくなり、琉球に渡って王妃の病を治し、信任を得て中国へも渡り、裕福の身になったとある。『定西法師琉球物語』は、その体験を、元和年中（一六一五―二四年）に人に語ったかたちで書いた、伝記小説風の物語である。その内容は架空のことで取るに足りないといわれるが、描写のすべてが事実無根というわけではない。それなりに史実が背景をなしている。

佐志喜王子も、佐敷王子朝昌あたりがモデルではないかと考えられる。首里王府の史書『中山世譜　附巻』巻一によると、朝昌は、第五王統（第二尚氏）の第七代の王の尚寧の時代、一六一六年に鹿児島に上国していた人物で、尚豊と称した（横山e・六）。『中山世譜』巻八に紀伝がある。第五代の王の尚元の第三子である尚久の第四子で、尚寧の没後、一六二一年に第八代の王になっている（横山f・一一二）。蛇を使う女性の神役も、実在した可能性が大きい。一般に蛇はしばしば弁財天の使者である。

それが、琉球の神の本地であった。弁財天に仕える神女が、蛇で裁きをするというのは、興味深い論理である。

2　祝女《のろ》とハブと

奄美のハブの聞書

江戸時代後期の文人、伴蒿蹊《ばんこうけい》（一七三三—一八〇六年）の『閑田耕筆』（一八〇一年刊）に、奄美群島のハブの聞書がある。大隅《おおすみ》の人の話である。喜界島《きかいしま》、大島、徳之島などに、ハブという蛇がいる。太くて長い。人を取ろうとしては、縦になって、その歯で人の頭でも身でも打つ。打たれたところは毒気で腐る。手などであれば、その打たれたところを切り捨てる。そうしないと腐りが総身にまわって死ぬとある（早川・五九三）。ちょうど『琉球神道記』の尚泰久王の話の注釈のような記事である。

これに続いては、これらの島に、蛇による裁きの法があったことが記されている。ハブ使いという者がいる。その島々で、悪事をなす者が言い立てて、善悪の区別がつけにくいときは、咎《とが》のある者とない者をいっしょに車座にして、そのハブ使いを呼んでハブを放すと、かならず咎のある者を打つという。ふだんでも、ハブに打たれる者は、よくない者であるということであるとある（早川・五九三）。

奄美《あまみ》群島の大島には、ハブを使うことのできる祝女《のろ》がいたという伝えがある。祝女は首里王府から任命された奄美群島と沖縄群島の女性の神役で、村の祭祀を主宰した。宇検《うけん》村の大祝女《おおのろ》コボウアヤは神高い女で、この人は、いつどこでも、ハブを呼び出すことができたという。「神高い」とは、宗教的霊威にすぐれていることである。ハブはこの祝女の前に来ると、母親に添う赤子のようで、肩にはいあがったり、懐に入ったりして甘えていたそうである。一般に大島では、ハブは神の使いといわれ、神に仕える祝女やその家族は、ハブにかまれることは絶対ないと、自他ともに信じているという（文・二四八）。

神意を表わすハブ

ハブによる神判の実例もある。住用《すみよう》村の和瀬の祝女の子が、ある人に盗みの汚名を着せられた。祝女はさっそく抗議するが、相手は事実だと主張する。祝女は家に帰り、神前に香をあげ、「白黒のしるしを現わしてください。子どもが罪を犯しているなら命も惜しみません。あきらかに神の裁きを願います」と一晩中願った。その夜明けがた、相手の家に大きなハブが入って、その子どもを打ち、即死させたという（文・二四八）。

祝女がハブの戒めをうけた話もある。三方《みかた》村の大熊《だいくま》（奄美市）の万千代祝女が寝ている蚊帳の上に、ハブがとぐろを巻いていた。祝女はただごとではないと、さっそく

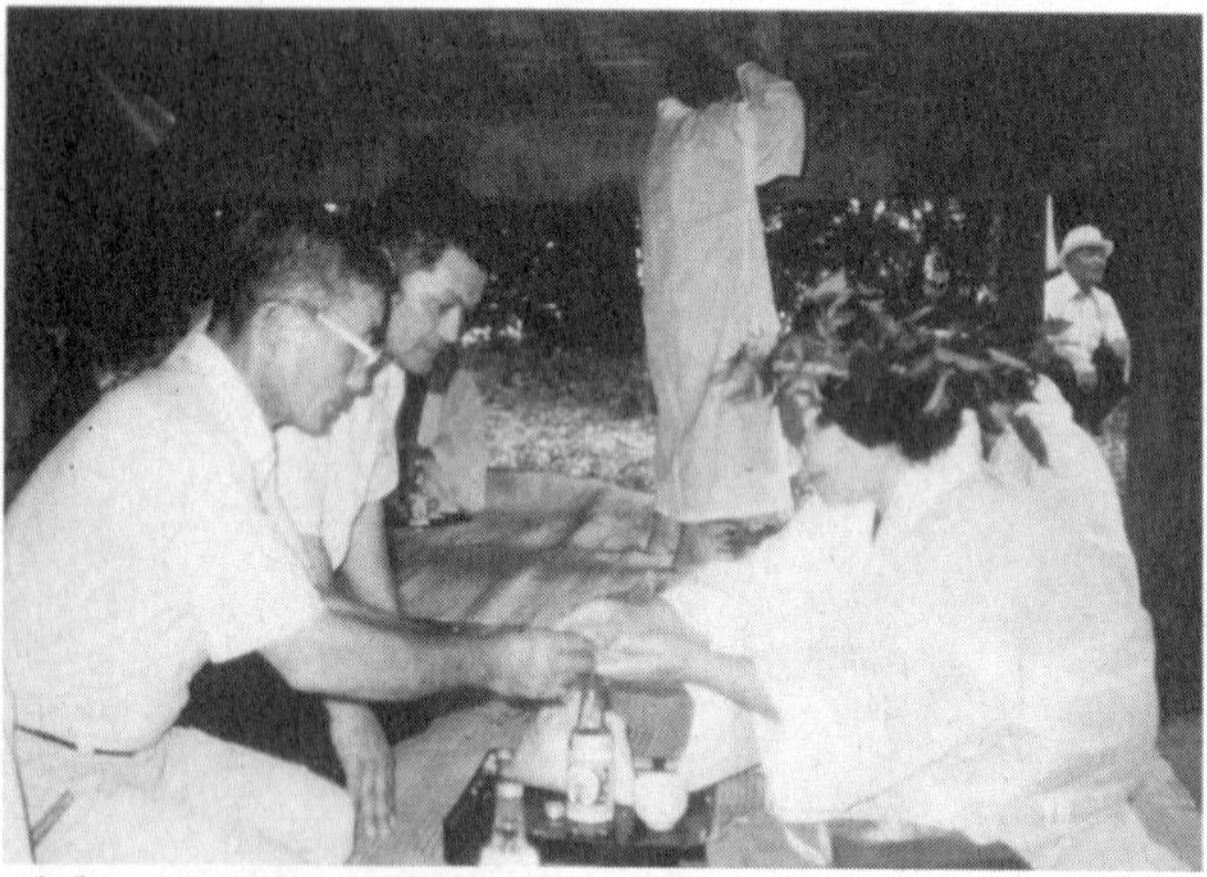

祝女《のろ》　沖縄県国頭村奥間　比地のウンジャミ（海神）の神事にて

起きて、線香をともして神前にひざまずいて祈り、長男を口ぎたなくしかったことを懺悔した。神に仕える者は、いつもにこやかに、よい言葉を使わなければならない。神前を立って蚊帳の上を見ると、いつのまにかハブはいなくなっていた。ハブが現われたのは、神の戒めであったというのである（文・二四八〜九）。

ハブにかまれることを神罰と考える観念は、徳之島にも、はっきりと生きている。神は拝み不足をいさめるために、「もの知らせ」に、ハブにかませるのであるという。ハブを人間に近づけてかませるほか、人間をハブに近づかせることもあるという。「もの知らせ」の内容は、けっきょくは、ユタによって示される。ユタとは、祈りや占いによって神霊の意志をはかり、それを依頼者に伝える専門的な巫女である。多いのは水神さまの拝み不足である。水神はハブともっとも深い関係にある神であるという（吉田・二九〜三三）。蛇は広く水神として信仰されている。その一例であろう。

川の石を家屋敷に持ちこむと、とくに祟りがひどいという。庭の石を動かして神の怒りに触れることがある。屋敷には、厄病神やハブなどを除く力があるとされる。それは屋敷の周囲に生えている木や、屋敷を守護する地神《じがみ》、火の神、先祖などの協力によるもので、屋敷の構え方が悪いと、それらを除く力も弱まるという。古い墓を放置したり、年忌を怠ると、先祖はもの知らせにハブを使う。

神のいる山や聖地の木を伐ったり、田畑の境界争いをしたり、不浄な身で神に近づいたりすると、ハブにかまれるという（吉田・三一〜二）。社会的規範を守るための神判である。

大島では、ハブは神の使いで神性があると信じていたので、言葉遣いにも念を入れたという。祝女はハブを「あやくまだらく」と呼んだ（文・二四七）。琉球の神道では、宗教的な用語に、特別な雅語があった。「あやくまだらく」もその一例である。「綾《あや》斑《まだら》」は美しい斑模様のものという意味で、しばしばハブの呼称に使われている。それを二つに分け、対語として、畳語を構成したものである。「綾子《あやこ》、斑子《まだらこ》」であろう。

祝女が用いるハブ除けの呪言も、首里王府の規式に使われたオタカベ（祈願の詞）やオモロ（神歌）のような雅語である。

神《かみ》ぬ恐《うとる》し物《むん》や、君《きみ》ぬ恐《うとる》し物《むん》や、あしだー、つのだー、いえさば、わにさば、下司《げし》ぬ恐《うとる》し物《むん》や、綾子《あやく》斑子《まだらく》、谷頭廻《さくかしらまー》れば谷尻《さくじり》、谷尻廻《さくじりまー》れば谷頭《さくがしら》、行《い》き違《ち》げ、遣《や》り違《ち》げ、取《た》らし給ぼれ、イエンヘーヘロロ。（文・二四七〜八）

「あしだー……わにさば」はハブを指したものであろう。「神（女性の神役）が恐れる物よ、君（女性の神役）が恐れる物よ、ハブよ、民衆の恐れる物よ、ハブよ、「われわれが」谷の上に回れば谷の下に、谷の下に回れば谷の上に、行き違い、遣り違い、してください」と、尊敬語を用いた祈願文である。ハブを神判に用いた琉球神道の全盛期をしのばせる。

3　ハブを使う呪詞

蛇を使う呪詞

袋中良定の『琉球神道記』には、琉球では、蛇を呼んだり、帰したりするのに、みんな詞でもってするとして、その呪詞を記している（横山・一一〇）。ただ蛇を追い払うというのではないから、やはり蛇を使う人たちのための詞である。おそらく那覇周辺での伝えであろう。この詞は、「七原《ななはら》」といって七種類あったという。良定はそのうちの一組だけを書き残しているが、今でも、この「七原」をすべて伝えている人がいるそうである。

その詞は、漢字をあてて書くと、次のとおりである。

召《め》すことあらば、早《はや》くに来《き》たるべし。来《き》たらずして、あり腰折《ごしを》らるな。細腰折《ほそごしを》らるな。

この詞を繰り返して呼ぶ。

早《はや》くに帰《かへ》るべし。早《はや》くに帰《かへ》るべし。もし誤《あやま》りのあらんには、あり腰《ごし》を折《を》るべきぞ。細腰《ほそごし》を折るべきぞ。

この詞を繰り返して帰すという。

呪詞が琉球方言ではないのがおもしろい。良定が書きかえたとは、とうてい考えられない。この時代、首里王府では、べし体を含む候文体が公用文になっていた。呼び掛け、命令の呪詞に、一般の公用文と同様に、べし体が用いられていたのであろう。「あり腰」「細腰」は、蛇の体を指している。「あり腰」は「蟻《あり》腰」の意であろうか。「お呼びになることがあったら、早速来なさい。来なくて、あり腰を折られるなよ。細腰を折られるなよ」と、呪詞によくある、相手をおどかす型である。

帰す呪詞も同じである。「早くに帰りなさい。早くに帰りなさい。もし間違いを犯したときには、あり腰を折られるぞ。細腰を折られるぞ」。「誤り」とは、ハブが勝手に人をかむことであろう。「あり腰」「細腰」のように、一つのものを対語で表現し、対句を構成するのは、琉球の韻文に発達した方法である。この呪詞も、そうした伝統と、べし文体を常用する言語社会で生まれたものである。これも、祝女などがハブを使うときの呪詞であろう。

火に巻かれたハブ

中頭《なかがみ》郡宜野湾《ぎのわん》村（宜野湾市）の新城《あらぐすく》にも、ハブ使いの詞の由来の伝えがある。「火に巻かれた蛇」の昔話である。女が海に潮《うしお》汲みに行った。海岸のアダン林が火事になる。アダンの木の上から逃げられないハブがいる。女は潮水をかけて火を消し、ハブを助けた。女が家に帰ると、さっきのハブが子どもに巻きつき、首を手に載せ、尾で背中をたたいて、泣いている子をあやしている。女が、こわいからどいてくれという

アダン林　沖縄県名護市瀬嵩の海岸

と、ハブは、これからも恩返しをしたいから、用があるときはこの呪文を唱えて呼んでくれ、用が済んだら、この呪文を唱えてのけてくれといって、ハブを呼ぶ詞と、のける詞を教えて去ったという（佐喜真・二九〜三二）。

新城には、そのハブのけの詞が伝わっていた（佐喜真・三一〜二）。

ジナ　シュ　ジナ　シュ　アイヌ
マタジ　ウシュ　クミ　アンマ　ク
ワ　ヤクトゥ　ドゥキリ　ドゥキリ。

「じな主、じな主、綾の斑、潮汲み女子やくとぅ、退《ど》けれ、退けれ」。最初はハブの主《ぬし》への呼びかけであろう。「綾《あや》の斑《まだら》」は、ハブのことであろう。「宜名主《しゅ》よ、宜名主よ。綾の斑のハブよ。潮汲み女の子どもだから、どけよ、どけよ」で、この物語を踏まえた呪詞である。

ハブ呼びの詞は、もし呼び出してのけることができないと大変だからと、ほとんど伝わっていないという。それについても、一つの話がある。一人暮らしの老人が、外出するときには、ハブを呼んで留守番をさせていた。あるとき、酒を飲み、ひどく酔って、ハブをのける詞を唱えずに、そのまま寝こんでしまった。それで、ハブにかまれて死んだという（佐喜真・三二～三）。ハブのけの詞は、だれにとっても入用だが、ハブを呼ぶ詞が必要なのは、ごく一部の人である。

琉球のハブ使い三家

ハブを使う人がいるということは、現代でも、風評としては語られている。江戸時代後期の本草学者、佐藤中陵《さとうちゆうりよう》の『中陵漫録』巻九には、琉球には、ハブ使いというものが三家あるということが見えている（早川・一九八）。中陵は一七八一年から三年にかけて、島津重豪《しげひで》に招かれて、薩摩藩内の採薬や物産の調査にあたった。そのとき、琉球から来た人から、島の話をいろいろ聞いている。

ハブ使いの家は、ハブをたくさん養い、一年に一度、豪家に行き、銀子三百目と米百俵を無心に掛ける。もし出さなければ、ハブに言い付けて、その家に行かせ、家人をみんなかませるので、その害をおそれて従う。この家は昔からあって、国王でも除くことができないが、近来はおそれることが希薄になり、渡世に困って、ハブかみに効く薬を出しているとある（早川・一九七～八）。ハブ使いとは、ここでも、もともとハブの薬売りであろう。ハブでおどすというのは、社会一般のハブ使いにたいする、心理の働きの表現であろう。

沖縄群島の渡名喜《となき》島には、ハブ取りの名人で、実際にハブを使うことができるという老人がいた。一九四〇年当時、七十五歳であった母方の伯父から、ハブ取りの秘訣を伝授されたという。しかし、ここにもハブ寄せの呪文は伝わっていなかった。ダラシヂーというハブ退治の呪文だけが伝わっていた（河村・二七六～七）。

綾斑《あやまだら》、綾斑《あやまだら》、水飲《みぢぬ》みーがどー、三郎《さんだー》。縦道《たちみち》ぬ底《すく》、横道《ゆくみち》ぬ底《すく》、かじ原《はら》ぬ、遊《あし》びどくま、踊《おど》いどくま。尾踏《じゅーくだ》みらー、頭《ちぶる》だくり。頭踏《ちぶるくだ》みらー、尾《じゅー》だくり、弛《だ》りてやー、弛《だ》りてやー、血吐《ちーは》き、血吐《ちーは》き。

「綾斑よ、綾斑よ。水飲みに行けよ。三郎（ハブの擬人名か）よ。縦道の底、横道の底、かじ原（?）の、遊びぞここ、踊りぞここ。尾を踏んだら、頭をじっとしていろ。頭を踏んだら、尾をじっとしていろ。くたばれ、くたばれ、血を吐け、血を吐け」。

これを一息に唱えれば、絶対にやられることはないと、老人は信じていたという。ふつうのハブ除けの唱え言と異なって、一貫して一方的に命令しているのは、ハブ使いの面目を感じさせる。のろい殺すような文句である。言葉遣いもすっかり方言的であり、古いハブ使いの呪文の系統を引いていそうなかたちである。

4　蛇寄せの名人

蝮にかまれたときの呪い

江戸（東京）の近在の農村には、蝮にかまれたときの呪いで知られた家筋が、そちこちに残っていた。甲州街道沿いの山梨県の北都留《きたつる》郡上野原町の新町《しんまち》には、里吉《さとよし》銀右衛門家があった（鈴木・三〜四）。代々、銀右衛門を名乗っていたようである。同じ甲州街道筋にあたる神奈川県の津久井郡与瀬町（相模原市）のすぐ隣、内郷村（相模原市）の鈴木重光によると、銀右衛門の孫に、同じく銀右衛門を名乗る人がいたが、一九五三年当時、この人も亡くなって、本家からその人の親戚の者が来て呪いをしていたという。

里吉家には、弁天さまがまつってあった。五月二十五日がお祭りである。この日、弁天さまのおカサ（椀）を洗ってあげておくと、それに水が溜まる。その水で墨をすって、お守りの字を書く。呪いのときに用いる経典は、布で縫いぐるみになっていて、だれにも見せない。呪いは、その経典を手に持って、蝮にかまれた患部をなで、「チガヤ畑に昼寝して、ワラビの恩を忘れたか、アビラウンケンソワカ」と三度唱えながら、金盥《かなだらい》に入れたワラビとチガヤの根を煎じた湯へ傷口を浸させる。たえられないほど痛んでいたものも、すぐに止まるそうである。

チガヤ畑のワラビの恩というのは、全国的に知られている蝮除け、蛇除けの呪文で（宮内・一九〜二二）、その由来を説く昔話の「わらびの恩」もある。蝮がチガヤのなかに寝ていて、チガヤに刺されそうになった。そのときワラビが芽を出して、蝮の体を持ち上げて助けたという話である。そのチガヤとワラビを治療に用いるというのだからおもしろい。里吉家では、患者が来ると、唐鍬《とうぐわ》をかついで、裏山へチガヤの根を掘りに行く。それで、また「蝮っくい」か、とわかるという。内郷村あたりでも、簡単な治療で治らないときには、里吉家まで行ったそうである（鈴木・三）。

この新町の銀右衛門は、蛇寄せの名人でもあったという。山へ入ったとき、「新町の銀右衛門だ」といえば、蝮にかみつかれないといわれたそうである（鈴木・三）。琉球のハブ使いが、ハブにかまれたときの薬草売りであったのと同じである。毒蛇を使いこなす人だから、蛇の毒も制御できるという論理であろう。蝮にかまれた治療、蝮除けの呪いなどを行う家筋は、なにか蝮にたいして、特別な霊力を持っていたようである。

蝮除けの秘伝

この里吉家のような家筋は、同じ甲州街道ぞいの南多摩郡八王子村（東京都八王子市）にもあった（鈴木・三〜四）。ここの志村家は、昔から代々、蝮除けの呪いを家伝の秘法としていた。山へ入るときは、この伴七の名を呼んで歩くと、けっして蝮の害を受けなかったという。伴七というのが、志村家の代々の名乗りであろう。伴七は蛇寄せの名人でもあったという。一度「集まれ」と命令すると、数里のあいだにいる蛇は、急いで集まって来た。遠方から来たために腹部がすれて赤くなっているのもいたという。

こうした蛇寄せは、めったにおこなわないことになっていたというのも、琉球のハブ使いに似ている。御料林の木立の検査があるというので、村中の人が伴七のところへ来て、蛇寄せを頼んだ。検査がおこなわれれば、ひごろの盗伐が発覚する。伴七は村のためにと蛇寄せをした。役人が山に入ると、数万の蛇が折り重なってもつれ合い、足の踏み場もないほどであった。役人は、ほうほうの体で逃げ帰ったという。

多摩川中流域では、東京都の世田谷区、旧喜多見村の斎藤伊右衛門家が有名であった。喜多村信節《のぶよ》の『嬉遊笑覧』（一八三〇年序）にも、「或問附録」に『四神地名録』から引いている。蛇除《へびよけ》伊右衛門といって、毒蛇にかまれたときに呪いをする百姓がい

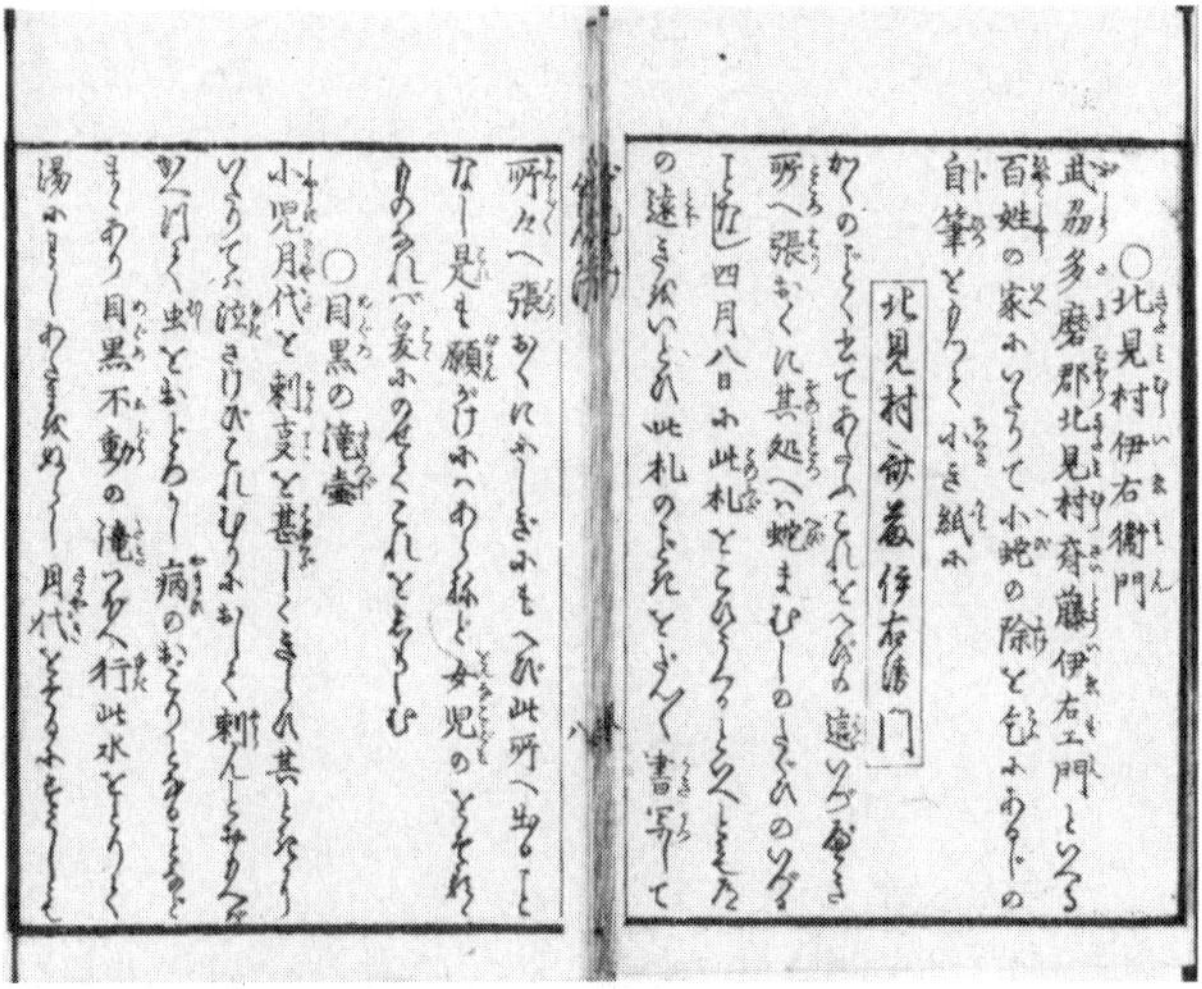

〇北見村伊右衛門

武州多摩郡北見村斎藤伊右衛門といへる百姓の家にて小蛇の除をなにあらたの自筆をもつて小き紙に

北見村斎藤伊右衛門

かくのごとくしるしたるを出す これを遠近の者所へ張おくれば其処へは蛇まむしのたぐひのいらずといふ 四月八日に此札をもらひにくる人多し またの遠きといへども此札のかはりとなりて書写して

所々へ張おくにふしぎにもへび此所へ出ることなし

〇目黒の滝壺

小児月代を剃事を甚しくきらひ

『江戸神仏願懸重宝記』　1814年刊　東京都立中央図書館所蔵

る。この辺の村人は、蛇の多い草のなかに入るには、「伊右衛門、伊右衛門」と唱えれば毒蛇にかまれないという。この家は、お守りも出す。三里も五里も遠くから、お守りを受けに来るという（早川・下―六三八）。

葛葉山人の『江戸神仏願懸重宝記《えどしんぶつがんかけちょうほうき》』（一八一四年刊）には、斎藤家の主人が、自筆で小さな紙に「北見村斎藤伊右衛門」と墨で書いたものを、蛇除けとして出すとある。これを張っておくと、蛇、羽虫のたぐいが出ないという。四月八日にこの札を受けるというが、遠方の者は、だんだんに写している。それでも蛇は出ないという

（鈴木・三〜四）。四月八日というのは、一般に虫除けの呪いをする日である。

『嬉遊笑覧』巻八にも、虫除けとして「北見猪右衛門」と名前を書いた札を張る風習があることを記している（早川・下－二六一）。これを北沢（世田谷区）の百姓とするのは誤りである。蝮など毒虫にさされたときの薬を出すのでその名が高く、後に、その名を書いて戸などに押して、虫除けの呪いとするとある。

北見猪右衛門の家は、天保の初め（一八三〇年—）に跡が絶えたとある。伊右衛門の名を唱えていたのは、やはりこの家が蛇を使う家筋であったからであろう。

咬傷《かみきず》の治療法は、喜多村信節の知人の相州津久井県（神奈川県相模原市）の逸見氏が、もと医師をしていた人で、その家方を猪右衛門に伝えたということだとある。稀《めな》薟葉《もみ》または蒼耳葉《おなもみ》の汁をしぼって胡椒の粉をとき、それを傷に塗る。そのとき唱える歌がある。

この道《みち》に錦《にしき》まだらの虫《むし》あらば、山立姫《やまたつひめ》に告《つ》げて取らせん。

錦まだらは蝮、山立姫は野猪である。信節も、野猪は好んで蝮を食うといわれていると説明している（早川・下－二六一）。山立姫の歌も、蛇除けの歌として広く知られている。

蛇使いの蛇

蛇使いについても、『嬉遊笑覧』巻十二に記事がある。蛇使いの蛇は、はじめに捕らえたときに、逆さまに木綿ぎれでしごく。鱗の縁にとても細かい刺《とげ》があるが、みんな木綿に付いて落ちる。また口をあけて木綿ぎれを含ませて、堅くつめて引き出すと、細かな歯が残りなく取れる。蛇は力なく弱ったのを使うので自由になる。餌は鶏卵をといて、匙《さじ》で少しずつ与えると聞いたという（早川・下－五五〇）。

私なども子どものころから、東京周辺の人の集まる場所で、香具師《やし》が蛇を体にからませ、切傷に効くという油薬を売っているのを、いくたびとなく見ている。蛇に腕をかませて実験してみせるといいながら、いくら待ってもその場面には出会えなかったことが、印象的に記憶に残っている。蛇使いは薬売りであるという江戸時代以来の伝統を、香具師は現代まで守っていたのである。

第８章　蛇除け節供――日本の歳時習俗の形成

1　菖蒲《しょうぶ》と蓬《よもぎ》と蛇と

蛇聟入と端午の節供

昔話の「蛇聟入」は、日本ではほとんどが伝説の形で語られている。蛇と人間の女との婚姻は、ここではただの仮構ではなく、宗教的な事実であった。緒方《おがた》三郎惟義《これよし》の古伝のように、特定の家系などの歴史になっているほかに、節供《せっく》の由緒を伝えるものが多い。そのなかでも、特色があるのが、旧暦五月五日の端午《たんご》の節供の行事の由来である。長野県の北安曇《あずみ》郡小谷《おたり》村の例をあげてみよう（小池・四五～六）。

娘が花見に行って雨に遇う。通りかかった男が、蛇の目の傘に入れて家まで送ってくれる。その夜から、男が娘のところへ忍んで来る。ある夜、針に糸を通して、男の襟《えり》にさしておく。翌朝、この糸をたよりに訪ねて行くと、ある池に入っている。池のほとりにたたずんでいると、池のなかから話し声が聞こえる。大蛇の子が、娘は自分の子をみごもっているというと、大蛇の親が、人間は智恵があるから、五月の菖蒲湯《しょうぶゆ》に入ったら、子どもはおりてしまうと話している。娘はそれを聞いて、おどろいて家に帰る。さっそく菖蒲湯に入ると、蛇の子がおりる。その量は七ざる半もあった。

たいていは、このように、五月五日に菖蒲湯に入る由来になっている。女はいつ蛇に見入られているかわからないから、この日に菖蒲湯に入っておくのであるという。菖蒲と蓬《よもぎ》を入れた湯という土地もある。この日、菖蒲を葺くといって、軒先に菖蒲の束をさす風習もあるが、ふつうはそれに蓬を添えている。菖蒲と蓬が魔除けになるという信仰である。群馬県では、菖蒲をひたした酒を飲むという。長野県には、菖蒲と蓬を煎《せん》じて飲むと伝えている土地もある。それぞれの地域の習俗を反映しているのであろう。

端午の節供だけではなく、三月三日の桃の節供、九月九日の菊の節供の由来とする例もある。岐阜県には、三月三日の草餅、五月五日の菖蒲酒、九月九日の菊酒を、食べたり飲んだりすれば蛇の子は消えると聞き、そのとおりにしたという話もある。この五月の端午に、三月の上巳《じょうし》と九月の重陽《ちょうよう》の二節供を合わせ伝えている例は、中国地方や四国地方にもある。熊本県には、三月三日の桃酒、五月五日の菖蒲酒とする話もある。岡山県には、五節供の酒を飲めばよいといって、この三節供のほかに、正月七日の人日《じんじつ》、七月七日の七夕《たなばた》まで加えている例もある。

食わず女房と端午の節供

昔話の「食わず女房」では、人間は男、異類は女と、「蛇聟入」とは性別が逆転しているが、やはり蛇に見入られないために、端午の節供の行事をおこなうという由来譚になっている例がある（沢田・九一～二）。

大蛇が美しい女に化けて来て女房になる。毎日飯を五、六升ずつ炊く。男がおかしいとおもって隠れて見ていると、女は大きな蛇の姿になって、大勢の仲間を呼んでくる。蛇が炉端で握り飯にして屋根の上の蛇に投げると、受け取って食う。男は女房に暇を出す。女房は桶に男を入れて山に運ぶ。女房が途中で休んだとき、男は藤蔓にのぼって逃げる。女房は知らずに奥山に行き、桶を池に投げるが、男がいないので探しに来る。男は蓬と菖蒲の中に隠れて助かる。

五月五日の菖蒲や蓬の由来を語るこの「食わず女房」の蛇女房型は、日本の本土には広く知られている。女房の正体をことさらにいわない例話のほか、女房は鬼であったとか、山姥《やまんば》であったとかいう例も多いが、それは人間を食う怪物として登場していて、その機能は、蛇と変わりない。これも宗教性のある昔話が節供の神話になっていた例である。

「食わず女房」には、蛇女房型とは別に、くも女房型の一群の類話がある。女房の正体をクモとし、正月にゆずり葉を飾る由来になっている。分布は、西日本にやや偏っている。日本では、蛇は水の神の性格があるが、クモも「水ぐも」の昔話にみるように、水の神の姿の一つとみられていた。「食わず女房」は、水の神としての蛇、あるいはクモの信仰を基盤にして、それぞれ端午なり新年なりの由来として、広まっていた。

中国の蛇除けと端午の節供

「蛇聟入」や「食わず女房」の蛇女房型が端午の節供に結びついていたのは、この日が蛇除けの呪術のおこなわれる日であったからである。中国では、この日に雄黄酒《ゆうおうしゅ》を飲む習慣があった（9章3節参照）。それは江蘇省の揚州一帯に伝わっている蛇床《シオツワン》（ジャショウ）の由来にも表われている（繆・六四〜七）。

皮膚病がはやる。ある薬草の種子を煎じた湯につかれば治るという。その草は毒蛇のたくさんいる島に生えている。ある若者が島に行くため、尼僧から毒蛇退治の方法を教わる。端午の節供の日の昼ごろ、雄黄酒を持って島に行き、毒蛇にそれを振りかければ、匂いをきらって逃げて行くという。そのとおりにすると、雄黄酒の匂いをかいだ毒蛇は、とぐろを巻いて動かなくなる。若者は毒蛇の下敷きになっている薬草を掘り取る。島から帰った若者は、さっそく薬草の種子を煎じて薬湯をつくり、村人の皮膚病を治す。人々は薬草を畑に植えてふやし、皮癬《ひせん》や湿疹《しっしん》の治療に用いた。村人はその薬草を、蛇が床《とこ》にしていた草という意味で、蛇《じゃ》床《しょう》と呼び、その種子を蛇床子《シオワンツ》と名づけた。

五月五日の蛇除けの酒の風習は、中国から伝わった行事にちがいない。「蛇聟入」が、さらに三月三日や九月九日、あるいは五節供の由来になっていたのをみると、これら一類の菖蒲由来型は、暦書の知識を管理し、日本人の歳時習俗のなかに、中国風の行事を定着させる力を持っていた、陰陽師などの宗教家の知識に導かれて、普及していたことが推測される。

2　三月節供と蛇

上巳の蛇除け節供

琉球諸島では、「蛇聟入」は三月三日の「浜下り」の行事の由来として知られている。蛇は毒蛇のハブではなく、アカマタである（佐喜真a・六〜八）。

娘のところに、毎夜、若者が通ってくる。隣の老女が、若者は人間ではないと娘に教え、つむいだ苧《お》に針をつけ、それを若者の着物の裾にさせという。翌朝、娘が苧をたどって行くと、針は石垣の中にいるアカマタにささっている。娘が蛇の子をみごもっているというと、老女は三月三日に蓬餅《よもぎもち》を食べて、海へ行って波を三度けると、堕《お》りてしまうと教える。そのとおりにすると、七匹のアカマタの子が生まれる。それで娘たちは三月三日に、浜に下りて遊ぶようになった。

この浜下りと関連して、琉球諸島には、一般に、娘が畑に出ていて蛇に見入られるとか、野外で昼寝をしていて、蛇の子をみごもるとかいう伝えが広く知られている。浜下りとは、琉球諸島の三月三日の上巳の節供の行事の基本形態である。ふつう、この日を浜下りと呼んでいる村では、村の人々が重詰めの馳走などを持って海辺へ出て、一日、潮干狩りをしたり、飲食をしたりしてすごす。穢《けが》れを祓い、身を清める行事と考えられている。

しかし、沖縄群島や奄美群島では、三月三日の潮干狩りと浜下りとが分化する傾向がある。たとえば、国頭村比地では、浜下りは、稲作儀礼の一環をなす、虫の害を除くための畔払《あぶしばら》いの日の行事になっている。四月の中旬である。三月三日は、潮干狩りで、海の物をなにか食べる日であった。「蛇聟入」の三月三日型が、沖縄本島の中・南部、宮古群島、八重山群島に顕著で、本島北部では行事との結びつきがあまり濃厚ではないようにみえるのは、こうした行事の分化と関係があることのようである。

畔払い（アブシバレー）
沖縄県国頭村比地
神山清政『やんばる古里風俗図絵』より

節供以外の蛇除け折目

奄美大島では、はっきりと四月の中の巳の日のアジナネという折《おり》目《め》の行事の由来になっている。この日は仕事を休み、麦菓子をつくるほか、かならずニラを食べることになっていた。ニラを食べないと、蛇の子を宿すという伝えがあり、美男子に化けて来た蛇の子をみごもった娘が、蛇にニラを食えと教えられて、蛇の子を堕ろしたという昔話がある（文・二五四）。それがまた、村によっては、三月三日のことにもなっている。琉球諸島には、古く節供以外の蛇除け折目があったにちがいない。

上巳の節供は、もともとは中国の節日である。その名のとおり、三月の上《かみ》（初め）の巳《み》の日の行事であったが、魏の時代に三日になったという。日本でも古くは宮廷で上巳の日を祝ったことが、『日本書紀』顕宗天皇元年（坂本・上‐五二〇）以下に見え、『続日本紀』大宝元年（七〇一）（黒板・九〜一〇）以降は、三日の行事として記されている。古代中国では、水辺で穢れを祓い清める行事であったものが、そのまま日本の祓いの宗教思想と結びついて展開している。浜下りは、その古風な典型的な形である。

日本の民衆の五節供には、個人の健康を祈る色彩がきわめて強い。節供と農耕儀礼との結びつきの弱い琉球諸島では、それが顕著に現われている。一年の歳時習俗には、人間の一生をモデルにした通過儀礼にもあたるような、一連の祝いの儀礼が含まれていた。日本では中国の暦法を受容するとともに、さまざまな行事を吸収して来たが、個人を祝う行事を五節供にあてたかにみえる。五節供が蛇除けになるのも、そうした個人の安全祈願の意味であろう。

琉球諸島にも、五月五日にハブ除けの祈願をしている村もある。沖縄本島北部の国《くに》頭村《がみそん》の安波、奥、辺土名《へんとな》上島、桃原、奥間などでは、これを山《やま》の御願《おがん》といっている。家の周囲にハブが近付かないように浜の砂をまき、蓬酒を飲んでかまれないように祈る。同じ行事は大宜味《おおぎみ》村田嘉里《そんたかざと》にもある（宮城・三二）。同村謝名城《しやなぐすく》では、山御願はハブ除けのための御願であるという。昔は浜砂を取って来て屋敷にまき、「伊是名《いぜな》の砂《すな》どー、砂どー」と唱えたという（新城・五七）。

蛇除けと伊是名島

伊是名島は、沖縄本島北部の北西海上にある島で、ハブのいない島である。琉球諸島には毒蛇のハブがいない島があるが、その島の砂にハブが合わないからであるという俗説がある。その考えかたを踏まえた唱え言である。伊是名島を遠く望む本部《もとぶ》半島の本部町具志堅では、ハブを殺したときは、アジマー（十字路）に、伊是名島の方に頭が向くように埋めるという。ハブは伊是名島に行ってしまえという意味である。

ハブを殺したとき、その埋めかたについていろいろな伝えがあるが（佐喜真b・一三二）、これもその一例である。辻に埋めるというのは、『日本霊異記』上巻第三にいう、飛鳥の元興寺の道場法師の物語で、法師が退治した鬼が道の辻で消えていたとあるのと同じで、悪い霊のあるものを、人が大勢踏んで歩く十字路に埋める習慣の一つである。

九月九日にも山御願をする村が国頭村にはある。辺土名では、やはりハブにかまれないように、屋敷の内外に浜の白い砂をまく（宮城・五九）。沖縄群島では、この日は一般には九月拝みなどといって、人々の無病息災を祈る日である。その一部としてハブ除けの行事があることになるが、琉球諸島でも、蛇の伝えが三月三日、五月五日、九月九日の三節供にわたっているのは注目にあたいする。

与那国島《よなぐにじま》では、「食わず女房」が九月九日の健康祈願の由来譚になっていた。日本では、この三、五、九の三節供が、五節供のうちでも、とくに身近な個人祈願の日になっていたようである。そこになにかと蛇除けの行事がついてまわるのは、ここにも「人間」対「蛇」の論理が働いていたのであろう。それは中国の習俗の論理であると同時に、日本人の論理でもあったはずである。人間が「善」であろうとするとき、「悪」を表わすのが蛇であった。

3　蛇の新年儀礼

蛇除け節供の成立

昔話の「蛇聟入」の行事由来型のうち、五月五日型が先か、三月三日型が先か、一つの問題である。五節供のうち、それぞれの地域で型が定まったとみることもできるが、それにもそうなる理由がある。五月五日が、中国で蛇除けの呪法の日として、重い意味が与えられていたのにしたがえば、やはり五月五日型が一つの基本型のようにおもわれる。三月三日は上巳という蛇の日ではあるが、本来的ではなかったかもしれない。

その点では、節供とは無関係な琉球諸島の蛇除け行事が、古い姿をとどめているといえそうである。琉球諸島にそうした節供が伝わったのは、古くは暦書がもたらされたときであろう。八世紀初頭から、律令政治の統治が及び、遣唐使船の航路として重視された八世紀末ごろまでには、朝廷の支配をとおして、暦が社会に定着していたはずである。しかし今日見るような習俗が確立するのは、おそらく中世以降であろう。

首里王府の『琉球国由来記』巻一によれば、三月三日には桃の花を、五月五日には菖蒲を、九月九日には菊の花を、首里王府の規式のために届けるのは、首里の円覚寺であった（横山・一二三、二六、三三）。円覚寺は琉球の臨済宗の総本山で、中世の琉球へ日本の都の文化を運搬した主役は、この五山僧であった。節供が民衆の生活の中に浸透する以前から、琉球諸島には、ハブ除けの行事があったにちがいない。そうすると、四月中に行われた畦祓い《あぶしばら》（畔払い）などは、それを行う好機であったろう。

畦祓いは、稲作儀礼の一つとして、稲作の害虫を除去するというが、ハブも含めている土地もある。名護市安和では、畦祓いの一つにあたる若草御願《わかくさおがん》には、作物に付く虫を追い払い、ハブを村に侵入させないように願うという（仲田・一九二）。宜野湾市

神拝み　沖縄県名護市安和の新米御願（ミーメーウグヮン）
若草御願も同じ作法による　名護博物館提供

新城では、畦祓いは仕事を休むだけの行事になっていたが、もし休まないと、すぐにハブが出て来るといわれたという（佐喜真・五八）。これなども、ただ神罰の蛇というだけではなく、この日にハブ除けの意味があったからであろう。奄美大島のアジナネも同じ行事である。

山留め海留め

琉球諸島では稲作儀礼として、三月から五月、あるいは四月から五月にかけて、二カ月間、草木を切ったり、音を立てたり、女が海に入ったりすることを忌む習慣があった。山留め海留めといい、稲の出穂成熟期の慎みである。畦祓いはその初期の行事にあたる（小島・三七〇〜一）。浜下りが国頭村などで、三月三日と畦祓いとで揺れ動いているのも、その地域社会での行事の機能と、歳時習俗への組みこみのずれによるものであろう。

浜下りは、中国の上巳の節供以来、三月三日の行事の特色ではあるが、それは沖縄群島では、歳時習俗に固有のものではなかった。家の中に小鳥が入ると、災厄があるといって、家中で浜に出て、仮小屋で三日間も暮らす風習もあった（島袋・一一〇〜二）。祓いの作法である。沖縄群島でいえば、三月三日や畦祓いの浜下りも、独立した浜下りの作法が、特定の節日に結びついただけである。

ハブ除けの呪法は、他の歳時習俗にもある。二月の首里王府の規式の「長月御タカベ」も、その一つである。『琉球国由来記』巻一によると、国王の長寿、子孫の息災、毒蛇の害と作物の蝗《いなご》の災を除き、五穀豊穣、往来の船に順風があるようにと祈るという（横山・二一）。御タカベとは、祝詞に相当する方言による祈願の詞である。いわば国の安全を祈っている。御タカベの本文には、具体的には、毒蛇や虫の害のことは述べられてはいないが、節供のときの蛇除けのごとく、無事を願う全体のなかに含ませながら、項目として取りあげれば、特筆されるほどたいせつな願いごとだったのである。二月は春分の月である。なにか重要な折目のある月だったのであろう。

ここで注意されるのは、徐葆光《じょほこう》の『中山伝信録』巻六「風俗」に見える「守天孫」

の記事である。徐葆光は、中国皇帝が琉球国王に王位を授けるために派遣する使者の冊封《さつぽう》副使で、尚敬《しょうけい》王の冊封のために一七一九年に来島している。これはそのときの見聞記で、白露を八月の節とし、前後三日、男女がみんな戸を閉じてなにもしないとある。それを「守天孫」と呼び、この間、あらそいごとがあったりすると、かならず蛇にかまれるという。国中の蛇は九月に出るとし、かめばたちどころに死ぬとある。この日は、もち米を蒸して赤小豆を入れた飯にするという（那覇市・原文－一五六、訳－一八二）。

これは後世、柴差《しばさし》、カシチー（赤飯）、ヨーカビなどと称している、一連の行事に相当する。沖縄群島の生産暦による新年行事で、柴差は、一七三六年に首里王府により、八月十日と定められた。十日の柴差が大晦日で、十一日が元旦にあたる。「蛇の生き水」が伝える宮古群島の「節」に相当する。人々が家に籠るのを「守天孫」と呼ぶのは、それが天孫のための忌み籠りであることを意味している。天孫とは首里王府の史書の類にいう天孫氏であろうか。琉球の創世神話の創世神であり、祖神であるアマミキヨである。

柴差の夜、祖神が来訪する信仰があったのであろう。伊是名島《いぜなじま》、伊平屋島《いへやじま》、石垣島の川平《かだら》などでは、生産暦の八月新年に、神来訪の信仰があり、神の姿を村人が演じる行事がある。八月は秋分の月である。この月もなにか重要な折目のある月だったので

イルチャヨー　柴差の翌日の女性の神役による神事　沖縄県伊是名島
伊是名村役場提供

あろう。忌み籠りを守らないと蛇の神罰を受けるというのも、即物的にいえば、柴差がハブ除けの折目の一つであったからであろう。それにハブの宗教的権威を加味すれば、神罰を受けないように「善」であろうとする行事であり、さらに象徴的な意味で読めば、「人間」の対抗者「蛇」を排除して、人間の世界の秩序を確立する儀礼であった。

新年の論理と蛇の論理

歳時習俗の論理でいえば、新年は一年の秩序を組み直す機会である。神話で語られる天地創造を、一年の周期で演じるのが年中行事である（エリアーデ・七五〜八）。「守天孫」と称して、世界の初めを築いた創世神をまつるのも、そのためである。蛇の害を除くとは、無秩序な「混沌《こんとん》」から新しい「秩序」を生み出すことである。蛇は生まれ変わる動物である。世界が脱皮するのが新年である。人間は蛇の存在を土台に社会を形成していることになる。

大晦日を歳《とし》の夜《よる》という。この日の晩飯は、特別な年越しの祝いの膳である。そのとき、宜野湾市新城では、御膳に葱《ねぎ》の白根を置き、箸を取る前に、その一端を指でさいて、「ハブの口開けよ」と唱えた。晩飯を食べると、一つ年を取ったものとされたというから、年取りの膳である（佐喜真・六七）。そこで「ハブの口開けよ」というのは、年取り行事で、ハブが重要な意味を持っていたからにちがいない。

北谷町北谷《ちゃたん》には、歳の夜の晩飯のとき、箸の頭を耳に差しこんでかき廻すしぐさをしながら、「ハブヌクチアチ（ハブの口開き）」と唱え、ほうきで外にはき出す真似を三回してから食べ始めるという家があった。八月新年の「守天孫」のごとく、暦書の正月新年にも、蛇にあやかって再生を祝う気持ちがあったのであろう。宮古群島の節の若水も同じ意味である。年を取ったことになるというのは、人間の脱皮である。おそらく、八月新年の行事であったものが、暦書に引きつけられて、正月新年のほうに移ったものであろう。

4　『抱朴子《ほうぼくし》』の呪法

時双紙と日取帳

琉球にはトキ（方言ではトゥチ）と呼ばれる占者《うらないしゃ》がいた。陰陽道《おんようどう》を基礎にした卜占《ぼくせん》を行い、その経典を『時双紙《ときそうし》』といった。江戸時代中期、トキは禁圧され、『時双紙』は焼却されたというが、世上に『日取帳《ひどりちょう》』の名で伝わっている書物の内容が、『時双紙』にあたるという（佐喜真a・一二〇）。『日取帳』には、流行病や蛇を除ける呪いがある。それによると、「儀方」は、悪風（流行病）や蛇を除ける字で、五月五日の午《うま》の刻に書き、家と屋敷の四隅に、逆さにして立てるとある（佐喜真a・一二六）。一般には、五月五日の朝に、「儀方」と書いて柱に逆さにして張っておくと蛇除けになるとも伝えている（嶋袋・二一八）。

五月五日の午の刻に「儀方」と書いて逆さに張ることが、虫除け、とりわけ蛇除けになるというのは、中国の端午の節供の呪法そのままである（黄・一八七～九）。民衆の節供の行事などを、トキが指導していた時代があるにちがいない。「儀方」という呪語が入ったハブ除けの詞は、宜野湾市新城にもある（佐喜真b・三二）。

ホギハラ、〱、ドケナリ、サイナリ、ギナ主内孫ドウ、自仏言世尊、綾斑斑《あやまだらまだら》、我《わ》が行く先《さき》に立つならば、山辺の主《あるじ》に、語《かた》って聞《き》かそう、儀方。

とある。

「ホギハラ」は呪語である。「ドケナリ、サイナリ」は、「退《ど》け、去れ」の意であろう。「ギナ主内孫ドウ」は、「宜名主の内孫ぞ」で、宜名主はハブが害を加えないことを約束した人物であろう。その直系の子孫だから、どけどけという意味である。「山辺の主」は「山立姫」の転訛かもしれない。「自仏言世尊」は、漢語の呪語である。別に、「自仏言世尊儀方」と五回ないしは七回唱えるとよいともいい、屋敷の隅に立ててあるのを見るという（嶋袋・三八）。これも、直接は『日取帳』などのトキの知識の影響であろう。後半はまったくの文語体で、トキの経典が日本の都の文化の流れを汲んでいることを、うかがわせている。

この後半が、方言的な韻文の表現を得たような、ハブ除けの呪文もある（文・二五）。

綾斑《あやまだら》、奇斑《ふしまだら》、我《わ》が行きゅん先《さき》に居《お》らば、竹鞭《たけぶちむ》持ちゅんど、叩《たた》ちゅんど、すぐゆんど、ゆくなり、すぐなり、儀方。

「美しい斑模様のハブよ。私が行く先に居ると、竹の鞭を持ってるぞ、叩くぞ、ぶっぞ、善くなれ、直《す》ぐなれ、儀方」と、竹の鞭で叩くぞとハブをおどす形である。ハブに琉球方言で言い立てている。対句を重ねて用いるのも、方言の文芸の方法である。これも「儀方」とあるからトキの知識の外ではない。一九二二年当時、ハブ捕り人であった六十歳前後の人が伝えていた呪言も、これとまったく同系統であった（嶋袋・三八）。

方言脈に儀方

先の渡名喜島のハブ取りの名人が伝えていたハブ除けの呪文（河村・二七八）も、方言脈になってはいるが、やはり「儀方」が付いている。

綾斑《あやまだら》、綾斑《あやまだら》、我《わ》が先《さき》に這《ほー》んな、儀方《ぢほー》、方《ほー》、はっと、七谷越《さくく》ゐーて、わしたに隠り。

これもハブを綾斑と呼びかけている。「ハブよ、私の先に這うな。儀方法度（?）。七谷越えて、早く隠れよ」。ハブが出そうなところを通るときには「ヂホウ（儀方）、ヂホウ」と唱えるともいう。

奄美大島にも「儀方」の付くハブ除けの呪法がある（文・二五〇）。

鹿《しか》の子斑《こまだら》ぬ虫あれば、山立姫《やまたつひめ》に、かくと知らさん、儀方。

「かのこ斑の虫がいれば、山立姫に、そのように知らせよう。儀方」。これはまったくの文語脈である。山立姫を読みこんだハブ除けの唱え言は、沖永良部島《おきのえらぶじま》にもある。

綾斑《あやまだら》、我《わ》が行《ゆ》く先《さき》に立《た》つならば、山立《やまたつ》ねこに、誤まられつ。

短歌の形式に近い文語体である。「山立ねこ」は、「山立姫」の間違いであろう。「山立姫」をうたった蝮除けの短歌は、佐藤中陵の『中陵漫録』巻六にもある。奥州（東北地方）の例である。マツタケ取りに山に入るとき、これを三遍唱えて行くと、蝮の害がないという（早川・一二七）。

この山に錦斑《にしきまだら》の虫あるは、山立姫《やまたつひめ》に語り聞かさん。

中陵は、山立姫とは、蝮を好んで食うから野猪のことであるという。猪はハブもよく食うそうである（早川・一二八）。この歌は日本各地にある（宮内・一九）。宜野湾市や沖永良部島の「山立姫」の唱え言は、この歌からの転訛である。これも、都の文化の影響を受けたトキの知識であろう。

蛇と蜈蚣と

沖縄本島では、ハブと蜈蚣《むかで》は昔から仲が悪く、どうしてもハブは蜈蚣に勝てないという。宜野湾市喜友名では、自分は蜈蚣の子であるという唱え言を唱えると、ハブは逃げてしまうという（佐喜真b・二七〜八）。

田原藤太秀郷のムカデ退治
ちりめん本『俵藤太』
徳田和夫氏所蔵

よう、綾斑《あやまだら》、斑、汝《いや》や、父母《しゅうあん》
子《まくわ》。我《わ》んねー蜈蚣《んかぢ》ぬ子《くわ》。我《わ》が
行《い》ちゅる先《さち》に、這《ほう》てぃ居《うう》るむ
んやらわ、青鞭《おうぶち》し打っ立《た》てぃ、
出《でぃ》ようり、出《でぃ》ようり。

「さあ、綾斑のハブよ。お前はふつうの父母の子。私は蜈蚣の子だぞ。私が行く先に、這っているものならば、青鞭で打ち立てて、出なさい、出なさい」という意味になる。首里の武士社会に伝わっていたハブ除けの呪詞には、やはり結びに「儀方」がついている。

藤原、藤原、退《ど》けなれ、去《さ》いなれ、蛇《じゃ》なら打ちすえ、打ち曲げよう、ぐゎんじゃー、ちゅーぶー、かちしんて、千手観音、綾斑《あやまだら》、綾斑、わが行く道に立つならば、山辺の主《あるじ》に、語《かた》て聞かそうや、儀方。

これを一息に三遍唱えれば、蛇除けになるという（嶋袋・三七）。

藤原とは、近江（滋賀県）の三上山の大蜈蚣《むかで》を退治した弓の名人の田原藤太秀郷《たわらとうだひでさと》のことであるという。自分は蛇がきらう蜈蚣をも退治する秀郷であると、蛇を威嚇するのである。「藤原だぞ、藤原だぞ、退《ど》きなされ、去りなされ、蛇ならば打ちすえ、打ち曲げよう、……千手観音よ、綾斑（蛇）よ、綾斑よ、自分が行く道に立つならば、山辺の主に、言って聞かせようか、儀方」となる。終わりの部分は、例の「山立姫」の呪言である。

中間のわかりにくい部分は、また独立した呪詞として知られている。やはり、これを一息に五回ないし七回繰り返すという。

ぐゎんじゃー、じゅーぶーかち、ちじゅくえんくわねん、ねんび観音力《りき》、じんせう、じーいく。

これは、仏教の経文からの訛《なま》りかという（嶋袋・三八）。このように較べてみると、「藤原……」の呪文は、三種類の呪文を、一つに結びつけたものかもしれない。

『抱朴子』の知識

『抱朴子《ほうぼくし》』は、晋代の道士、葛洪《かっこう》（二八三—三四三年？）の著書で、それまでの護符、避邪《ひじゃ》などの道術を集成した、道教の経典である。琉球諸島に伝わっている呪法にも、『抱朴子』と共通しているものがいくつかある。それは、古風な島々の伝統的な精神文化のなかに、古代中国以来の道教の影響がある証拠である。蛇除けの呪法もまた例外ではない。野猪が蛇を食うということも、『抱朴子』巻十七に見えている（石島・三〇四）。

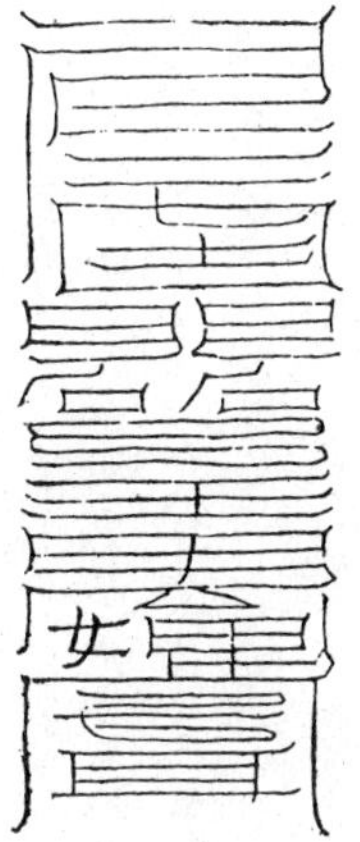

蛇除けの呪符
岩波文庫『抱朴子』
岩波書店刊より

蛇が蜈蚣をきらうことは、やはり

『抱朴子』巻十七にくわしい。山に入るときに、竹管に生きている蜈蚣を入れて行く。蜈蚣が蛇のいるのを知ると、すぐに動き出す。そのとき草のなかを見ると、かならず蛇がいる。丈余で一かかえもある大蛇でも、蜈蚣が見て気で禁じると、蛇はすぐに死ぬ。それで、蜈蚣を粉にして蛇にかまれた瘡《きず》につけると、すぐに治るとある（石島・三〇四）。蛇と猪も、蛇と蜈蚣も、それなりの自然観察の事実に、支えられているのであろうが、呪術としては、経典に典拠があることが、重要であったにちがいない。

道教的な知識は、後世、直接中国から琉球諸島に伝わったものも少なくないであろう。しかし、この蛇除けの呪法にかぎっていえば、その道教的要素は、本州などとも共通しており、琉球諸島が局地的に中国の影響を受けたものとは考えにくい。中国に源流のある節日の日本的展開とともに、日本文化の大きな流れのなかで、琉球の蛇をめぐる観念も展開していた。基本的に、人類文化に多く共通した蛇の観念があるうえに、一つの日本的な観念が歴史的に成立し、それが琉球でも民衆の生活に根を下ろしていたのであろう。これは一つの日本文化史の重要な史実である。

第９章　『白蛇伝《はくじゃでん》』と蛇をめぐる民俗――中国

１　『白蛇伝』の内容

杭州・西湖

杭州（浙江省の省都）の西湖は、中国で最も風光明媚なところとして知られている。その湖畔に二十世紀初頭まで聳《そび》えていた雷峰塔をめぐって、こんな話が伝わっている。

南宋の初め、杭州の生薬屋の番頭許宣が、清明節（陽暦四月五日ごろ）の日に、父母の墓参をした帰途、西湖畔で雨に遭い、白夫人とその召使いの青青を自分の雇った船に乗せて帰る。傘を貸して別れたので、許宣は翌日白夫人の屋敷を訪れると大いに歓待されて、白夫人と婚約をする。その際、白夫人から結婚費用として渡された金が、姉の夫李仁に、役人の庫から盗まれたものだと看破され、その告訴で許宣は逮捕される。役人を案内して白夫人の屋敷に行くと、そこは見るかげもない廃屋に化していて、白夫人たちは盗んだ金の残額を置き、雷鳴とともに姿を消す。

許宣は蘇州へ流され、旅籠《はたご》屋の王主人のもとへ身をよせる。半年後の九月に、白夫人と青青がふいに訪れ、その言葉巧みな弁解で、妖怪と信じていた気持ちも失せ、許宣は王主人夫妻の媒酌で白夫人と結婚する。

半年過ぎた翌年の二月に、近くの承天寺に出かけた許宣は、終南山の道士に妖気を見とがめられ、白夫人を抑える護符をもらう。白夫人は正体を現わさないばかりか、逆に道士を宙吊りにしてこらしめる。その後、四月八日に白夫人の心づくしの装いで承天寺に赴いた許宣は、持っていた扇子が盗まれた品だと発覚し、また逮捕され、鎮江へ流され、李克用の生薬屋で働くことになる。

ある日、許宣はふたたび白夫人と青青にめぐり会い、またもや巧みな弁解で、妖怪と信ずる気持ちが失せて同棲する。ところが、主人の李克用は白夫人を見そめ、自分の誕生祝いに祝賀に来させ、ひそかに挑もうとしたために、白夫人は正体を現わして李克用を驚倒させてしまう。そこで、白夫人は李克用に事実を告げられることを恐れ、許宣に店をやめさせ、自分の出資で新たに生薬屋を開き繁盛する。

翌年の七月七日、許宣が金山寺へ参詣に行くと、名僧法海はその妖気に気づく。白夫人と青青は許宣を舟に乗せようとするとき、法海に一喝され波間に姿を没してしまう。法海に二人が妖怪であることを告げられた許宣は、李克用の店に行き、初めて白夫人が蛇妖だと知る。

やがて大赦があり、許宣は杭州の姉夫婦のもとに帰るが、そこには先に白夫人と青青が来て待ちうけている。義兄の李仁は許宣から委細を聞き、ひそかに白夫人を窺うと、果して白蛇なので、蛇捕り師に捕獲を頼むが、蛇捕り師は白夫人の妖術に脅かされて逃げてしまう。許宣は西湖畔の浄慈寺に法海を訪れ、一つの鉢を与えられるので、帰宅すると、その鉢で白夫人を伏せる。そこへ、法海がやって来て、青青も捕らえる。それから、白夫人（千年の修練を積んだ白蛇の精）と青青（千年の修練を積んだ青魚の精）を納めた鉢を雷峰寺の前に埋めて、塔を建てたとのことである。

以上が、明代に短篇小説としてまとめられた「白夫人がとこしえに雷峰塔に鎮められたこと」の主なあらすじである（『警世通言』第二十八巻、「白娘子永鎮雷峰塔」）。これ以前に、宋代の話本（講談のテキスト）として『西湖三塔記』があり、その後は、京劇など各地の劇において、あるいは弾詞（弦楽に合わせて歌い語られる）や鼓詞（太鼓の拍子によって語られる）などの語り物、小歌、民謡など、さまざまなかたちで、この『白蛇伝』の物語は民衆のあいだに広まっていった。

一九六〇年代になってからも、白蛇伝についての民話が何篇か採集されている。それらの民話では、白蛇に同情を寄せ、法海を憎む民衆によって、芝居などとは違う内容に語り直されている。このことから、近世の中国において、白蛇伝は単なる妖怪譚でなく、蛇の化身である女性の悲恋物語として、民衆のあいだで受けとめられていたことが明らかになる。さらに、この物語の中には蛇にまつわる中国の民俗も見出すことができるのである。

2 蛇神・蛇王廟・白蛇

蛇神

古代中国の神話の中では、そこに登場する女媧《じょか》、共工、燭竜などの神々は「人首蛇身」(頭は人間で体は蛇)と述べられている。これは原始から古代にかけて、蛇が神として崇められていた痕跡を示すものであろう。

後代においても、各地に蛇王廟が作られているのは、古代における蛇神信仰、蛇に対する崇拝の名残りだと言えよう。

例えば、蘇州の城内には蛇王廟があって、蛇将軍の像が祭られている。そして、蘇州では四月十二日を蛇王の誕生日として、この日に人びとは廟で線香を立て、もらったお札《ふだ》を戸や窓に張りつけておくと、蛇の毒を避けることができる。また、福建の漳州にある南台廟は俗に蛇王廟と呼ばれ、その神像は僧の姿をしている。蛇にかまれた人がこの廟に詣でれば、その痛みは自然に止まる。胴体を断たれた蛇が道にいたり、首の切られた蛇が廟の中にいたら、それは蛇王がその罪を罰したものだと伝えられている(宗力・劉群・四五九)。

これらの蛇王廟が江南地方に多いのも、古代からこの地域が温暖で湿潤、蛇の多い生活環境であったためだろう。特に、越（今の浙江省一帯）の国は、巳（つまり蛇）の地であるとされ、その敵国である呉（今の揚子江下流一帯にあった）の国では、木製の蛇を作って南大門の上に北向きに置くことで、越を呉に服従させられるのだと考えられていた（漢、趙曄《ちょうよう》『呉越春秋』巻二）。また、越の人は、水に住む蛇や竜の害を避けるために、体に竜蛇の文身《いれずみ》を施していたと言われる。

このような蛇に対する崇拝と畏敬の念は、今日でも江南地方の民間における習俗に見出すことができる。

例えば、浙江や上海の郊外では、どの家にも黄色と青色の「看家蛇」（家を守護する蛇の意）がいて、むやみに驚かしてはいけないと、民間では言い伝えている（中国民間文芸研究会浙江分会・七一）。

浙江省の寧波一帯では、年越しのときに黄色と青色の竜による舞いをしながら家々をめぐる行事があるが、じつはこの竜は看家蛇の変形であって、人びとにとってこれらの蛇は家の守護神として信じられていたのである。

同じく浙江省の金華県でも、それぞれの家には神が守っていて、その神とは蛇だとされている。俗にこれを「鎮家蛇」（家を守護する蛇の意）と呼んでいる。だから、家の前や屋内で蛇が現われると、どんな蛇でも殴ってはならず、やさしい言葉で「なにしに来たのですか、早くおもどりなさい。棲んでいたところへ、おもどりなさい」と、丁寧に心をこめて頼まなければならない（浙江民俗学会・四八一）。

また、杭州の郊外でも、屋内で蛇を発見したら、祖先が家にもどって来た、あるいは福の神が家に来たと考えられ、線香を立てたり、拝んだりして、自然に立ち去るのを待つとのことである（同・一〇五）。

江南地方だけでなく、天津を中心とする華北一帯でも、蛇は狐、イタチ、ハリネズミ、ネズミなどの動物とともに財宝や福をもたらす神として、巫女または一般の商家で信仰されていた。これら五種類の動物は、ふつう五大仙、五大家、五大将、五家の神などと称し、直接に呼ぶことを憚《はばか》り、蛇は柳仙などの敬称で呼んでいた。

天津の南門外の東塔寺にある祠には、一人の老女の像が祭られ、白老太太（ハリネズミの神）と信じられていた。ところが、あるとき、霊が巫女に移り、自分は白夫人だと名のり、子どもの病気を治したので、それ以後は霊験あらたかだと、人びとは信じるようになった話が記されている。これは、蛇に対する信仰と、白蛇伝の影響力の大きさを示す一例であろう（澤田・五〇五）。

では、白蛇伝の主人公はなぜ白蛇なのだろうか。白蛇が蛇の中で特別の存在だったからである。

白色の動物

古代中国では、白色は純潔で、めでたい前兆を意味し、聖なる色として尊ばれていた。そこで、珍しい白色の動物の出現は、吉兆と見なされ、特に白蛇は帝王を表わす前兆と考えられていた。例えば、白帝白招拒は、伝説上の存在である黄帝などとともに五帝の一人であるが、じつは蛇神であるとされていた。

司馬遷の『史記』では、漢の高祖が挙兵して、夜中に行軍したとき、白帝の子だと自称する大蛇を斬り、高祖は帝王になる福運をつかんだと自信を持ったことを記している。また、揚子江の上流の三陝にある白帝城はもと魚服と言ったが、後漢のころ、公孫述という人がここに来たとき、井戸から竜蛇のような物が現われたのを吉兆だと思って名を改めたと言われるのも、白帝が蛇神で、白蛇は白帝のシンボルとして特別視されていたためである。

3　不死の薬・端午《たんご》の節句《せっく》

死と再生

清代に作られた白蛇伝の芝居では、酒に酔って蛇の正体を現わした白夫人の姿を見たために許宣（芝居では許仙）が死んだので白夫人が深山へ霊芝《れいし》（マンネンタケ）という薬草を取りに行く場面が加えられている。このような筋は、戯曲の作者の思いつきではなく、じつは蛇に対する信仰を背景にして生み出されたようである。

京劇の白夫人　舞台写真より

多くの民族においては、蛇は脱皮することでトカゲやカニとともに絶えず死と再生をくり返す動物と信じられていた。これが神話では「死の由来」譚の「蛇と脱皮」型として伝えられ、古代バビロニアの「ギルガメシュ」叙事詩をはじめ、「蛇が自分の傷を薬草で治した」とか「蛇を殺すと別の蛇が薬をくわえて来て生き返らせる」という、中国雲南省のワ族やリス族の民話に見出される。「蛇含草」または「蛇銜草」にまつわる伝説もやはり蛇と不死の観念が結びついた例であり、『異苑』ではこう述べられている。

昔、ある農民が畑を耕していると、傷ついた蛇を見つけた。そこへ、一匹の蛇が草をくわえて現われ、傷の上にこすりつけると、数日して傷ついた蛇は動けるようになる。農民はその草の残りを持ち帰ると、どのような傷も治すことができた。草の名はわからなかったので「蛇銜草」と名づけることにした（南朝宋、劉敬叔『異苑』巻三）。

蛇と不死

この他に、晋の張華の『博物志』や葛洪の『抱朴子』には、「員丘という山に不死の樹があって、これを食べると長生きをするが、この山には大蛇が多くて住むことができない」などと記され（晋、葛洪・三〇二）、蛇と不死の薬（多くは草などの植物）との結びつきが知られる。

白蛇伝に出てくる霊芝も、霊草、三秀とも言い、古くから文献に記され、不老、起死回生の験《きき》めがあるとされている。蛇との結びつきが必ずしも見られるわけではないが、やはり不老不死の薬として、『西遊記』など近世の俗文学の中でしばしば用いられ、白蛇伝へ取り入れられたのであろう。

許宣が寝ている白夫人を覗き見て死ぬことになる日は、じつは五月五日、つまり端午の日であった。この日にはさまざまな行事が催されるが、その中にもやはり蛇をめぐる民俗が見出される。

まず、白夫人が蛇の正体を現わしてしまうことになった原因は、許宣に無理やり勧められて酒を飲んで酔っぱらってしまったためであるが、この酒はふつうの酒でなく、端午の日の正午に飲む習わしになっている雄黄酒《ゆうおうしゅ》だったからである。

この雄黄《ゆうおう》は天然に産する二硫化砒素《ひそ》のことで、色は黄色で樹脂状の光沢を有し、漢方では丹砂《たんしゃ》などに似た用途に使い、人がこれを身につけていれば百毒百邪を避け、鬼神も近づかず、精錬してこれを食すれば身が軽くなり仙人になれると言われ、ことに湿潤で疫病害虫の多い呉楚地方では雄黄は呪物的な薬品として重用されていた。『抱朴子』でも、呉楚の地は暑くて湿潤で毒虫が多いから、雄黄と大蒜《ニンニク》を等量搗《つ》いて丸薬としたものを身につけて毒除けとし、中毒した場合にはこれを塗ればよいと言っている（同・三〇六）。

また、前にふれた員丘について、「黄帝がここに登ろうとしたとき、雄黄を持って行くと、蛇たちはみんな立ち去った」とも述べているように、六朝時代ぐらいから、雄黄によって蛇の毒を除く習わしが見られる。

宋代に記録された説話の中でも、ある娘が蛇妖だと思った男に雄黄の混ざった食物を食べさせると、男は死んで蛇になったと述べられている（宋、洪邁『夷堅志』補巻二十二）。

端午の邪気払い

では、なぜ端午の日に雄黄酒を飲むようになったのだろうか。南方中国では、この月がまた雨季に入る時であって、悪疫がはびこる時期であり、厄ばらいをしなければならない月であった。このために、古くから夏至（五月すなわち午月の午日あたりになる）以後に太陽がおとろえる悪月として、湿潤アジアの風土から生まれた民俗と夏至の祭りとが結びつけられ、端午にさまざまな邪気払いをしたものと考えられる。そこで、この日にちまきを食べたり、竜船の競漕（日本では長崎のペーロン競漕が有名）をしたり、雄黄酒を飲むようになったのであろう。

ただし、雄黄酒を飲む習慣は、唐以前にはまだ行われてはいなかったらしく、六朝時代の江南地方の年中行事を記した梁の宗懍《そうりん》の『荊楚歳時記』には、邪気をはらうとされた菖蒲をきざみ屑《こな》にして酒に泛《うか》べて飲んだことしか出ていない。その後、宋以降、明代になって、五月五日に雄黄、菖蒲の根を細かくして、わずかずつ酒に入れ、午《うま》の刻に飲むことが盛んになった（中川・三六）。

また、邪気を避け、蛇や毒虫を禁じるために、雄黄の粉を酒に混ぜ、幼少の男女の額などに王の字の形（虎を意味するとも言われる）に塗りつけたり、口に含んで、堂の隅々、部屋の壁や寝台に吹きつけたりする。雄黄酒は呪術的な意味で飲まれただけでなく、消毒剤としても用いられていたようである。

さらに、清代の江南地方では、「健符」と言って、この日に婦人たちは絹糸で蛇やムカデなどの形を小さく簪にこしらえ頭に挿す習慣があった。これは『荊楚歳時記』に出ている「釵《さい》頭符」（魔よけのために頭を飾る符《ふだ》）と同じものであるが、土地によっては頭の飾りでない例も見られる。

杭州では、赤や緑の糸で蛇、サソリ、クモ、ムカデ、トラなどの「五毒」の形を作って、子供の腕にかけてやる。こちらの方は、五色の絹糸を臂《ひじ》にかけたと言う後漢からの習わしに近くなっている（浙江民俗学会・四八一）。

江蘇省の江寧県では、五色の紙で蛇などの五毒虫を作り、大きな艾《ヨモギ》の葉に縫いつけて門にかけ、蘇州の尼寺では、赤い紙を蛇などの五毒虫の形に切って、毒虫を防ぐことができるからと言って、檀家にくばったとのことである（黄石・一七〇）。

山東では、端午でなくて穀雨の日（二十四気の一つで、陽暦四月二十一日ごろ）に、毒虫を防ぐため、蛇などを描いたお札《ふだ》が家ごとにくばられる（同・一七四）。

こうして、蛇による害を防ぐことが端午の日だけでなく、ふだんの行事や禁忌などに見られる。

浙江省の寧波では、新年に「蛇虫払い」と言って、人びとは台所から家の中まで、あるいは家の中から戸外まで、竹竿を持って走りまわる。こうすれば、蛇、虫、ネズミなどが二度と現われないと考えられている（婁子匡・八四）。

金華県では、蛇について次のような禁忌が伝わっている（浙江民俗学会・四八一）。

○蛇を見たとき、指さしてはいけない。さもないと、指に「蛇頭」というできものができてしまう。

○他人と蛇について話すときには、手で蛇の大小を示してはならない。さもないと、「蛇頭」ができてしまう。
○蛇の肉は食べてはいけない。蛇の肉を焼くとき、家の中で焼いたり、鍋で焼いてはいけない。さもないと、災いが生じる。

災いの前兆

このように、蛇の出現がめでたい前兆、福の神の到来と考えられた一方で、古くから、戦争や災いの起きる前兆ともされていた。例えば、晋の干宝の『捜神記』では、史実を挙げて、蛇が喧嘩をすれば異変の起きる兆し、宮中に蛇が現われると戦争の起きる前兆との例が示されている（晋、干宝『捜神記』巻六）。

民間の言い伝えでも、浙江省の呉興県では、「蛇の足を見ると病いにかかる」とか、湖州市では、「梁の上にいる蛇が落ちたら、不吉な兆し」とされている（浙江民俗学会・四〇四）。

4　金・水神・塔

蛇と金

白蛇伝には、白夫人が許宣に送った金がじつは盗まれたものだという筋が見られる。このような設定は、他の物語からの影響というだけでなく、蛇と金（または財宝）との深い結びつきをも示しているのである。

明の李時珍の『本草綱目』では、金について「南方の人は、毒蛇の歯が石の上に落ちたものだと言っている」とか、「蛇の尿が石の上に付いてできたもの」と述べられている。

また、梁の武帝が通り道に大蛇や多くの蛇を見て、銭十万貫をもって鎮めた例、あるいは、ある農民が白蛇にかまれそうになるが、白蛇は宝物の変化だと言う妻に随《したが》って、蛇の穴から無数の金銀を得た話は、前に挙げた杭州の民間の言い伝えと同じく、蛇を福の神、またはその使いと考えられたことから生まれたものである（南方・一八六）。

蛇はまた水神、あるいはその使いとも信じられていた。湖南省の衡城では、船頭たちが陽回《ヤンホイ》将軍という水神を信仰し、船が出帆する前には町の北にある廟へ参拝し、航行中の無事を祈願する。あるとき、船に一尺あまりの長さの緑色の蛇が現われた。頭に黄色い斑点があるのを見て、船頭たちは陽回将軍の化身であるとして、廟へ運んで神座の上に安置したと、伝えられている（米田・二四八）。

黄河一帯でも、黄大王という水神は蛇形だと信じられ、船頭たちは金色で頭が四角い蛇を見つけたら、その名を呼んで、蛇が皿の上に上がると、黄大王の廟に祭ると、伝えられている（黄芝崗・八五）。

雨乞いの行事

このように水神と信じられる蛇も、民間で行われる雨乞いの行事ではほとんど姿を見せていないようだ。

ただ、古代の神話の中では、「雨師の妻は体が黒く、両手にそれぞれ一蛇を握り、左耳から青蛇、右耳から赤蛇が出ている」とあるように、蛇が雨雲を呼び起こし、雨を降らせる能力を持つものと信じられ、巫女によって飼育され、雨乞いの儀式に用いられていた。

そして、蛇はまた洪水を起こすと、説話の中では考えられている。

四川省に貧乏で一人暮らしの老女がいて、食事のたびに出て来る、頭に角のある小さな蛇に食べ物を与えていた。蛇が一丈あまりの大きさになると、県知事の馬を呑みこんでしまったので、知事は怒って蛇を出せと責めたて、見つからないので老女を殺してしまう。すると、蛇は「母の仇を討つ」とどなり、町ぐるみ五里四方が一度に陥没して湖となってしまう（晋、干宝『捜神記』巻二十）。

白蛇伝の中でも、明代の小説では、白夫人が許宣に「あなたの住んでいる町をぜんぶ血の海にして、一人残らず太浪に呑まれ、濁水に沈ませる」と言っているし、清代の芝居では、金山寺へ許宣を取りもどしに水族を率いて押しよせ法海と戦う「水闘」

の場面がつけ加えられている。

いずれも、白夫人つまり白蛇の精が洪水を起こすことができる、蛇が水神であると信じられていたことを背景にして生じた筋である。そして、後者で金山寺が舞台になっているのは、この寺を再建した斐頭陀と言う僧侶が白蛇を退治して多くの金を得たという言い伝えや、宋のころ、揚子江で手に入れた竜の卵が金山寺に献じられると、大水が発生して、寺院の伽藍が数十間にわたって水びたしになったという言い伝えが残されているからかもしれない（中国民間文芸研究会浙江分会・十八）。

金山寺

異類婚姻譚

白蛇伝は、その源流を蛇が主人公の「異類婚姻譚」に遡ることができるであろう。この型の説話では、異類を退治する者はしばしば修行者や仏教の僧など、宗教家であることが多い。特に仏教色が濃厚な白蛇伝は、仏教の宣伝のために改編されたことが、多くの人によって指摘されている。

したがって、物語の最後で白夫人と青青が法海によって金の鉢に納められ、塔の下に埋められるのも、仏教との関連から解釈されている。しかし、これまでに見たように、白蛇伝には民間の習俗がさまざまなかたちで反映していて、仏教の影響でのみ片づけることはできない。

洪水や河の氾濫《はんらん》（しばしば水に住む妖怪、水神が起こすとされる）を鎮めるために、塔を建てたり、弓矢で射るという民間の習俗や呪術が仏教と習合して、白蛇伝のような話になったと考えたほうがよさそうである。

例えば、西湖の近くを流れる銭塘江《せんとうこう》の畔には六和塔が聳《そび》えているが、この塔に関する記録からもそのような習俗のあったことがわかる。

五代の時、銭塘江の氾濫に悩まされ、呉越王は弓矢で波頭を射《う》たせたが、水をおさえることはできなかった。その後、智覚禅師が六和塔を建て河水を鎮めた（明、田汝成『西湖遊覧志』第二十巻）。

銭塘江の水害は清代まで続き、「観潮」という習俗や「潮生日」という年中行事からもこの地方で水神を祭るのが盛んだったことがわかる。

西湖周辺の幾つかの廟には似たような記事が残されていて、忠清廟については、「呉の伍員《ごうん》を祀り、員は字を子胥《ししょ》と言い、江中にしかばねを浮かべたので、呉人はこれを憐れんで江の畔に祠《ほこら》を建てて胥山廟と名づけた。宋のころ、海潮が大いに溢れて洪水となり、神に祈ると静まった」などとある。（同・第十二巻）。

古代より悲業の死をとげた怨霊、ことに水死した怨霊は旱害《かんがい》など農耕に害のあるたたりをなす水神（竜蛇神）と考えられ、これをなごめる儀式が行われていた。法海と敵対し悲劇的な最期を遂げる白夫人は、このような怨霊でもあり、また大地のアニマとしての蛇の化身でもあって、二重、三重に水神としての属性がそこに付されていたことになろう。

（西脇隆夫）

第10章　インド・東南アジアのナーガ

1　インドのナーガ崇拝

ホーネル

イギリスの民族学者ホーネルは、船舶や漁撈《ぎょろう》の研究者として有名だが、インドの宗教についても一家言をもっていた。インド＝ヨーロッパ語族がインドに侵入したとき、そこにいた先住民の宗教には、二つの大きな系列があったという。一つに生殖や作物の豊穣、疫病などにかかわる男女の神々の崇拝であって、男根崇拝も、この一つの表われである。それに反し、もう一つの系列はもっとおとなしいもので、樹木や竜蛇あるいはそれらと関係ある諸精霊の崇拝である（ホーネル・七八）。

ホーネルの構想を全面的に受け入れてよいかどうかは問題があろうが、インドにおける蛇崇拝が、アーリア人の侵入以前の土着のものであるという考えは正しいと思われる。つまり、インド半島を南下するにつれて蛇崇拝はますます盛んになり、南インドのドラヴィダ語族の地帯で絶頂に達するからだ。そして、その地域では上級カース

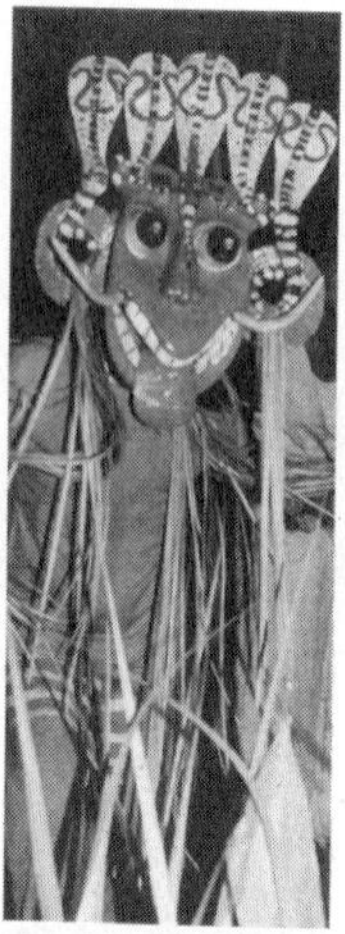

悪霊トタ・ヤカー
頭に五頭のコブラをもつ　岩田慶治ほか著『スリランカの祭』工作舎刊より

トの富裕な人たちは、みな屋敷の南西隅を、聖なる蛇の住み処としてとっておくのである。インドで崇拝の対象となる蛇は、事実上コブラに限られている。伝説に現われ、美術作品に描かれるコブラは、やはりふつうは頭が一つだが、雄の場合は時には五頭のときがあり、これに反して雌はいつも頭が一つである。

蛇崇拝はヒンズー教においてもさかんで、婆羅門《ばらもん》の祭司が、俗人と同様に崇めるし、また仏教に入ると、泉や樹の守護者としての蛇の観念がさかんになる。またコブラは仏教美術において、大変、好まれるテーマである（ホーネル・八四〜八）。

ホーネルの示唆に富んだ説にも、いくつかつけ加えておきたいことがある。その一つは、蛇崇拝の中心はインドでは南のマラバルばかりでなく、北のカシュミールにもあることであり、またチョタ・ナグプール地方では、チュロ族は蛇の子孫と自ら称し、大王《マハラジャ》の紋章はコブラであるように、王権とかかわる例もいくつかあること、また蛇は宝物を守護すると信じられていること、また地下にナーガの王国があり、ナーガの王は時には人間の王に対して敵対的であること、また地下のナーガは時期により位置が変わるので、占星術師がそれを確かめて、犂《り》耕《こう》や播《は》種《しゅ》の時を決める習俗のあることである（クルック・四一一〜九、ウルセル－モラン・六二〜五）。

2　土着原理としてのナーガ

東南アジア

インド文明は東南アジアにも大きな影響を及ぼした。その影響下にビルマ、カンボジア、ジャワなどで古代国家が誕生し、ヒンズー教や仏教は王家ばかりでなく、民衆、ことに平地の民衆の間にも広く浸透して行った。このような動きのなかに、インドのナーガ信仰や伝承も、いろいろな形で東南アジアに波及していった。ただ、その場合重要なことは、インドで

蛇の宝石
「七つの城に値する宝石」
辛島昇・西岡直樹著『インドの昔話・下』春秋社刊より

もナーガ崇拝の中心地があったように、東南アジアにも中心地があった。
かつてアンリ・マルシャルは、ジャワ、チャンパ、カンボジアは、インド文明という共通の源泉から建築や美術を受容し、起源が同じだから地域間の差は美術にはあまりないことを指摘した上で、次のような注目すべき所見を述べた。

これらの国々の図像学は、インドから借用した主題ですら、その選択においては土着の反動を証明している。つまり、カンボジアでは、ナーガとガルダが、インドでも、また近隣諸国でも知られないほどの人気と成功をかち得たのであった。反対に、獅子の頭（バナスパティまたはカラの頭）はジャワにおいて、ほかには見られない重要性をもち発達をとげたのであった（マルシャル・一六五）。

そしてカンボジアではナーガはネアクと呼ばれ、とりわけ王権をめぐる伝承に重要な役割を果している。たとえばクメール族は彼らの王朝の起源を、初代の王とネアク（ナーガ）族の王の娘との結婚にもとめている。ふつう語られている形式では、初代のカンボジア王プラ・トンは、アリアデシャの地からやって来て、トロクの島に着いた。ここは地下道でバトバダル、つまりネアク族の海底下の滞在地とつながっており、ネアクたちはこの島にふざけにやって来るのだった。プラ・トンはそこでプション王とその娘に出会い、この王女に恋し、結婚してトロクの島を支配した。するとこの島は神の恩寵によって拡大し、巨大な王国になった。しかし、そのあとで致命的な失敗にあってプラ・トンはネアク王プションを殺してしまい、この岳父の血を身体に浴びた。プラ・トンがネアク王を殺したのは故意にではなかったのだが、殺した罪の罰として、この返り血によって彼は癩病《らいびょう》になってしまった。この癩王こそが、あのアンコール・ワットにある〝癩王のテラス〟の彫刻の人物なのだという（モノ・二四九～五〇）。

アンコール・トム

また異伝によると後半の悲劇が少し違っている。ネアク王は若夫婦のためにトロクの島の上に王都アンコール・トムを作ってやった。年老いたネアク王は毎日のように夫婦を訪れ、二人の幸福とすばらしい都を見るのを楽しみにしていた。しかしこうしてやってくるネアク王を都の人びとは大変恐れた。そこで王子は四面のプローム神の像を都の門の上に建てさせた。翌日、ネアク王がアンコール・トムに来たところ、この恐ろしい敵の像があるのを見て、急いで地下界に逃げ込み、「お前たちの子孫のうち、徳のある者だけがアンコール・トムで君臨することができる」と呪った。そこで数多くの不幸がクメールの王族を見舞うことになった（バスティアン・三九二～六）。

ここで、ネアクの王が人間の王に対して、姻戚関係をもったにも拘《かか》わらず、一種の緊張関係を失わず、時には敵対的になったことは、インドのナーガ王が人間の王に対して時には敵対的であることを思い出させる。

いずれにしても、カンボジア王家の起源伝承におけるこの形式で重要なことは、王は外来者でネアク女が土着の者であることだ。この種の伝承は、クメール（真臘）に先立ってメコン河下流に国家をつくっていた扶南王家の始祖伝説にも見られる。東南アジア史の泰斗セデスによれば、

その伝説のものがたるところでは、カウンディンヤ（これはインド北西部の有名な氏族名である）というインド人バラモンが、ある事情からこの国に渡来し、その地方の土侯であったナーガ（竜王）の娘ソマーと結婚したという。この結婚譚は南インドのカーンチのパラヴァ朝の始祖伝説の一つによく似ている。この伝説の基本的なテーマが、いったいどこに由来するかについて、学者の見解は分れる。一つにはるか西方からきたと考えるものであり、一つは東南アジアの海洋諸島からきたとするものである（セデス・六九〜七〇）。

王国の運命を左右するネアク蛇の伝統はその後も続いた。十三世紀にカンボジアを訪

れた周達観が、アンコールの都で聞いたところによると、王宮のなかに金塔があり、王は夜ごとにその下に臥《ふ》す。土地の人の話では、塔のなかは九頭の蛇の精がいて、この一国の土地の主であって、女身である。夜ごとに国王に会い、これと同衾《どうきん》するのだという（周達観・『真臘風土記』）。

インドシナ研究者ルイ・フィノーが論じたように、この民間の信仰によれば、始祖王がネアク王の女と行った結婚を、国王は毎夜更新しているのである。寺院や王宮のテラス、階段、鏡板《ティンパン》に彫刻されたおびただしい多頭のナーガは、国民の母たるネアク女の主権を視覚的に宣言しているのである（マルシャル・一六八）。

二元的世界観

このように、ネアク、つまりナーガが土着の原理を表わしているとなると、カンボジアで高度に発達したネアクの信仰と伝承の基礎には、インド文明波及以前のインドシナの古層文化における竜蛇の信仰がなかったか否か、という問題が浮かび上がってくる。

ナーガ・カニアー
ナーガ（蛇）の乙女
岩田慶治ほか著
『スリランカの祭』
工作舎刊より

かつてフランスの東洋学者ジャン・プシルスキーは初期金属器時代にインドシナが、東南アジア大陸部とインドネシアを包含する海洋文明の圏内に入ったという壮大な想像を語った。この文明の特徴をなす神話は、

山と海、鳥と魚、山住の人間と海辺の人間とが相対立する二元的世界観の上に立っている。神々の中では神鳥と神魚とが対立する社会組織も亦《また》この二元的構成の上に置かれている。各部族は二つの部分に分たれている。即ちその食糧をば主として山辺から得る山住の人間群と、海から漁《すなど》る海辺の人間群とである。前者の首領と魔術師とは神鳥の子孫であって、火と雷とを指揮する。後者の首領と魔術師とは神魚又は神蛇の後裔で、氷河と雨とに号令する（レヴィ・七二）。

カンボジアに関して、ポレ＝マスペロ女史はこのプシルスキー説を実証し、肉付けしようと大きな努力を払った（ポレ＝マスペロ・第三巻）。しかし、プシルスキー説はまだ証明されていない仮説なのである。

3　海神の国の王女

この人間の王とネアクの王との結婚の話としては、いま見たような通説とはかなり

違う形式のものをモノが報告している。

昔、プローマトット大王は広大な国土を統治し、国は栄えていた。そして毎日、五百人の少年たちが牛飼いとして、森の端の池のほとりで牛や水牛を放牧させていた。少年たちは牧草地に着くと、動物は草をはむのにまかせておいて、バンヤンの木の下でいろいろなことをして遊んだ。ところが、このバンヤンの木は一種の神《テヴァダ》によって守られていた。この神はある日のこと、少年たちに王様ごっこをして遊ぶ着想を吹き込んだ。王様、大臣、役人を決め、七重の砦を築いて遊ぶのである。一人の少年が、そういう運命に決められていて、子供王になった。また四人の大臣も決まった。

子供たちは力を合わせて砦をつくり、王の住居を完成した。王がそこに安全に座を占めるとすべての役人たちがこの王に敬意を表わしに行った。王は王にふさわしい平然たる態度でこれを受けた。

次に神は、王に直ちに王家の寺に行って祈るように思いつかせた。役人たちは竹製の剣や槍をもって、王のまわりに集まり、竹で輿《こし》をつくり、王をのせて、花々しい行列をつくって寺に向かった。ところが寺の僧侶たちは全員、森のなかに散歩に行って留守で、寺にはただ一人小僧が残っているだけだった。この小僧はこの行列におそれをなし、隠れて様子をうかがった。

絶えず子供王に同行していたあの神は、王に完成された美しさの女性を一人描く欲望を吹き込んだ。王は黒板と白墨を家来にもって来させた。神が王の手を導いたが、他の者には神の姿は見えないので、王が自分で描いているようだった。素晴らしい美女の肖像が描かれ、その下に王はネアン・クレプ・スロモトという名を書いた。それから王はまた威儀を正した行列を組んで、彼の王都に帰った。

日が沈むころ、小さな牛飼いたちは、いつものように牛や水牛を集め、王も役人たちもいつものようにそれらの動物の背に乗って村に帰り、自分の家で寝た。親たちは、子供たちが、どんな遊びを思いついたのか知らなかった。翌朝、子供たちは喜んで彼等の武勲の場にもどって行った。

この同じ夜のこと、プローマトット王は夢を見た。一人の老婆羅門僧が素晴らしい美女を彼のところに連れて来た。誰かと聞くと、竜王プションの娘の竜女で、名はネアン・クレプ・スロモトという答えだった。あまりの美しさ、あまりの歓びに王は、あまたの妃や妾のことも忘れた。

翌朝王は起きるやいなや、すべての役人たちを召集し、輿の用意を命じ、王家の寺に向かった。輿から降りて寺に入ると、王はあの夢に見たのと同じ美女が描かれているのを見た。誰がこの絵を描いたのか？　この絵を描いた男は、どのようにしてこの美女と知り合いになれたのか？　王は何としてもこの美女を我がものにしたいと思った。子供王の一行が訪れたのをのぞき見ていた小僧から、一部始終を知った王は、役人を子供王のところに派遣した。最初に行った役人は高圧的な態度で、子供王の砦に侵入しようとしたが、子供の番兵に阻まれて目的を達しなかった。次に口の上手な役人を派遣した。この役人は子供王に会うことができ、お供を連れた子供王を王が待つ寺に連れて行くのに成功した。

しかし、子供王は寺に着くと、年とった主僧の前に平伏したが、王には何らの敬意も払わなかった。王は子供王にあの美女を探して連れてこいと命じた。「もしも彼女を手に入れられなかったなら、子供たち全員はおろか、その七代の親族をすべて釜ゆでにしてしまうぞ。牛飼いすべてと、その親の名と住所のリストをつくり、逃げようとしても逃げられないようにする。もし彼女を連れてくれれば褒美をやろう」この王の言葉に対して、子供王は百人の水夫が乗り込んだ船が一隻ほしいと言った。こうして子供たちは、幻の美女を求めて船出したのであった。

船は四カ月間、陸地を見ることなく進んで行ったが、ある島につき、一行は上陸し、そこに畑や水田を作った。そして作物が稔ったとき、猿の大群が現われてこれを取って行った。子供王は地面に穴を掘り、その中にかくれ、板で上に蓋をした。猿の群がまたやって来て、猿の王はここに座り、尻尾を板と板の間に垂らした。子供王はこの尻尾をつかまえた。猿の王は測り知れぬ価値をもつ水晶を提供して放してもらった。どんな願いも叶えてくれ、陸上でも水上でも必ず、努力なしに行けるという宝の水晶だった。子供王は猿の王と仲良くなり、猿の王から、ネアク族の王国が水底にあること、またそこに行く方法を教わった。そして子供王は見送りに来た猿の王が息子を連れているのを見て、この子猿を旅に連れて行くことにした。

目的のところに船が達すると、子供王は鍛冶屋《かじ》に長い鎖を鍛えさせ、それを伝って海底のネアク族の王国に下って行った。彼はその前に沐浴して身を清め、すべての宝器を身につけ、子猿を連れて海底に赴いた。

ネアク王の国は極楽のように立派だった。プション・ネアク王は公正に統治し、人民は上下を問わず幸福だった。すべての妾の上に位置する第一妃のヴィムレア(Vimlea) との間に、王女一人と王子一人が生まれていたが、この王女がネアン・クレプ・スロモトだった。

子供王は市場の端にある花屋をやっている老竜女のところに住むことになり、自分は人間だが、地上にまで知られた美女を娶《めと》りたくてやって来たのだ、と老女に打ち明けた。

花屋は子供王の助けを得て、花束や花環をつくり、これを王女に献上した。王女は今日はことに見事だが、誰が作ったのか、と尋ねた。老女は孫が人間の世界から来たのだと言ったが、王女はこれを信じなかった。明日、人間が連れて来たという猿をもってこなければ信じない、と言った。

翌日、老女は猿を連れて行った。王女は子供王が間近にいて、運命によってここに遣わされたことを知った。猿は自分の主人の美しさと、ネアクの王女を妻にしたい熱望を彼女に伝えた。王女は猿を手許《てもと》にとどめ、老女に褒美を沢山やって帰した。老女は「寒かったら寝て、目をつぶるように努力し、クッションをしっかり抱きしめなさい」という謎めいた王女からの言伝《ことづ》てを子供王に伝えた。

その夜、子供王はひそかに王女の寝室に忍び込んだ。これを待っていた王女は布団をかけて眠ったふりをし、子供王の愛撫によって初めて目ざめたふりをした。はじめは王女はとがめるようなことを言い、子供王がそれならと帰ろうとすると、これを引きとめた。

子供王は王女と三ヵ月間一緒に暮らした。二人は愛におぼれ、王女は日課の両親への訪問をもうしなくなった。王は王子のサターギトロトを呼んで、姉の様子を見に行かせた。王女は子供王をうまく隠し、この三ヵ月、お腹が痛いので両親のところに行かなかったのだ、と言った。

それから王女は王宮に行き、まず母に会った。弟はだませても、母の目はだませず、娘が妊娠しているのを見破った。相手の名を言わせようとしたが、娘はだまっていた。王女は自分の宮殿に帰り、母に妊娠を知られたことを夫に語り、二人は逃亡することに決めた。二人は召使がみな眠ったところで宮殿を抜け出て、町を通って鎖のところに来た。すると王女は大事な宝石袋を忘れて来たことを思い出した。子供王は、妻に鎖にさわらないで待つように言って、取りに帰った。しかし、彼女は好奇心にかられて鎖にさわった。海上の舟の人たちは、合図があったと思い鎖とともに王女を引き上げた。

役人たちは王女を王の船室に入れた。王は魔法の水晶をもっているから、追いかけてくるのに困らない、と出帆した。食料も水も乏しくなっていたからである。一方、子供王は宝石袋を持ち、水晶の力で水上を走ったが、船足が速く、なかなか追いつけなかった。

王宮では母后は翌朝、娘の逃亡を知り、王に一部始終を告げた。激怒した王は王子とともに軍勢を率いて王女を追った。しかし彼等が水面に現われると、クルト鳥、つまりガルダはこれを迎え撃つ態勢をとった。この恐ろしい敵を見て、ネアク族は水中にいそいで沈み、王宮にかくれた。

やがて子供王は自分の船に追いつき、夫妻は再会した。そして船はやがて出発した港に着いた。王夫妻は宝冠その他の宝器を身につけて、お伴をつれて、王の両親のところに帰り、家来たちは自分の家族のところに帰った。

プローマトット王の役人たちは、ネアン・クレプ・スロモトの到着を知り、王にこれを奏上した。王は、王女を直ちに私に引き渡せと伝えさせた。子供王は、私は王女を自分のものにするのに努力したので、プローマトット王のために彼女を連れて来たのではない。私から妻は、戦いによらなければ奪うことはできない、と返事した。

怒った王が派遣した五百人の軍隊は、子供王が帰途海上で商人たちから入手した、自分で縛る縄と自分で殴る棒によってみな殺しにされた。

王は自ら大軍を率いて攻めて来たが、この縄と棒によって、みな亡んでしまった。子供王は役人に命じて死体を海に捨てさせ、即位式を挙行し、ネアン・クレプ・スロモトとともに栄える王国に幸せに永く君臨した。地上のどの王もあえて彼を攻撃しようとはしなかった（モノ・二五〇〜九七）。

インドの蛇神の夫婦　アレグザンダー・エリオットほか著『神話』講談社刊より

これが子供王の話の粗筋である。人間の王子とネアクの女との結婚という点では、さきに紹介したプラ・トンの伝説と同じである。ただ重要な相違がある。プラ・トンの伝説では、王子が異人で、ネアク女は土着の原理の体現者であったが、子供王の場合、ネアク女は竜蛇の国から人間の世界にやって来たのであるから、こちらのほうが異人である。これはナーガ（ネアク）ということを問題にさえしなければ、『スジャラ・ムラユ』に記されたラジャ・スランの伝説に似ている。アレクサンダー大王の子孫のラジャ・スランは海中を探ろうとして、ガラスの箱に入って海底のデガないしリカという国に着き、そこの王の娘と結婚した。しかし、ラジャ・スランは王統の断絶を恐れて地上に帰った。のちにラジャ・スランの三人の子供が海底の国から地上にやって来て、その一人がのちのマレー王家の祖になるのである（西村・五五〜九）。

それればかりでない。日本の海幸山幸神話も、山幸彦が海底の海神の国に行き、その娘と結婚し、地上に帰ってくるが、妊娠していた妻はあとを追って地上に来て出産し、そのときワニの姿になったという。これも子供王やラジャ・スランと同様な形式である。おそらく、東南アジアから東アジアにかけての海域で広く語られていた王朝の始祖の冒険譚であり、王朝起源説話であった。

4　ビルマの諸王家とナーガ

多民族国家のビルマでは、王家を、天神系の王子ないし若者と、ナーガの姫との結婚に求める伝承が、ビルマ人ばかりでなく、シャン族やパラウン族にも拡がっている。カンボジアと比べてビルマの特徴は、卵はモチーフとの結びつきであって、ナーガの娘が卵を生み、その卵から男児が生まれ、この子が王家の始祖となる形式がふつうである（三品・三三二〜七）。

例をあげよう。パラウン族の女性は、頭巾つきの外套《がいとう》のようなものをハレの着物としている。この衣服はナーガの帽状の頭を模したものでパラウン族の族祖がナーガの王女だったことに由来している。天神サジャーと契りを結んだナーガの王女は、夫が天に帰ってからあと三個の卵を生んだ。その一つは水中に落ちたがある夫婦に拾われ、家で卵から男の子が生まれた。この少年はのちにナーガの娘を、それとは知らずに妻とした。二人の間に生まれた娘は、偶然母の入浴中を見て、その蛇体であることを知った。今やこれまでと母は別れる決心をし、娘に「お父さんに一部始終を話しなさい」と命じ、一枚の葉に彼女の蛇体の多彩な色を刻み、このような衣料を作るようにさとして去って行った（シャーマン・七三〜四）。

カンボジアでもビルマでも、ナーガ（ネアク）の姫と人間との結婚の伝説は、焼畑耕作ではなくて、水稲耕作にもとづいて国家を形成していた人たちの伝承である。

そこでは、蛇は氾濫する河川の猛威も象徴していた。たとえば十一世紀にパガーンに王朝を創始したビルマのアノーラータ王は、チャウセ地方の灌漑工事を始めるに当たって、或る夜、夢に三匹の蛇を見た。王は南方の蛇を四つに断ち切ったが、これは彼が南の河パンラウンに四つの堰堤《えんてい》と運河を建設したことを意味していた。王はさらにまんなかの蛇を三つに切ったが、これは中部の河ゾウヂーにつくった三つの堰堤と運河をさしている。ところが北方の蛇は傷一つ負わずに王の手から逃れてしまった。事実、北方の河、ミイッネ河では灌漑工事に失敗し、後世まで治水が行われていなかったのであった（ハーヴェイ・三五〜六）。

ナーガの類と結婚のちぎりを結ぶことによって王家を創設しながらも、ナーガと人間の間には緊張が常に存在している。たんにナーガの妻や姻族と人間との分離、対立ばかりでなく、蛇を退治することによって、ビルマ王は王国の物質的基礎を固めたのであった。

（大林太良）

第11章　イブをだました蛇——西アジアからヨーロッパへ

1　古代メソポタミアの蛇表象

悪魔の化身

キリスト教の伝承のなかで最もよく知られているものの一つである「エデンの園」では、最初の人類であるアダムとイブとならんで、悪魔の化身として蛇が登場する。ユダヤ・キリスト教におけるこの蛇の役割およびその表象はのちに扱うことにして、まずその前身をさぐるためにオリエント最古の時代のメソポタミアに視線を投じてみることにする。

メソポタミアでは、前三〇〇〇年ごろに文字を創案したシュメール人と、この文字を発展させたアッカド人（バビロニア・アッシリア人）がいて、約三〇〇〇年にわたり大量の文書を粘土書板上に書き残した。これらのなかには神話文学もかなり含まれており、のちのユダヤ・キリスト教神話文学に影響を及ぼしている。

メソポタミアには現実に、小型の毒蛇や角をもつ蛇がいたらしいが、大蛇《だいじゃ》といえるようなものはいなかったと思われる。しかし神話的空想のなかでは、うろこのついた大蛇、そしてなかには翼をもつもの、すなわち竜が考え出された。またこれらは、しばしば川の激しい流れ、とりわけ洪水の濁流、あるいは暴風雨や雷雨と同一視され、神格化された。

ギルガメシュ叙事詩

シュメール人の神話文学の影響を受けたアッカド語の二大作品、『ギルガメシュ叙事詩』および『エヌマ・エリシュ――天地創造物語』（筑摩世界文学大系1『古代オリエント集』）にも、蛇が姿を現わしている。

まず『ギルガメシュ叙事詩』を見ると、ここではごく平凡な（たぶんメソポタミアで見られるような小型の）蛇が、この叙事詩の最終段階（「第十一の書板」二八八行）に出てくる。主人公ギルガメシュは、親友エンキドゥの死を悲しみ、永遠の生を求めて各地をさまよい歩く。最後にギルガメシュは、二つの川が合わさるところでウトナピシュティム（「生命を見た者」。『創世記』のノアにあたる）と会うことができたが、永遠の生命を得ることはできなかった。わずかにシーブ・イッサヒル・アメル（「老人を若くさせる草」の意）というもの（ギルガメシュはこれを海中にとびこんで取っているので、海草の一種と思われる）を得ただけだった。しかしギルガメシュは、これに大喜びし、これを携えて古里ウルクへの帰途についた。

三十ベール行って彼らは夜の準備をした。
するとギルガメシュは水が冷たい泉を見た。
彼は水のなかへ降りて行って水浴をした。
蛇が草の香に惹きよせられた。
〔それは水から〕出て来て、草を取った。
もどって来ると抜殻を生み出した。
そこでギルガメシュは坐って泣いた。

（同二八四～九〇行）

ここに登場する蛇は、ギルガメシュという半神半人（三分の二は神で三分の一は人間と記されている）が不老を得るのを邪魔したという点では悪者の面を持っているが、むしろ抜殻を生み出して再生するもの、すなわちそれ自身が〈不老不死〉のものというフォークロアを反映しており、蛇の〈悪魔性〉はあまり強く出ていない。

エヌマ・エリシュ

他方、シュメール・アッカドの創世神話を集成している『エヌマ・エリシュ』には、蛇およびその化身としての竜のたぐいがいくつか登場し、悪魔の代名詞のようにされている。

あらゆるものをつくった母なるフブルは
七岐《ななまた》の大蛇《おろち》を生んで無敵の武器を加えた。（第1粘土版一三三〜四行）
彼女は（またこの）狂暴な竜たちに恐怖をまとわせ、
おそるべき煌《きらめ》きを身につけさせ、神々の片割れとした。（同、一三六〜七行）
（また）彼女は毒蛇、
炎の竜頭サソリ尾獣、海の怪獣ラハム、
巨大なライオン、狂犬、サソリ人間、
激しく押しよせる嵐、魚、人間、不思議な野牛をつくった。（同、一四一〜五行）

はじめに出てきた七岐《ななまた》の大蛇《おろち》は、シュメール・バビロニア人が残した杖の彫刻や円筒印章に描かれており、後述のヒッタイト人もこれを描いている。わが国の八岐《やまた》の大蛇《おろち》や、東南アジア各地の同類を連想させるが、これらはいくつかの支流を持つ川、ある

七つの頭をもつ竜と神々　バビロニアの円筒印章の刻印
シカゴ・オリエンタル・インスティチュート蔵

いは烈しく蛇行する河川の表現と関係があるにちがいない。

エデンの園

キリスト教の伝承で蛇が住む「エデンの園」の原型も、古代メソポタミアにあったと考えられる。シュメール人に発する「大洪水物語」は、のちにアッカド語の『アトラ・ハシース物語』（筑摩世界文学大系1『古代オリエント集』）および『ギルガメシュ叙事詩』第十一の書板の洪水説話となり、ついには『創世記』の「ノアの大洪水」の物語に発展したが、そのシュメール語断篇中に、「エデンの園」にあたると思われる「ディルムンの地」という表現が見られる。このディルムンとは、アラビア半島東側のバハレーン島をさすと考えた研究者たちがいた。なかでもJ・ビビーは最も熱心にその考えを実証しようとした人で、バハレーンおよびその周辺の古代遺址《いし》を調査している。ビビーはカルアト・アル・バハレーン遺址の宮殿床下で一つの土器を発見したが、これにはひからびた蛇がとぐろを巻いて入っていた（ビビー・第十七図）。これをビビーは、『ギルガメシュ叙事詩』および『創世記』の伝承とつながるものとみなしている。

2　ヒッタイトとエジプトの蛇表象

ヒッタイト人

古代の小アジア（今日のトルコおよび北シリア）で繁栄したヒッタイト人は、言語上はインド・ヨーロッパ語族に属しているが、シュメール・セム系のメソポタミア文化の影響を強く受けていた。このことはとりわけ文字文化（楔形《くさびがた》文字とともにシュメール語とアッカド語が多数借用された。ただし他に独自の象形文字を用いるヒッタイト人がいた）について言える。アッカド語から訳したと思われる『ギルガメシュ叙事詩』ヒッタイト語版断片が見つかっており、また多くのヒッタイト語法典も、シュメール・アッカド（アッシリア・バビロニア）法典を範型にして成立したと考えられている。

本稿の主題である蛇についてみると、ここではアッカド語版『エヌマ・エリシュ』の場合と同じく、蛇の化身の竜神としてのみ登場する。これは「竜神イルルヤンカシュの神話」として知られているもので、その一部に、竜神を酒で酔わせて殺す計略が

ヒッタイトの竜神イルルヤンカシュと神々
マラティアの岩壁浮き彫り

述べられている（筑摩世界文学大系1『古代オリエント集』）。この竜神退治を表わすと思われる浮き彫りがトルコのマラティアの岩壁に残されており、前一五〇〇年ごろのものとみなされている。この物語は、ヒッタイトで雨季がやって来て洪水の危険にさらされると行われる、プールーリという祭儀の一部とされていたということで、この竜は河水を表わしていた。H・ガスターの著作には同種の祭儀がいくつか述べられており（ガスター・一九〇以下）、イギリスの守護神、聖ジョージ（竜退治で有名）の祭りもこれに入る。しかしこれらは、「エデンの園」の蛇とはあまり関係がなさそうだ。

ヘルモポリスの神

古代エジプト人は多くの動物神を崇拝した。このなかには蛇類も入っている。ギリシア人にヘルモポリス（ヘルメス神の都市）と呼ばれたフムン

（コプト語シュムン、「八」を意味する）で崇拝された原初の八柱の神のうち、半分は男性で蛙の頭を、他の半分は女性で蛇の頭をしていた。しかしこれらは神になる以前の精霊にすぎない。蛇類のなかでも最も恐るべきコブラの姿はファラオのシンボルの一つとなり、また「女神」を表わす限定符（ヒエログリフ体系での表意文字）として使われている。この限定符がつけられる蛇女神にエジョ（ウァジェイト）およびネセレトがおり、前者はかなり広い尊崇を受けた。地方的なコブラ女神としては、テーベの墓地に棲むコブラが〈メレト・セゲル〉（沈黙を好む女神）として崇拝されていた。古代エジプトのヒエログリフ体系には、このコブラおよび角をもつ蛇を含め、七種ほどの文字が用いられており、日常生活と深くかかわりあっていたことが知られる。

蛇神テュフォン

古代エジプトの創世神話（いわゆる「オシリス神話」）で、兄オシリス（ウシル）を殺す悪役とされているセト神は、もとは〈夜の闇〉を表わし、蛇と特に関係なかったと思われるが、のちにしばしば蛇として表現され、ギリシア語版（「オシリス神話」〈矢島・七八～九五〉はギリシアの作家プルタルコスによって伝えられた）では、蛇神テュフォンとして登場する（ギリシアのテュフォンについては後述する）。

この蛇は古代エジプト語ではアポピ（アーペプ）と呼ばれ、『死者の書』（「アニのパ

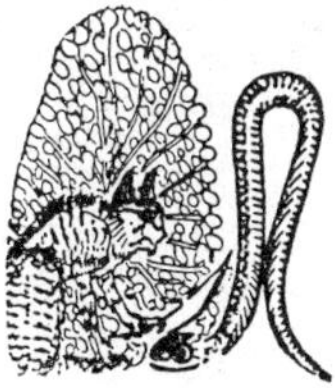

蛇を斬る猫　[右]「アニのパピルス」[左]「フネフェルのパピルス」

ピルス」が有名だが、各種ある）では、死者が〈冥界（オシリスの国）〉へ行くのをさまたげるアポピに対する呪文、〈夜の闇〉としてのアポピを斬る太陽神としての猫などが表現されている。

古代エジプトの作品で蛇を扱ったものには、この他にパピルスに神官文字で書かれた「難破した船乗りの話」（矢島・二九以下）がある。難破した主人公が島にうち上げられ、大蛇に救われたという短い物語で、中世アラブの『シンドバードの冒険』（これにも蛇が出てくる物語が入っている）の原型ともいえる。

3　古代地中海文化と蛇

クレタ＝ミュケナイ

東にメソポタミア、北に小アジア（ヒッタイト他）、南にエジプトをのぞむ東地中海地方には、これら各地の文化要素の影響を受けつつ土着文化を発展させたクレタ＝ミュケナイ文明、そしてのちにギリシア文明が展開した。

クノッソス（クレタ）出土の
「蛇女神」
イラクリオン考古学博物館蔵

クレタ島のクノッソス古代宮殿の発掘は、イギリス人A・J・エヴァンズにより、一九〇〇年に着手された。ここの神殿から多くの品物とともに、今日「蛇女神（あるいは蛇つかいの女）」と呼ばれている女性立像が見つかったことはよく知られている。胸をはだけた上衣と数段に分れたスカートをつけ、上にあげた両手に二匹の蛇をつかんでいる立像で、今日クレタのイラクリオン考古学博物館に一つ、またエヴァンズの私物だったものがオックスフォードのアシュモレアン博物館エヴァンズ室に一つある。この立像は通常前述のように「蛇女神」と呼ばれているが、女神というよりも女性神官であり、蛇に関連する何らかの祭儀を表わしているにちがいない。しかし今のところ関連文書が見出せず（線文字B文字文書の大半は経済文書であり、断片しか残っていない線文字Aは未解読といってよい）、その深い意味は推定するしかない。これについて手短に記しているR・W・ハッチンソンは、これは「古典ギリシアでの冥界儀礼に現われる蛇とはたぶん関係がない。これは、大へん広く流布していた迷信に従って、家の守護天使、精霊として尊崇され養われていた家つきの蛇《ハウス・スネイク》であった」と書いている（ハッチンソン・二〇八）。

大蛇ピュトン

ここに言及されている古典ギリシアの冥界儀礼とは、主としてデルフィ（デルポイ）の神殿で行われていた大蛇ピュトン（ピュートーン）をめぐるもので、ピュトンはガイア（大地）の子といわれる。デルフィでは巫女《みこ》ピュティアが古代ギリシアの多くの有力者に神託をもたらしたことはよく知られている。伝承によれば、ピュトンはもともとここにいた蛇だが、ここへやって来たアポロンはこれを射殺し、神託の地とした。ピュトン自体、アポロンの到来以前には神託をもたらす存在であったことが伝えられている。古代ギリシア・ローマ世界の神託について書いているJ・S・モリソンはこの蛇について、「アポロン到来以前に予言の座の占有者であった大地の女神や、彼女の代理人をつとめていたにもかかわらず、アポロンによって殺された大蛇のピュトンは、クレタの古い蛇の女神であった可能性が強く、おそらくはアテナ・プロナイアの神殿で崇拝されていた最初の女神であったと考えられる」と書いている（ローウェーブラッカー・一一八）。

ポンペイの壁画中に
描かれたヘルメス

ところで、エジプトの「オシリス神話」の悪神セトがギリシア語版ではテュフォン（テューポーン）と呼ばれていることは前述したが、蛇を原型とするこの巨大で邪悪な怪物もまた、ピュトンと同じく大地の女神ガイアが生んだとの伝承があり、大蛇ピュトンに育てられたともいわれる。デルフィの神託の起源について大著を書いたJ・フォンテンローズは、このなかでテュフォン（Typhon）とピュトン（Python）が同一の語に基づく可能性を論じている（フォンテンローズ・九一〜三）。メタテシス（音位交替）による安易な語形変化の説明は警戒しなければならないが、ここでは両者が他の点でもかなり類似している点は認めざるを得ない。

ヘルメスの杖

これらの他に、ギリシア・ローマ神話に関連して思い出されるものに、ギリシアのヘルメス（ローマのメルクリウス、英語のマーキュリー）が携えている杖（ギリシア語ケーリュケイオン、ラテン語カドゥケウス）にまつわりつく二匹の蛇がある。智恵と幸運と富の神ヘルメス（ローマのメルクリウスは特に商業の神として知られた）は、旅と使者の神でもあり、旅のための帽子とサンダルがこれを表わしている。杖もまたその目的に使われたかもしれないが、これは呪術・占術を含む知的活動とも関係があったろう（同じような杖を医神アスクレピオスももっている）。この杖には、古くには白色のリボンがつけられていたが、のちになると二匹の蛇が現われる。さらに後代の美術作品のなかでは、有名なボッティチェリの『プリマヴェラ（春）』（フィレンツェ、ウフィッツィ美術館）の左端に描かれたヘルメスが右手に高くかかげている杖にも、よく見ると蛇（ここでは一匹のようだが）がまつわりついている（アームストロング・5図a、b）。ローマ時代のものでは、ポンペイの壁画に描かれたヘルメスは、下方に翼、上方に二匹の蛇がつけられた杖をもっているが、これは後期ギリシアの多くのヘルメス立像にもしばしば見られる。

実は二匹の蛇がからみあう図案は、ずっと古く、古代メソポタミア初期にさかのぼるシュメール人の表象（グデアの立型盃の装飾が有名）に見られるものである（前記のアームストロングの著作はこれを論じている）。これがどのような意味をもち、またどのような経路をたどってギリシア、そしてヨーロッパに入ったかは興味深い問題であるが、今はあまり深追いしないことにする。

4　ユダヤ・キリスト教と蛇

エデンの園

ここでやっと本稿の主人公である「イブをだました蛇」の登場となる。『創世記』第三章は次のように言っている（関根・一一以下）。

さてヤハウェ神がお造りになった野の獣の中で蛇が一番狡猾であった。蛇が女に向かって言った。「神様が君達は園のどんな樹からも食べてはいけないと言われたというが本当かね」。それで女は蛇に答えた。「園の樹の実は食べてもよろしいのです。ただ園の中央にある樹の実について神様は、それをお前達食べてはいけない、それに触れてもいけない。お前達が死に至らない為だ、とおっしゃいました」。すると蛇が女に言うには、「君達が死ぬことは絶対にないよ。神様は君達がそれを食べるときは、君達の眼が開け、神のようになり、善でも悪でも一切が分かるようになるのを御存知なだけのことさ」。

そこで女（イブ）はその実を取って食べ、夫（アダム）にもこれを与えた。夕方になり、ヤハウェ神が園へ来られ、女と男が禁断の木の実を食べたことを知り、蛇に次のような呪いをかけた。

お前はこんなことをしたからには、
他《ほか》の総ての家畜や野の獣よりも呪われる。
お前は一生の間腹ばいになって歩き、
塵を食わねばならない。
わたしはお前と女の間、
お前の子孫と女の子孫の間に敵対関係を置く。
彼はお前の頭《かしら》を踏み砕き、
お前は彼の踵《かかと》に食い下る。

正しく伝わらなかった神託

J・G・フレイザーは『旧約聖書のフォークロア』（フレイザー・一二以下）で、この部分を「正しく伝わらなかった神託の物語」および「脱皮の物語」のテーマによって解釈しようとしている。前者では、神は人類に永遠の命を与えようとしていたのだが、使者の過失（あるいは悪意）によって、その意志が伝わらなかったというもので、民間伝承にはこの種のものの多くの実例が見られる（トンプソン、モティーフ・インデックスA1335・1）。しかしここでは、蛇は主題ではない。第二の「脱皮の物語」では、人間は永遠の生命を失ったが、蛇は脱皮によって永遠の生命を得ているというもので、すでに見たメソポタミアの『ギルガメシュ叙事詩』に、その実例の一つを見出すことができる。

シオドア・H・ガスターは、このフレイザーの所説をさらに発展させた著作を刊行している（ガスター・一九六九年）。

ここには、他に「見張りとしての蛇」および「〈賢い生きもの〉」というテーマがつけ加えられている。前者には、たとえばギリシア神話のヘスペリデスの楽園にはラドンと呼ばれる竜（蛇の変型）がいたし、その他世界各地で、蛇がしばしば特定の地域の守護神とされていることが示されている。しかし「イブをだました」というテーマとより密接に関係があるのは、むしろ後者のように思われる。ガスターによれば、古代人にとって蛇が〈賢い生きもの〉である理由は二つあった。その第一は、蛇はしばしば水辺に生きており、水は〈原初の知恵〉の在り場所だったからである。第二は、蛇はしばしば墓場をはいまわり、祖先の知恵を受け取っているからである。ガスターはここでも、この種の民間信仰が世界各地に見られることを指摘している。

しかし、蛇のなまじっかの〈知恵〉は、神にとっては許すべからざる〈悪知恵〉であり、ユダヤ・キリスト教の伝統では、蛇は永遠に悪者として表わされることになってしまったようである。

（矢島文夫）

第12章　畏敬《いけい》と追放——ヨーロッパの蛇

1　北欧神話の蛇

蛇はいつも隠れ棲んでいて、滅多に人に姿を見せない。音もなく人前に現われ、無害でもあれば、人畜を殺傷する猛毒をもつ危険な存在でもある。草むらや石の下にいるかと思えば、水辺や水の中でも生きる。こうした水陸に隠れ棲む蛇の現実がさまざまな蛇の観念をうみ出し、育ててきた。

ミズガルズ蛇

蛇は北欧の世界創造神話の中にも出てくる。ミズガルズ蛇（Miðgarðsormr）がそれである。ミズガルズは古ノルド語で「まん中の住む所」を意味し、世界の中心を表わしている。オージンら三人の神々の兄弟は原初巨人のユミルをたおし、その死体の肉から大地、血から海、骨から岩石、髪から樹木、頭蓋骨から天をつくり、そして人間のために大地にユミルのまつ毛でミズガルズをつくった（スノッリ『エッダ』「ギュルヴィの惑わし」八）（谷口・二三二）。

ミズガルズ蛇はこのミズガルズの外の、海にいる。オージンが大きな災難がふりかかるのを恐れて海深くほうりこんだのである。ところがそれは死なずに海底で大地を一巻きして自分のしっぽをかむほどの大蛇に成長した（「ギュルヴィの惑わし」三四）。

ミズガルズ蛇は何だったのか。東スラヴ人の神話では大地は三頭の鯨の上にのっている。その鯨は蛇ともいいかえられているから、蛇の上に大地があったともいえる（ハーゼ・二六以下）。インド神話では定住の土台石を置く前にインドラは星占いで全宇宙を支える世界蛇の頭がどこにあるかをさぐった。それがわかるとそこの地中に鋭い杭《くい》を打ちこんで蛇の頭に命中させ、杭はその頭を貫いた。それによって大地の土台石が世界の中心におちついたことが確認された。

ミズガルズを取り巻く海にいたミズガルズ蛇も、大地を取り巻きながら世界を支えていたのかもしれない。事実、のちにミズガルズ蛇は「力強い大地の帯」（「巫女の予言」六〇）といわれている。蛇がいなければ世界はうまれず、海と蛇は世界ができあがる前の混沌を象徴したのかもしれない。

蛇はさながら世界を羊水の中に漂わせる母胎のようで、蛇は宇宙の大母神であり、大地はこの蛇によって安定を得ているのである。それはしかし絶えず揺れ動いて不安にさせもする。

ソールのミズガルズ蛇釣り

ミズガルズ蛇はその後二回出現している。最初はソール（トール）のミズガルズ蛇釣りで知られる場面である。

ソールという神は文字通りには「雷鳴」を意味し、槌をもっていることで知られている。天候を支配するソールは雷神であるとともに、豊饒神でもあった。それに武勇にすぐれ、巨人や小人を相手に戦い、打ちのめしている。

このソールはオージンの子どもといわれる。そのオージンがゲルマン人の間ではずっと主神とみなされてきたが、もともとはソールが主神だったらしい。ギリシアではゼウス、インドではインドラ（帝釈天《たいしゃくてん》）が雷神であり、東スラヴ人の最高神も雷と稲妻の神ペルンである。ゲルマン人の最も神聖な日、木曜日がオージンでなくソールの

ミズガルズ蛇
The Mythology of All Races VII. New York 1964

ソールとミズガルズ蛇の死闘
E. Doepler D. J. u. W. Ranisch: Walhall. Berlin o. J.

日（独語 Donnerstag　英語 Thursday など）となっていることが、その神格の高さを端的に表わしている。

ミズガルズ蛇が争う相手はいつもこの雷神ソールなのである。ある日ソールは巨人ヒュミルと一緒に海に魚釣りに出る。餌を自分で用意するようにいわれたソールは、ヒュミルの一番大きい飼い牛の頭をもぎ取って釣針につける。ミズガルズ蛇が食いついて、激しく引っぱり、ソールは両手のこぶしを舟べりにぶつけた。彼が体勢を立て直してふんばると、両足が舟板を破って海底についた。このように両者の力が伯仲しているとき、巨人ヒュミルは目のあたりに大蛇を見、海水が舟に入ったり出たりするのを見てこわくなり、餌切りナイフで釣糸を切ってしまった。すぐにソールは海に沈む蛇のうしろから槌を投げたが、それが効果があったかはわからずじまいだった（「ギュルヴィの惑わし」四八）。

結末がつくのは二回目である。「この世が没落する」という巫女の予言（四五）通り、神々の運命《ラグナレク》がきたときである。狼が太陽と月をのみこみ、大地がふるえ、山が崩れる。海が怒濤《どとう》となって岸に押し寄せるとき、ミズガルズ蛇も激怒して大地に迫り、天と海をおおう毒を吐いた。ソールはミズガルズ蛇を相手に戦って殺すことは殺したが、自分も吹きかけられた毒のために死ぬ。全世界が火に焼きつくされ、神も戦士も人間もことごとく死ぬ（「ギュルヴィの惑わし」五一）。

ミズガルズ蛇の出自

このミズガルズ蛇には親ときょうだいがいた。ロキが父で、母は女巨人のアングルボザである。狡知にたけたロキはオージンたちのアース神族に組みこまれているが、両親は巨人だった。ミズガルズ蛇の兄は巨大なフェンリス狼（フェンリル）で、妹は冥府の女王ヘルである。世界が滅亡する壮絶な戦いの際にミズガルズ蛇はソールと戦って相討ちとなったが、フェンリス狼はオージンをのみこんで自分も殺される。ロキは橋番ヘイムッダルと相討ちして死ぬ。

神族も巨人族も魔的動物も存続することを許されず、それまであったすべてのもの

ミズガルズ蛇の兄弟　同 Walhall より

がここで否定される。上から大地を支えていたものも、下から大地を支えていたものも、どちらか一方が優位に立つこともなく没落する。同時にそれまでの世界観も否定され、新しい世界観の世界が始まるといえる。

聖書の大洪水のように、『エッダ』でも水は死と生を合わせもつアンビヴァレントな元素で、水がそれまでのすべてを終わらせたが、また水からすべてが始まる。沈んだ大地が海中から緑の美しい大地となってふたたび浮かびあがり、世界が再生する。しかし今度は「すべてを統べるひとりの強いもの」(「巫女の予言」六五)が降りてきて裁くキリスト教の世界になる。旧世界の蛇は水中に生き残ったとしてもじっとしていなければならない。もう大地を支えた神としての威力はない。

2　蛇の霊性

湖中の大蛇

伝説にはこういう蛇が描かれている。スコットランドのネス湖の怪物が今も人々の興味をそそっているが、それは出るに出られない。水中の蛇は大抵退治されてしまった。例えばオーストリアのタッペンカール湖にもかつては牛や馬や人をのみこむ、犠牲を要求する、恐ろしいうわばみがいた（ブレッテンターラー－ライライター・二二〇、参考二一三以下）。数千年前に大蛇がいたイタリアのゲルンド湖などは、それが退治されると、いつのまにか湖も大蛇よけにこしらえた高さ十五m、長さ三㎞の土手までなくなってしまって、僅かに骨のいくつかが近くのロディの教会で見られるという（カーリンガー－ヴォルフ・一二五番）。

ところがその一方、今でも蛇は殺すなといわれている。殺すと不吉なことがふりかかってくるし、自分が命を落とす危険もあるという。蛇の信仰はキリスト教の時代に入ってもひそかに生き続け、蛇は目に見えるだけの動物でなく、目に見えない世界と結びついている神聖な動物とみなされている。亡霊が誰かに宝物をやるから救ってくれという伝説が各地にあるが、そういう宝物は蛇が番をしている。蛇はどこかで霊魂とつながると見られているのだろう。それどころかロシアでは妻が死んだ夫を恋しがると、死んだ夫は火の蛇となってストーブの煙道から入ってくるという（ハーゼ・三三二）。

魔よけの蛇

具体的な物からも蛇の信仰は裏づけられる。イタリア北部の南チロルでは一九二五年ごろ、蛇の骨でネックレスやロザリオまでこしらえていた。牛の首にさげる大きな鈴の革ひもの飾りには、きれいにさらした蛇の頭をつけた。蟻が食べつくした蛇の骨は特に効験あらたかなお守りで、蛇の霊力がもつものを守ってくれると考えられた（フィンク・一〇二）。また蛇が家の切妻の飾りになっていたのは火よけのためである（フィンク・一九七）。普通火よけといえば聖フローリアンや聖ラウレンティウスが描かれたが、蛇が火よけになっている例は『エッダ』のソールと蛇の関係を思い出させる。

神話以後の伝承でも蛇はソールと親しくならず、むしろオージン（ヴォーダン）と結びついている。前にあげたスノッリの『エッダ』は十三世紀に書きとめられたものだが、それよりも早い八世紀の『メルゼブルク呪法書』がすでにオージンのことを「最も強力な呪術者」といっている。オージンは偉大なシャーマンだったようで、彼は眠っているか、死んだように横たわりながら、鳥とか獣、魚とか蛇に姿を変えて一えて諸国の情報をつかんだ。またどこに宝物が隠されているかもすべて知っていた瞬のうちに遠い国にいったし、死者を地下から呼びさまし、二羽のからすに言葉を教えて諸国の情報をつかんだ。またどこに宝物が隠されているかもすべて知っていた（「ユングリンガ・サガ」六―七）（菅原一一八以下）。

冬至のころの夜ごと、一年で一番あらしが吹きすさぶ。北欧からスイスにかけての人々は、それをオージンが肉体を離れた霊魂の群れをひきいて空をゆくからだと信じた。だから人々は今でもこの時期には洗濯物を外に干さない。オージン（ヴォーダン）は今、水曜日（英語 Wednesday）の中にいる神としてギリシア神話のヘルメス、ローマ神話のメルクリウスと同じように死霊を冥府に導く先達として知られている。そのオージンをランゴバルド人（八世紀に滅亡したゲルマンの一部族）は黄金の蛇だと考えていた。ゲルマン人の主神オージンをである（ライエン・三九）。東スラヴ人も蛇を霊魂の化身と見ていたが、このような蛇の見方は非常に古い由緒をもっていそうである。蛇の霊魂視は蛇が死体が埋葬された地中や墓から出てくるのを見た人がいたりすることによって裏付けられ、祖霊に深まっていく（クラップ・二五八）。ランゴバルド人のいう黄金の蛇は死を、偉大な先祖を表わし、また蛇が富をもたらすものであることを示している。死と富に関与する蛇のイメージはその後の時代を支配するイメージとなった。オージンはソールと違って歴史上の王家が血統の正統性と高さを求めたときの先祖だった。祖霊だった。ソールとオージンの仲はあまりしっくりいかなかったようだが、オージンはソールよりも知恵にすぐれた。生産に直接に関わらなかった。そういうオージンと重なるイメージが蛇のイメージにもつきまとっているように見える。オージンのように蛇も霊魂と富に関与している。こうした蛇崇拝が最もよく表われているのが家蛇の場合である。

家蛇

ドイツでは無害なやまかがしが家の下や地下室に棲みついたり、時には部屋の中に入ってくることがあっても殺さなかった。家と家族を守ってくれるよい家霊と思うからである。亡くなった先祖や祖父母、両親などの霊魂が蛇の姿となっていると信じ、いじめるどころか、大事にした（ランケ・二一四）。このランケが『ドイツの民間伝説』の中で、「今でも多くのところでは、家蛇のために乳しぼりのたびに玄関の敷居の上とか、畜舎の入口のわきに一皿のミルクを置く」と書いたのは、一九二四年のことである（二一四）。一九三九年に出た『東スラヴ人の民間信仰と習俗』の中でF・ハーゼは、「蛇のいない家は永続きすることができない」といっているし（二二三）、一九七九年に出た『ハンガリー民俗学』の中でI・バラッサとG・オルトゥタイも、「一番多くの信仰観念が疑いもなく蛇と結びついていた。蛇（kígyó）は最古のフィン＝ウゴル語の一つに数えられ、すでにウラル時代に知られていた。（中略）家蛇と泉の個所で言及した白蛇はよい蛇だった」といっている（七三二）。

3　蛇への親近

有用な蛇

ここで思い出しておきたいのは、古代ギリシアでは蛇が家畜だったということである。蛇はいたちと同じようにねずみを退治してくれたからである（ラーマー・五九六）。この事情はその後の時代でも変わらなかったろう。蛇の聖性はこの有用性にも支えられていたと思われる。ヨーロッパの農家では今でもねずみが少なくない。蛇は現実に農作物その他の財産をねずみの被害から守ってくれる有用な動物なのである。南チロルのある山の農家に蛇が棲みついていた。ここで働いている女が牛を追って帰ってくると、蛇は飼い犬や猫のように彼女を迎えに出た。蛇は夕方彼女からミルクを一皿もらい、家は裕福になっていった。谷の人たちにはどうして裕福になるのか、わけがわからなかった。ところが下男が蛇をおどして追っぱらった時からというもの、家は衰運に向かったという（フィンク・一〇〇）。蛇は家運を司ると信じられた。それだけに蛇は粗末に扱えなかった。

この南チロルには蛇が子どもと一緒にミルクを飲んでいたという話もある。蛇にミルクをやるのはどこでも子どもか娘にきまっている。その子は蛇にミルクばかりでなくパンくずも出し、蛇がパンくずを食べるよう叱っている（フィンク・一〇〇）。ドイツのシュワーベンの話では蛇は子どもとミルクを分けあったあと子どもの膝の上でくつろいでいる（ランケ・二二四以下）。古代ギリシアでも子どもは蛇で遊んでいたし、ギリシアの女性たちは夏は蛇を首に巻いて涼んだそうだが、気候の違うヨーロッパではそんなことは考えられないにしても蛇と人間の関係はそう縁遠いものではなかった。蛇と遊んでいても危険はなかったのである。イギリスでも子どもが蛇とパンとミルクを分けあうし（ブリッグズ・七六五）、ポーランドでは娘がミルクだけでなくひき割り麦も食べなさいという（ヴィルドメッツ・一八九番）。スイスでは大蛇にミルクをやっていた農家の下女（ランケ・二二五）（ベルン地方の話では農家の家つき娘）（フェルター・一二〇以下）が結婚すると、蛇が披露宴にきて金の冠を置いていき、以後幸運に恵まれる。家蛇にはミルクをやるだけで裕福になった話もあるが、このように金の冠を置いていく話もある。

蛇の金の冠

冠蛇の話にはそのほか金の冠を取ってくる話もある。ルーマニアの若者が水辺から蛇の金の冠をもち帰って畜舎の敷居の上に置くと、牛がふえる。麦粉の箱やおかねの箱の上に置くと、それぞれ麦粉やおかねがつきることがなくなる。蛇の金の冠をもつと大きな幸運が得られるのである（ティーツ・三四七）。ルクセンブルクの話でもそうだが、冠をもつ蛇は泳ぐのが好きで、水に入る前にそばに冠を置く。金の冠はいつも水辺の草にひろげた白い布とか水辺の石の上から取ってくる（ランケ・二二六）。これは実際の蛇の姿と習性を反映しているのだろう。イギリスや大陸で蛇が水神とみなされるのもそうだろう（リーダーズ・ダイジェスト・六五、ハーゼ・一三九以下）。

ドイツの中部ヘッセン州ベルクヴィンケル博物館の館長A・グラマン氏（A. Grammann）に問い合わせると、その地方に生息する蛇はやまかがしとまむしの二種類で、それも滅多に見られず、自然保護の下に置かれているという。オーストリアの高い山と湖が多いザルツカンマーグートの、元きこりだったピュルヒャー老人（L. Pürcher）はやまかがしと二種類のまむし（Kreuzotter, Viper）をあげ、ボヘミア寄りのオーバーエスターライヒ州のプフナー氏（J. Puchner）は、その村によくいるのはやまかがしで、オーストリアで一番大きくて二m位になるしまへび、文字通りにはアスクレーオス蛇 Äskulapnatter（Elaphe longissima）は、古い家屋にしばしばいるので家蛇ともいわれる。やまかがしも時には家の中にいることがあるが、まむしはそんなにいないと教えてくれた。どうやらやまかがしとしまへびとまむしが普通に見られる蛇のようである。ザルツカンマーグートに近いエンス谷の地域研究書『グリミング山周辺』に蛇の生息も調査されているが、それを見ても一番多いのはやまかがしである。

ヨーロッパなめらもいるが、これは石灰岩の山の南斜面のような日当りのいい乾燥したところを好む。それに対しやまかがしの生息条件は、水がたまっているところか、流れている近くで、人家からも遠くないところだという。卵は堆肥《たいひ》の中に産むことが多い。敵が近づくとすぐに水中に逃げ、人がそれを見かけることは珍しい。後頭部に二つの黄色い、半月形の模様があって、それがぼけていることもある（ヘプフリンガー・一九四以下）。冠蛇の冠はこのやまかがしの後頭部の模様をいっていたのだろう。冠蛇が水辺に出てくるのも、それがやまかがしであることを示している。家蛇になるのもやまかがしかしまへびで、これに毒蛇のまむしが加わる。そういった、人々が習性を熟知していて、現実にも利害関係の大きい身近な蛇が、蛇をめぐる信仰や民俗をはぐくんできたようである。

生態と伝承の関係

蛇がミルクを飲むといわれるのは古代ローマのプリニウス以来だが、ブレームは蛇の口の構造からもそんなことができるわけがないという（フィンク・一〇二）。それでも脈々とそう語り伝えているのは錯覚を容認する心意が受け入れ側にあったのだろう。蛇にミルクをやる場所が敷居になっていた話があったが（ランケ・二二四、フィンク・一〇〇）、家の内と外の接点にことさらこだわっていたのは、こういうミルクがもともとは畏怖する神への供え物だったせいではないのか。
蛇の伝承と民俗の多い南チロルでは、家蛇ばかりでなく、外で蛇に出あうこともよい前兆とみなされている。冠蛇に出あってこわがらないと、間もなく幸せな結婚ができるし、道の行く手に蛇が這っているのを見たら、幸福に、健康に、金持ちになれるという（フィンク・一〇二）。

この地方の墓石に蛇が彫りつけてあるのは（フィンク・一〇二）脱皮する蛇が再生と永遠を象徴しているからである。若返る蛇は当然薬にもなっていく。ドイツの薬局のマークにも薬局《アポテーケ》のAの字の中に蛇と盃が描かれているが、Aはギリシア神話の医薬の神、アスクレーピオスのAでもあって、蛇はこの神の本来の姿を示し、盃は薬を盛る器を示している。ギリシアでは病人の上に蛇を横たえたが、蛇はまた効果のある薬として食べられた（ラーマー・五九六）。ヨーロッパでは歯痛、痛風、皮膚病、がん、その他実にさまざまな病気の治療に蛇を焼いたり、乾燥したり、粉末にしたりして食べたし、特別な効果を期待して、皮、目、血、卵、脂肪、肉などが個別に食べられることもあった（ホフマン＝クライヤー・第七巻・一一六四〜七一）。そのほか食べ

薬局のマーク
ドイツ

た蛇がふしぎな力を発揮する場合がある。グリム兄弟の『子どもと家庭の昔話』にある「白蛇」（一七番）では、蛇の肉片を食べたとたん、王の召使は動物たちのことばがわかるようになる。イギリスでは特に蛇の心臓を食べると動物語がわかるようになるとされている（クラップ・二五六）。またオーストリアのザルツカンマーグートでは、蛇の女王の冠を獲得すると自分の姿を見えなくすることができるという（アンドリアン・一四二）。ハンガリーでは蛇石をもてれば姿を不可視にすることができるという（バラッサ－オルトゥタイ・七三三）。このように人間を一時的に霊魂化して異次元に入れるようにすることができるのも蛇である。

4　蛇への恐れ

蛇との距離

フィンランドの『カレワラ』には宝を守っている蛇が出てくる（小泉・一六〇）。人の目に見えない地中や洞穴の中の宝のありかを知っていて、それを守っているのも蛇であって、各地の冠蛇の伝説は大抵秘宝の伝説にもなっている。しかし蛇の秘宝はなかなか手に入らず、それを得ようとしたものは挫折するのが常である。エストニアでは人が大きな宝物を守っている蛇たちを殺すと、一匹ずつがそれぞれ二匹にふえて手に負えなくなる（シュテルンン・一三八番）。南チロルの牛追いは宝の番をしている蛇が三回首にまきつき、そのあと口に入りこもうとしたのでこわくなって逃げ出す（フィンク・一〇二）。チロルでも首にまきついた蛇が三回目にキスしようとしたので、蛇をふり落として逃げる（ツィンゲルレ・伝説五五五番）。

これまで蛇と人間のよい関係を見てきたが、このように蛇をこわがる伝説が出てきた。蛇と人間の関係が遠ざかり、蛇に嫌悪と恐怖を示すようになってくる。北フランスのある農家では呪術師を粗末に扱って呪いをかけられ、蛇だらけになってしまう。蛇は人に何も危害も加えないが、気味が悪いので古い屋敷を取り壊すと、たくさんの蛇の卵がみつかる。それをみんな火にくべたがどうしても焼けなかったという（シュタウトーポイカート・一二二番）。もうここには家蛇に対する信仰も敬意もない。このように蛇を追い払おうとした話が少なく、『カレワラ』にも「蛇を追い払う呪文」（一九章）や「蛇を鎮める呪文」（二六章）がある。

殺される蛇

大量に蛇を殺す話も出てくる。例えばグリム兄弟の『ドイツ伝説集』に「蛇捕り」（二四七）という話がある。ザルツブルクである呪術師が一マイル四方の蛇をすべて穴に集めて殺してみせると豪語する。ところが最後に現われた老大蛇が彼の体に巻きついて穴にひきずりこみ、彼を殺したというのである。同じオーストリアの、スイス寄りのフォアアールベルク州の話では、小柄なよそものが山の牧場に来て蛇祓いをしてやろうという。彼はそこの人に白いまむしがいないことを確かめると、火を焚《た》いて呪文を唱え、まむしたちを火中におびき寄せて殺したが、突然笛のような鋭い声とともに白いまむしが現われる。そのとたん、彼はおれもこれまでだとさけんで蛇に殺されてしまうのである（ランケ・二一七以下）。

類話では蛇はまむしより蛇と呼ばれることが多いのだが、これが蛇祓い伝説の典型である。よそものが尋常でない方法で土地の人を悩ませていた動物を退治するところは「ハーメルンのねずみ捕り」を思い出させるが、彼は初めに身の安全がはかれるかを確かめるだけでねずみ捕りのように成功報酬を要求しない。ねずみ捕りが消え去るのと違って非業の最期をとげる。ただし、北欧の話だと彼は死なずにすむ。この蛇祓い伝説はL・レーリヒによると、ドイツよりオーストリアとかスイスといったアルプス地方と北欧、バルト海沿岸諸国に多く、南欧に少ないらしい（レーリヒ・一九二）。そういう話のよそものはどう表現されているかというと、ノルウエーではフィンランド人、スウェーデンでは旅の職人、デンマークではある男、エストニアではよその島からきた男、ポーランドでは旅人などとなっている（レーリヒ・二〇一）。それに対し、南チロルでは旅の学生のほかに聖職者になっている例がある。蛇を追放する役割がよそものに取って代わって聖職者になっているのである。南チロルには蛇使いが死ぬと、牧場に松がはえてくる。それが伸びてきたら、伐り倒してゆりかごを作れ、そのゆりかごで育つ子どもがやがて聖職者になって蛇使いを救済するだろうという言い伝えがある（フィンク・一〇三）。アダムとイヴの楽園追放の元をつくった蛇を、キリスト教は赦《ゆる》すことができないようである。

蛇使い

しかし蛇使いの話はキリスト教にかかわりのない古代インドの『マハーバラタ』に始まっている（レーリヒ・七三）。それがヨーロッパに根づいたのは、それを受け入れられる生活と信仰があったからだろう。今の自然環境や人間の暮らしと違う昔は、毒蛇の生息数も被害も多かったろうから、蛇よけのまじないや方法が発達したのは当然だった。

オーストリアのチロルでは、にんにくを食べれば蛇に傷つけられないというし（ツィンゲルレ・習俗一三二）、南チロルでは夏の刈り取りの時に蛇の被害にあわないようにと、ベーコンやハムに西洋わさびをつけて食べた。あるいはその西洋わさびとか白いはしばみの根をもっていても蛇にかまれないという（フィンク・三八一、七八）。干し草刈りに使われる大鎌のさやに蛇頭や竜頭が彫られていたのは、蛇よけになると信じられたからである（バイトル・図一一a、bと一三四以下）。

十五世紀の唱え言は、

横たわれ、長々と横たわれ
この悪魔の蛇
この悪魔そのものめ
さあ死んで横たわれ

と蛇を悪魔にした。エルザス（アルザス）では家蛇も唱え言で追い出される。

ひきがえる　蛇　屋敷から出ていけ
ひきがえる　蛇　家から出ていけ
みんな出ていけ
（レーリヒ・二〇〇）

蛇の否定と教会建立

竜退治で知られる聖ゲオルクは蛇よけになるし、南チロルでは聖母マリアは蛇の頭をふみつぶすと信じられている（フィンク・三二四、三三九）。興味深いのは蛇祓いが修道院や教会建立と結びついている例があることである。ドイツのシュワーベンでは人々が蛇の被害を免れようとして聖母のために奉納礼拝堂を建てたら蛇がいなくなったという。ドイツ、オーストリア、スイスの三国に接するボーデン湖のライヒェナウ島から蛇を駆逐したのは、ここに修道院を建てたことで知られる八世紀の聖ピルミヌスだったし、アイルランドを毒蛇から解放したのも、ここに多くの修道院や教会を建てた五世紀の聖パトリックだった。イギリスでは六世紀の聖女ケイナが蛇を石に変えて庵《いおり》を結んでいる（レーリヒ・二〇六）。蛇はキリスト教に従わなければならない古い信仰のイメージを代表している。スイスには鐘のひもを引いてカール大帝に訴えにいく蛇の伝説がある。おかげで卵をひきがえるに取られずにすむと、蛇はお礼に宝石を置き、大帝はそこに教会を建てたという（ベッヒシュタイン・Ⅲ三二）。カール大帝はキリスト教で最初にヨーロッパを統一した人物であることを思えば、これも古い信仰を屈服させたキリスト教の威力を象徴的に示しているのかもしれない。それに対し聖人たちが登場しない、蛇が子どもにミルクとパンをもらう話では、蛇はどこでもパンに口をつけずにミルクしか飲まなかった。魔女伝説では魔女はいつもパンではなくミルクに呪術をふるうから、この行為はひょっとしたら古い信仰がキリスト教的な世界に同化しない比喩になっているのかもしれない。

暦の蛇

暦の上では二月二十二日にドイツやオーストリアでは蛇祓いの習慣があった（レーリヒ・八六）。この日はカトリックでは聖ペトロ使徒座の祝日に当るが、蛇祓いが行われたのは聖ペテロの祝日だったからではない。昔から農民はこの日から春が始まると考えていたからだった。春が動き出す時に蛇が悪さをしないようにとお祓いをしたのだが、春の到来は霊魂の季節・冬が終わることでもあるから、改めて死者の霊を鎮めておかなければならなかった。そこで人々は墓参をし、墓石の上に供犠《くぎ》の食べ物を供えた。この日の蛇への呪術にはこういう祖霊崇拝の鎮魂と豊饒への祈願がこめられていたのかもしれない。

非キリスト教的俗信の残存

蛇の観念は古い民間信仰とキリスト教がインドやギリシアなどの影響も受けながら、衝突し、複合して形作られてきたが、キリスト教的でない考え方は思いのほか現代まで残っている。ウィーン大学のガール教授が一九六一年から六五年にかけて、ブルゲンラント州のマジャル人の村々で俗信調査をした報告の中に、四つの村で聴いた九つの蛇の話が入っている。蛇祓いの話が一話しかないのに家蛇の話が八話と圧倒的に多いのである。内訳はミルクを飲む話が五話、死の予告が一話、蛇を殺すと不幸になるという話が一話、蛇を焼き殺した話が一話となっている。語り手たちは女きょうだいのベッドの上に大蛇がいてこわかったといいながら、蛇を殺していない。それが昆虫やくもやねずみを食べてくれるし、幸運をもたらすと信じているからで、村の人たちは前世紀と変わらない気持ちを蛇にもち続けているのである。しかも他の地方、他国と共通する話を父や女きょうだいが見たり体験したことだと語り、話の真実性を強調している（ガール・一五六〜六二）。

前出の中学校長のプフナー氏からの手紙によると、学校では二、三年おきに子どもたちに蛇を見せている。多くのオーストリアの学校が地元や外国の蛇を見せ、実際に手に取らせてむやみにこわがらないように教えている。中には無害の蛇を首に巻きつけたりする生徒たちもいるとのことである。氏の村でもこんなことをするのは蛇が少なくなったからだろう。こういう傾向は蛇の民俗の衰えともなるようで、現在の蛇の民俗を問い合わせたドイツやオーストリアの友人たちはそれをあげることができなかった。

しかしシュタイヤーマルク州立博物館のヴァイダッハー氏（F. Waidacher）は、彼の義父の家の広い庭には十五年ほど前から大きなやまかがしが棲みついていて、時々犬に吠えられていると伝えてきた。家霊としての蛇を大事にする習慣は今でも絶えたわけではないのである。

（飯豊道男）

参考文献

蛇の民俗についての論考には、古典的な南方熊楠《みなかたくまぐす》『十二支考』＝『南方熊楠全集』一巻（平凡社、一九七一）に「蛇に関する民俗と伝説」（一五九〜二三二頁）がある。日本、アジア、ヨーロッパを中心に、蛇に関する伝承を論じている。最初、一九一七年に雑誌『太陽』二三巻に連載された。

蛇に関する民俗の資料は、中山太郎『日本民俗学辞典』（昭和書房、一九三三［二刷］一九三六）八〇三〜五頁、井上頼寿『京都民俗誌』東洋文庫・一二九（平凡社、一九六八）二二〇〜四頁。小島瓔禮「ハブに関する呪術」㈠〜㈦（『琉球新報』一九六二年三月二六〜九日号）は、蛇にまつわる俗信を論じている。ミルチャ・エリアーデ（堀一郎訳）『永遠回帰の神話』（未来社、一九六三）＝Mircea Eliade. Cosmos and History, *The Myth of the Eternal Return*, Harper Torchbooks (New York 1959) は、蛇を混沌（カオス）の象徴とし、蛇を征服することは、秩序（コスモス）の確立を意味する天地創造のわざに相当するという論理を示していて、蛇の民俗自然誌の方法に参考になる。

蛇の自然誌は、小学館『万有百科大事典』二〇巻、動物（小学館、一九七四）、金井康彦編『学研の図鑑　爬虫・両生類』（学習研究社、一九七三）、五里主・リチャード『へび』（福音館書店、一九六九［五刷］・一九七三）。琉球諸島の蛇は、高良鉄夫「琉球列島における陸棲蛇類の研究」（『琉球大学農家政工学部学術報告』九号、同学部、一九六三、一〜一一九頁）。琉球諸島の蛇の自然誌を人間との関係でとらえたものに、高良鉄夫『ハブ＝反鼻蛇―恐るべき毒ヘビの全貌』改訂増

補版（琉球文教図書、一九七三）、吉田朝啓『ハブと人間』（琉球新報社、一九七七）。

日本の蛇の文献（古典）は、神宮司庁編『古事類苑』動物部二冊（古事類苑刊行会、一九三四）「蛇」（二二六～六二頁）。物集高見『広文庫』一七冊（広文庫刊行会、一九一八）九八五～一〇二九頁。

昔話の類型は、［類型］＝Antti Aarne, Stith Thompson : *The Types of the Folktale.* F F Communications no.184 (Helsinki 1961). 日本の類型は、［大成］＝関敬吾『日本昔話大成』一～一一巻（角川書店、一九七九～八〇）、［通観］＝稲田浩二ほか『日本昔話通観』一～二三巻（同朋舎出版、一九七七～八九）。口承文芸のモティーフ分類は、［モティーフ］＝Stith Thompson : *Motif-Index of Folk-Literature,* Vol. 1～6 (Bloomington 1955～8).

主要な古典は、『古事記』（七一二年成立）＝青木《あおき》和夫《かずお》ほか校注『古事記』日本思想大系一（岩波書店、一九八二）、『日本書紀』（七二〇年成立）＝坂本太郎ほか校注『日本書紀』㊤・㊦、日本古典文学大系、六七－六八（岩波書店、一九六五・七）。両書は、各節の注記を省略した。

第1章

第1節　蛇の民俗自然誌は、早川孝太郎『三州横山話』炉辺叢書（郷土研究社、一九二一）、鈴木重光編『相州内郷村話』炉辺叢書（郷土研究社、一九二四）。『雍州府志』＝市島謙吉編『続々群書類従』第八（国書刊行会、一九〇六）一五～三二四頁。

第2節　蛇の呼称は、次の論考、資料がある。柳田国男「青大将の起原」＝『定本柳田国男集』一九巻（筑摩書房、一九六三）二七一～八九頁。宮良当壮a『採訪南島語彙稿』＝『宮良当壮全

集』七巻（第一書房、一九八〇）八七〜八頁。宮良当壮b『八重山語彙』乙編＝『宮良当壮全集』八巻乙篇（第一書房、一九八一）七二〜三頁。宮良当壮c『日本方言彙編(1)』＝『宮良当壮全集』一巻（第一書房、一九八二）四二〇〜八頁。宮良当壮d『南島叢考』＝『宮良当壮全集』一三巻（第一書房、一九八一）一〜三一八頁。

「仏足石歌」は、土橋寛ほか校注『古代歌謡集』日本古典文学大系・三（岩波書店、一九五七、二三九〜四七頁）。『倭名類聚抄』は、狩谷棭斎（京都帝国大学文学部国文学研究室編『箋注倭名類聚抄』古典索引叢刊・一、全国書房、一九四三）。漢字は、藤堂明保《とうどうあきやす》『漢字語源辞典』（学燈社、一九六五［一六版］一九七二）。他に、東条操校訂『物類称呼』岩波文庫（岩波書店、一九四一）。西宮一民校注『古語拾遺』岩波文庫（岩波書店、一九八五）。文英吉『奄美大島物語』（南島社、一九五七）。高良鉄夫（前掲総記）。小葉田淳「李朝実録中世琉球史料」（『南島』二輯、南島発行所、一九四二［三刷］野嵩書院、一九七七）。通観（前掲総記）二五巻。鈴木重光（前掲1節）。早川孝太郎（前掲1節）。小林梅次「野槌考」（『ひでばち』三号、ひでばち民俗談話会、一九五六）。

第3節　ツチノコは、金井康彦（前掲総記）、高田十郎《たかだじゅうろう》『随筆山村記』（桑名文星堂、一九四三）。ノヅチは次の文献による。物集《もずめ》高見『広文庫』一五巻（広文庫刊行会、一九一七）「のづち」（四七九〜八一頁）。川口孫治郎『飛驒の鳥』炉辺叢書（郷土研究社、一九二一）一六二〜五頁。小林梅次（前掲2節）。早川孝太郎（前掲1節）。住広造「飛驒の野筒」（『土俗と伝説』一巻一号、文武堂書店、一九一八、五三頁）。外山暦郎『越後三条南郷談』炉辺叢書（郷土研究社、一九二六）。『裏見寒話』＝三田村鳶魚編『未刊随筆百種』九巻（中央公論社、一九七七）三一九〜四六六頁。和漢三才図会刊行委員会編『和漢三才図会』（東京美術、一九七〇［一四版］一九八九）。平田篤胤『古史伝』(平田篤胤全集刊行会編『新修・平田篤胤全集』二巻、名著出版、一九七七)。織茂三郎校注『想山著聞奇集』(森銑三・鈴木棠三編『日本庶民生活史料集成』一六巻、三一書房、一九七〇、三〜一二三頁)。渡辺綱也校注『沙石集』日本古典文学大系・八五(岩波書店、一九六六)。柿村重松校注『本朝文粋註釈』上・下(一九二二〔新修再版〕冨山房、一九七五)。

第4節 『常陸国風土記』＝小島瓔禮校注『風土記』角川文庫(角川書店、一九七〇)。山口貞夫《やまぐちさだお》『地理と民俗』(生活社・一九四四)「焼畑と山の神」(二二一〜六頁)。山の木もらい、地もらいの作法は、小島瓔禮「上代文学と稲作儀礼・第一部」(『琉球大学教育学部紀要』一七集・一部、同学部、一九七三、一〜一五頁)一〇頁参照。オンジは、小林梅次(前掲2節)。大地母神は、石田英一郎『桃太郎の母』講談社文庫(講談社、一九七二)。

第2章

大地の主としての山岳信仰は、小島瓔禮「琉球諸島の文化―民俗の比較研究のために―」(『日本民俗研究大系』一巻、国学院大学、一九九一)。大地の主としてのオホナムチの命の神話と信仰は、小島瓔禮「国譲り神話の伝承体系」(神田秀夫・国東文麿編『日本の説話』二巻「古代」、東京美術、一九七三、四五〜七四頁)参照。

第1節 『播磨国風土記』＝小島瓔禮(1章4節)、『出雲国風土記』＝小島瓔禮(同前)。武田祐吉「祝詞」(『古事記・祝詞』日本古典文学大系・一、岩波書店、一九五八、三六三〜四六三頁)、黒板勝美編『延喜式』＝『新訂増補国史大系』普及版(吉川弘文館、一九七四)。オホナムチの命を蛇神とする伝えは、松前健《まつまえたけし》『出雲神話』講談社現代新書・四四四(講談社、一九七六)、『懐橘談』＝市島謙吉編『続々群書類従』第九（国書刊行会、一九〇六）、三八一～四四七頁。三輪山の信仰は、上田正昭『古代文化の探究』講談社学術文庫（講談社、一九七七）「三輪山・葛城山の神」（九七～一〇七頁）参照。

第二の我は、大林太良《おおばやしたりょう》『日本神話の起源』角川新書・一五一（角川書店、一九六一）一九九～二〇〇頁。フレイザー（永橋卓介訳）『金枝篇』㈠～㈤、岩波文庫（岩波書店、［改版］一九六七～八）六七章「民俗に現われた外魂」（とくに㈤・九一頁）＝James George Frazer : *The Golden Bough* [abridged edition]（New York 1953）ch. lxvii（especially p. 796）参照。

第2節　三輪王朝（崇神王朝）は、上田正昭『大王の世紀』日本の歴史・二巻（小学館、一九七三）「三輪の王者」（五六～八七頁）参照。神話の中つ国の悪霊は、小島瓔禮「蛍火光神と蝿声邪神」（『古代文化』二七巻一号、古代学協会、一九七五、一三～二八頁）参照。花鎮め祭りは、井上光貞ほか校注『律令』日本思想大系・三（岩波書店、一九七六）、黒板勝美編『令集解』＝『新訂増補国史大系』普及版（吉川弘文館、一九七二）。オオタタネコの出自は、松前健（前掲1節）。オホナムチの命の御子の神社は、谷川健一編『日本の神々』四巻（白水社、一九八五）の木村芳一「高鴨神社」（四六三～七頁）、同「川俣神社」（二八三～四頁）、大矢良哲「加夜奈留美命神社」（二六八～九頁）参照。

第3節　金毘羅信仰は、守屋毅編『金毘羅信仰』民衆宗教史叢書・一九巻（雄山閣出版、一九八七）に、小島瓔禮「金毘羅信仰」（三～九頁）、武田明「金毘羅信仰と民俗」（三三～五一頁）、守屋毅「金毘羅信仰と金毘羅参詣をめぐる覚書」（一八一～二一六頁）などの論考を収める。仏教の金毘羅は、望月信亨『仏教大辞典』（法蔵館、一九四四）二巻「金毘羅」（一三七四～五頁）。神道説

は、宮地《みやち》直一《なおかず》校注『本朝神社考』改造文庫（改造社、一九四二）一〇二〜三、一一三〜九頁。

神無月の神の往来の信仰は、関敬吾「神不在と留守神の問題」（『民族学研究』新三巻一輯、日本民族学協会、一九四六、五六〜八〇頁）、郷田（坪井）洋文「留守神信仰」（『山陰民俗』一三号、山陰民俗学会、一九五七、一一〜一五頁）参照。資料は、日本民俗学会編『離島生活の研究』（集英社、一九六六）に、井之口章次「長崎県北松浦郡小値賀島」（六三五〜九三頁）、竹田旦「長崎県南松浦郡樺島」（六九五〜七六八頁）、村田熙「鹿児島県大島郡三島村黒島」（八五一〜九〇八頁）。

第4節　出雲の神在月の「お忌み」は、石塚尊俊編「日忌信仰」（『出雲民俗』二一号、出雲民俗の会、一九五三）に、石塚尊俊「お忌諸社の成立」（四〜一一頁）、朝山皓《あきら》「佐太神在祭」（一三〜七頁）、秋上武雄「神魂神社」（一八頁）、岡義重「多賀明神と万九千社」（一八〜九頁）、山根雅郎「からさで婆」（二〇頁）などを収める。

諏訪大社は、矢崎孟伯「諏訪大社」（谷川健一編『日本の神々』九巻、白水社、一九八七、一二九〜五九頁）参照。資料は、平瀬麦雨「甲賀三郎異伝」（『郷土研究』四巻五号、郷土研究社、一九一六、三七〜九頁）、小島瓔禮a『中世唱導文学の研究』（泰流社、一九八七）「諏訪大明神絵詞」（三五六〜六九頁）。

古典は、鎌田純一『先代旧事本紀の研究』校本の部（吉川弘文館、一九六〇）、『奥儀抄』＝佐佐木信綱編『日本歌学大系』一巻（風間書房、一九七二）二二一〜三七〇頁。久保田淳校注『徒然草』新日本古典文学大系・三九（岩波書店、一九八九、七五〜三四七頁）。『詞林采葉抄』＝室松岩雄ほか校『国文註釈全書』一七巻（国学院大学出版部、一九〇七［再版］すみや書房、一九六九、一〜一二九頁）。『出雲国風土記』＝小島瓔禮b（前掲1章4節）。

第3章

第1節　ニコライ・ネフスキーの虹の研究は、加藤九祚a「解説」（ニコライ・ネフスキー（岡正雄編）『月と不死』東洋文庫・一八五、平凡社、一九七一、二六一〜三五九頁）、加藤九祚b『天の蛇—ニコライ・ネフスキーの生涯』（河出書房新社、一九七六）。蛇としての虹は［モティーフ］A七九一・二。

「生き水の使者」は、［通観］四八七番「ひばりと生き水」。例話は、佐渡山安公「雲雀と虹と生き水」（宮古民話の会『ゆがたい』三集、同会、一九八一、五頁）。虹の方言は、宮良当壮「虹の語学的研究」＝『宮良当壮全集』一三巻（前掲1章2節d）一一〜五二頁、柳田国男「虹の語音変化など」＝『定本柳田国男集』一九巻（前掲1章2節）二九〇〜三一一頁。橘正一「虹は蛇なり」（『旅と伝説』八年七号、三元社、一九三五、一〇二〜九頁）。

虹の民俗は、安間清《やすまきよし》「虹の話」（『民族学研究』二二巻三-四号、日本民族学協会、一九五九、八九〜一一〇頁）、関山守弥「蛇と虹」（『民間伝承』二〇巻二号、秋田書店、一九五六）。天の浮橋は、沼沢喜市＝Franz Kiichi Numazawa: *Die Weltanfänge in der Japanischen Mythologie.* Internationale Schriftenreihe für soziale und politische Wissenschaften, Ethnologische Reihe Band II (Paris-Luzern 1946). 大林太良『日本神話の起源』徳間文庫（徳間書店、一九九〇）、慶世村恒任《きよむらこうにん》『宮古史伝』（南島史蹟保存会、一九二七［復刻版］吉村玄得、一九七六）。

宮良当壮の虹の研究は、宮良当壮「虹の語原説に就いて」＝『宮良当壮全集』一三巻（前掲1章2節d）五三〜六頁、小島瓔禮「解題」（『宮良当壮全集』一三巻、前掲1章2節d、五八九〜六〇

二頁)。比較資料は、柳田国男(前掲1章2節)。

第2節　中国の虹の蛇の観念は、熊海平「三千年来的虹蜺故事」(中山文化教育館研究部民族問題研究室編『民族学研究集刊』二期、商務印書館、一九四〇、二五五～六〇頁)。中国古典の虹は、他に、唐・欧陽詢等撰『芸文類聚』(中文出版社、京都、一九七二)巻二、上－三八～九頁、宋・李昉等撰『太平広記』(中華書局、台北、一九六一)巻三九六、八冊－三一七一～三頁。

第3節　アイヌ民族、朝鮮半島は、安間清(前掲1節)。ユーラシア大陸は、ウノ・ハルヴァ(田中克彦《たなかかつひこ》訳)『シャマニズム―アルタイ系諸民族の世界像―』(三省堂、一九七一)＝Uno Harva：*Die Religiösen Vorstellungen der Altaischen Völker*. FF Communications, no. 125 (Porvoo-Helsinki 1938), ホルンベルク＝Uno Holmberg (Harva) : Siberian. *The Mythology of All Races*, vol. IV, (New York 1964) p.297～523. 世界各地の概観は、リーチ a＝Maria Leach : *Standard Dictionary of Folklore, Mythology, and Legend*, vol. 1～2 (New York 1949-50) "rainbow" (p.922～3).

東南アジアは、古野清人『原始文化の探求』不死鳥文庫(野村書店、一九四八)。オーストラリア原住民は、ルオマラ＝Katharine Luomala : *Australian aboriginal mythology* (*Reach* : ibid., p. 92～4), ウォーターマン＝Patricia Waterman : *A Tale-Type Index of Australian Aboriginal Oral Narratives*. FF Communications, no. 238. (Helsinki 1987). アメリカの原住民は、アレグザンダー a＝Hartely Burr Alexander : North American. *The Mythology of All Races*, vol. X. (1916 [reprinted] New York 1964), フェーゲリン＝Erminie W. Voegelin : rainbow (Reach : ibid. p.922～3), メトロー＝Alfred Métraux : rainbow (Reach : ibid. p. 923), アレグザンダー b＝Hartely Burr Alexander : American (Latin). *The Mythology of All Races*, vol. XI. (New York 1964), レヴィ＝ストロース＝Claude Lévi-

Strauss（tr. John and Doreen Weightman）*The Raw and the Cooked.* Introduction to a Science of Mythology : I, Harper Torchbooks（New York and Evanston 1970). アフリカは、ハースコビッツ＝Melville Jean Herskovits : Serpent Worship（Reach : ibid. p. 998), ワーナー＝Alice Werner : African. *The Mythology of All Races,* vol. VII.（1925［reprinted］New York 1964), リーチb＝Maria Leach : ibid. "Aido Hwedo"（p. 30).

第4節　虹を指さすことの禁忌は、［モティーフ］C八四三・一、安間清（前掲1節）、宮良当壮（前掲1節）、盧宣旬校『重栞宋本毛詩注疏附校勘記』（一八一五）＝『十三経注疏』二「詩経」（［復刻版］芸文印書館）、古野清人・馬渕東一「虹をめぐる高砂族の口碑と習俗」（『旅と伝説』一一巻七号、三元社、一九三八、七五～九頁）、古野清人（前掲3節）、フレイザー＝James George Frazer : *Garnered Sheaves.*（London 1931), フェーゲリン（前掲3節）、リーチ（前掲3節a）、ベヤリング－グウルド（今泉忠義訳）『民俗学の話』角川文庫（角川書店、一九五五）＝S. Baring-Gould : *A Book of Folk-Lore*（London-Glasgow n. d.). 他界への虹の橋は［モティーフ］F一五二・一・一、呉茂一『ギリシア神話』（新潮社、一九六九）、マッカロック＝John Arnott Mac Culloch : Eddic. *The Mythology of all Races,* vol. II（1930［reprinted］New York 1958), ディクソン＝Roland B. Dixon : Oceanic, *The Mythology of All Raced,* vol. 9（New York 1964), カートレイ＝Bacil F. Kirtley : *A Motif-Index of Traditional Polynesian Narratives.*（Honolulu 1971), トンプソン＝Stith Thompson : *Tales of the North American Indians.*（1929［reprinted］Bloomington and London 1966).

虹の終るところに宝物があるという伝えは［モティーフ］N五一六。グリム＝Jacob Grimm（tr. James Steven Stallybrass）: *Teutonic Mythology.* vol. I～IV.（New York 1966). 蛇が宝物を守る話は

［モティーフ］N五八三。

第4章

第1節　栗花落左衛門は、河本正義「摂州山田の白滝姫と千年家」（『旅と伝説』五年四号、三元社、一九三二、二四〜八頁）、柳田国男『桃太郎の誕生』（三省堂、一九三三［改版］一九四二）「山田の露」＝『定本柳田国男集』八巻（筑摩書房、一九六二）一七七〜一八五頁。蘆田伊人《これと》編『摂陽群談』大日本地誌大系（雄山閣、一九三〇）。島根県のツユザエモンは、臼田甚五郎「田の神とツユジンさん」（『民間伝承』三巻一〇号、民間伝承の会、一九三八、四頁）、石塚尊俊「ツユ神」（『民間伝承』一六巻八号、日本民俗学会、一九五二、二二一〜四頁）。「山田白滝」は、［大成］一三三番、［通観］一二三五A番。口説は、島村知章「白石島の盆踊」（『民俗芸術』三巻四号、地平社、一九三〇、四七〜五三頁）。梅雨と蛇は、『雍州府志』＝市嶋謙吉（前掲1章1節）、『新著聞集』＝早川純三郎編『日本随筆大成』二期三巻（日本随筆大成刊行会、一九二八）二二五〜四三四頁。

八丈島の水守は、小島瓔禮「八丈島の稲作儀礼」（『日本民俗学フィールドからの照射』雄山閣出版、一九九三）参照。八丈島の稲作は、灌漑管理者の「水守」が、稲栽培の主宰者としての「物忌職」であった。社会組織として、きわめて古風な稲作の習慣であった。大地の主と水の信仰は、小島瓔禮「辺戸御嶽―霊山のアフリ信仰」（谷川健一編『日本の神々』一三巻、白水社、一九八七、三〇二〜一六頁）参照。

第2節　サンバイ信仰は、小島瓔禮a「サンバイ信仰の問題」（『日本民俗学』九八号、日本民俗学会、一九七五、一五〜二〇頁）。田植え唄は、三上永人編『東石見田唄集』炉辺叢書（郷土研究社、一九二六）、鴇田桃楼「出雲神門郡山口村田植歌解」（『旅と伝説』一二年三号、三元社、一九三九、六七〜七二頁）、臼田甚五郎a『歌謡民俗記』（地平社、一九四三）、臼田甚五郎b（前掲1節）。五月蠅は、小島瓔禮b（前掲2章2節）。他に、早川孝太郎『農と祭』（ぐろりあ・そさえて、一九四二）。『古語拾遺』＝西宮一民（前掲1章2節）。

第3節　道場法師の物語は、小島瓔禮編著a『日本霊異記』図説日本の古典・三（集英社、［新装版］一九八九）。雷神信仰は、柳田国男a『妹の力』創元選書・五五（創元社、一九四〇）「雷神信仰の変遷」＝『定本柳田国男集』九巻（筑摩書房、一九六二、六三〜八一頁）、小島瓔禮b「祖霊と怨霊」『情念の世界』日本人の宗教・一（佼成出版社、一九七二、七〜六四頁）。稲田と雷神は、土岐琴川『稿本美濃誌』（一九一五）、山内淳一「神立追ひ」（『郷土研究』三巻九号、郷土研究社、一九一五、五七頁）、柳田国男b「苗忌竹の話」＝『定本柳田国男集』一三巻（筑摩書房、一九六三、四〇五〜一〇頁）。アジアの雷神信仰の例は、郝懿行『山海経箋疏』（一八〇九、［復刻版］芸文印書館）、ウノ・ハルヴァ（前掲3章3節）、G・N・ポターニン（東亜研究所訳『西北蒙古誌』二巻（竜文書局、一九四五）＝G. N. Potanin: *Ocherki Severo-Zapadnoi Mongolii.* II. St-Petersburg 1881.

文献は、『元興寺縁起』＝竹内理三編『寧楽《なら》遺文』中巻（東京堂出版、［訂正版二刷］一九六五）「元興寺伽藍縁起幷流記資財帳」（三八三〜九〇頁）、黒板勝美編『続日本紀』＝『新訂増補国史大系』二巻（大八洲出版、一九三五［三版］一九四四）。

第4節　『本朝神社考』＝宮地直一（前掲2章3節）。胡瓜の民俗は、井上頼寿（前掲総記）一七七〜八頁、今井晋・明石貞吉「米代川中流扇田町附近の土俗」（『民俗学』四巻二号、民俗学会、一

九三二、九四～一〇九頁）、中山太郎（前掲総記）五〇五～七頁。『嘉良喜随筆』＝早川純三郎編『日本随筆大成』一一巻（吉川弘文館、一九二八）一三～三五二頁。

祇園信仰は、小島瓔禮（前掲3節b）五五～六頁。史料は、黒板勝美編a『日本紀略』後編＝『新訂増補国史大系』一一巻（国史大系刊行会、一九二九［再刷］一九四〇）、宮内省図書寮『類聚符宣抄』（同寮、一九三〇）、黒板勝美編b『扶桑略記』＝『新訂増補国史大系』一二巻（吉川弘文館、一九六五）一～三三六頁。正宗敦夫校訂『伊呂波字類抄』三、日本古典全集（現代思潮社、一九七八）。

第5章

第1節　影取池は、蘆田伊人編『新編武蔵風土記稿』三冊、大日本地誌大系（雄山閣、一九二九）、伝説は、宮前尋常高等小学校『郷土之お話』上・下（同校、一九三三）。「影取池」伝説は、中山太郎a（前掲総記）。家のなかの蛇は、中山太郎b『日本民俗学辞典補遺』（昭和書房、一九三五）、愛甲郡は、高校時代の学友城所貞夫《きどころさだお》の報告、同人誌『鮎人』一巻三号（鮎人郷土談話会、一九五三）の「くちなは」（五頁）に発表。垣田五百次「口丹波炉辺話」（『口丹波口碑集』炉辺叢書、郷土研究社、一九二五、一～一四七頁）。野生動物の半飼育の論理については、小島瓔禮「主なる神の鳥―ハトにみる民衆の自然観の構造―」『ニッポニカ通信』二四号（小学館、一九八八、三～六頁）参照。蛇の飼育例は、外山暦郎（前掲1章3節）、角川源義「水信仰と蛇の晴見祭」（『民間伝承』六巻一号、民間伝承の会、一九四〇）二頁。

第2・3節　憑きものの概観は、石塚尊俊『日本の憑きもの』（未来社、一九五九）、文献集は、

谷川健一編『日本民俗文化資料集成』七巻「憑きもの」(三一書房、一九九〇)。蛇神は、柳田国男「蛇神犬神の類」(『郷土研究』一巻七号、郷土研究社、一九一三)＝『定本柳田国男集』九巻(筑摩書房、一九六二)二六〇〜七頁参照。資料は次のとおり。柳田国男「おとら狐の話」(早川孝太郎『おとら狐の話』炉辺叢書、玄文社、一九二〇)＝『定本柳田国男集』三一巻(筑摩書房、一九六四)四九〜一〇二頁。『漢書』＝古典研究会『和刻本正史 漢書』(『漢書評林』)㈠(汲古書院、一九七二)。井上光貞ほか『律令』日本思想大系・三(岩波書店、一九七六)。『茅窓漫録』＝早川純三郎編『日本随筆大成』一一巻(吉川弘文館、一九二八)七二一〜八五七頁。細川敏太郎「香川県三豊郡地方」(谷川健一・前掲・四六七〜八頁)、倉光清六「憑物鄙話」(『民族と歴史』八巻一号、日本学術普及会、一九二二、三三一〜一六八頁)、笠井新也「徳島県三好郡地方」(谷川健一・前掲・四六五〜七頁)、桂井和雄「犬神統その他」(同前・二六七〜七三頁)、綜合＝民俗学研究所編『綜合日本民俗語彙』(平凡社、一九五五〜六)、三浦秀宥「岡山県美作地方」(谷川健一・前掲・四五一〜九頁)、山田次三「広島県備北地方」(同前・四五九〜六三頁)。

第4節 「蛇聟入」緒環型は、〔大成〕一〇一A番、〔通観〕二〇五A番。類話は、孫晋泰『朝鮮民譚集』(郷土研究社、一九三〇)。文献は、佐藤謙三・春田宣校『屋代本平家物語』中巻(桜楓社、一九七〇)、早稲田大学編輯部編『源平盛衰記』通俗日本全史・三巻(早稲田大学出版部、一九一二)、秦博政「健男霜凝日子神社」(谷川健一編『日本の神々』一巻、白水社、一九八四、三〇一〜四頁)。なお、渡辺澄夫『源平の雄 緒方三郎惟栄』(第一法規出版、一九八一)参照。

他に、坂本章三校『阿州奇事雑話』(阿波郷土研究会、一九三六)。高木敏雄『日本伝説集』(郷土研究社、一九一三)。松村武雄「三輪山式神婚説話」(『郷土研究』二巻一号、郷土研究社、一九

一四、二三～四頁）。三輪環『伝説の朝鮮』（博文館、一九一九）。G・アレグザンスキー＝F・ギラン「リトワニアの神話」（小海永二訳『ロシアの神話』みすず・ぶっくす・四〇、みすず書房、一九六〇、六九～一〇三頁）＝G. Alexinsky et F. Guirand : *Mythologie Lituanienne* (F. Guirand : *Mythologie Générale*, Larousse, 1935).

第6章

第1節　「三枚の蛇の葉」は［類型］六一二番。例話は次のとおり。グリム兄弟（関敬吾・川端豊彦訳）『グリム昔話集』(一)～(六)角川文庫（角川書店、一九五四～六三）＝レクラム Brüder Grimm : *Kinder-und Hausmärchen*. Bd. 1～3. Universal-Bibliothek (Stuttgart 1982～3). 呉茂一（前掲3章4節）。

「恩知らずの夫人」は［類型］六一二A番。例話は次のとおり。前田専学訳『ジャータカ全集』三巻（春秋社、一九八二）［注］三四二、三六四頁。田中於菟弥・上村勝彦訳『パンチャタントラ』アジアの民話・一二（大日本絵画、一九八〇）。『カター・サリット・サーガラ』＝ペンツァー＝N. M. Penzer : *The Ocean of Story*, vol. 5 (Delhi, 1968). 『カンギュル』「ドゥルワ」＝シーフネル（吉原公平訳）『西蔵伝承印度民話集』（日新書院、一九四三）＝F. Anton von Schiefner-W. R. S. Ralston : *Tibetan Tales, Derived from Indian Sources*. (London 1906). ランバーツ＝Lambertz : Gattin, undankbare. (Johannes Bolte-Lutz Mackensen : *Handwörterbuch des Deutschen Märchens*. Bd. 2, Lfrg. 4, Berlin-Leipzig 1936, s. 317～8). 『六度集経』＝高楠順次郎編『大正新脩大蔵経』三巻（大正一切経刊行会、一九二四）一～五二頁。『雑宝蔵経』＝高楠順次郎（同前）四巻（同前）四四七～九九

頁。『根本説一切有部毘奈耶破僧事』＝高楠順次郎（同前）二四巻（同前、一九二六）九九～二〇六頁。

蛇の蘇生は、石島快隆訳註『抱朴子』岩波文庫（岩波書店、一九四二［三刷］一九八七）、『淮南子』＝楠山春樹《くすやまはるき》『淮南子』㊤㊥㊦、新釈漢文大系・六二（明治書院、一九八八）。「恩知らずの人間」は［類型］一六〇番「恩を知る動物、恩知らずの人間」、［大成］二三四番、［通観］四〇二番。シーフネル（前掲）。山田孝雄ほか『今昔物語集』㈠日本古典文学大系・二二（岩波書店、一九五九）。『仏説九色鹿経』＝高楠順次郎（前掲）三巻、四五二～四頁。崔仁鶴『韓国昔話の研究』（弘文堂、一九七六）。三輪環（前掲5章4節）。

第2節 「恩知らずの蛇」は、［類型］一五五番「恩知らずの蛇が捕われの身にもどる」。例語は次のとおり。スウィンナートン（中沢公平訳）『回教民話集』（偕成社、一九四二）＝Charles Swynnerton : *Romantic Tales from the Panjāb with Indian Nights' Entertainment* (London 1908), トンプソン＝ローバーツ＝Stith Thompson-Warren E. Roberts : *Types of Indic Oral Tales*. FF Communications, no. 180 (Helsinki 1960), 呉茂一（前掲3章4節）。

「蛇の薬草」は、ヤン・ドゥ＝フリース（斎藤正雄訳）『インドネシアの民話』（法政大学出版局、一九八四）＝Jan de Vries : *Volksverhalen uit Oost-Indië*, Deel. I (Zutphen 1925).『異苑』＝李昉ら編『太平広記』（中華書局、一九六一）巻四〇八（九冊）＝袁珂『中国神話伝説詞典』（商務印書館、一九八六）、石島快隆（前掲1節）、『中陵漫録』＝早川純三郎編『日本随筆大成』三期二巻（日本随筆大成刊行会、一九二九）。

第3節 「蛇含草」は、［大成］四五二番、［通観］一一二三番。落語は宇《う》井《い》無愁《むしゅう》『落語の根多』

角川文庫（角川書店、一九七六）。「羽織の蕎麦」は、『三遊亭円朝全集』七巻（角川書店、一九七五、四四三～五頁）。「蛇含草」は先代の桂三木助（三代目）が得意で、関西では今の露の五郎が演じていた。「蕎麦清」（または「蕎麦の羽織」）は、先年亡くなった金原亭馬生（十代目）のがおもしろかった（横田章《よこたあきら》氏による）。

「蛇含草」の類語の文献は次のとおり。『訳準開口新語』＝武藤禎夫『噺本大系』二〇巻（東京堂出版、一九七九）三～三七頁。『一休関東咄』＝武藤禎夫・岡雅彦編『噺本大系』三巻（東京堂出版、一九七六）六三～九五頁。津坂孝綽（東陽）『訳準笑談』正編一五オ～ウ＝武藤禎夫（同前）一二九頁。

中国の昔話で、〔類型〕六一二番「三枚の蛇の葉」に相当するのは、「蛇の薬草」や「蛇含草」である。Nai-tung Ting : *A Type Index of Chinese Folktales.* FF Communications, no. 223 (Helsinki 1978) p. 110~1, Type no. 612.＝丁乃通『中国民間故事類型索引』（中国民間文芸出版社、北京、一九八六）二一一～二頁、六一二番。例話は次のとおり。林蘭『独腿孩子』（上海、一九三二〔再版〕台北、一九七一）、『子不語』＝袁枚『正続子不語』（新興書局、台北、一九七八）、何薳『春渚紀聞』（写本、国立公文書館蔵、宋代）。李昉ほか『太平広記』巻四五九（前掲2節）。今村与志雄訳『唐宋伝奇集』㊦岩波文庫（岩波書店、一九八八）。前野直彬訳「子不語」（『中国古典文学大系』四二巻、平凡社、一九七一〔一一刷〕一九八七）。物集高見（前掲総記）。「蛇含草」の資料の収集には、横田章、繁原央《しげはらひろし》両氏の協力をえた。

第4節　蛇と不死、蛇と不死と月は、次の文献。フレイザー（江河徹ほか訳）『旧約聖書のフォークロア』太陽選書・二九（〔二版〕太陽社、一九八八）＝James George Frazer : *Folk-Lore in the*

Old Testament [abridged edition]（Macmillan, London, 1923）. 原版は、ibid : *Folk-Lore in the Old Testament*, vol. 1（Macmillan, London, 1918）. ニコライ・ネフスキー（前掲3章1節）「月と不死」（三～一九頁）。石田英一郎（前掲1章4節）「月と不死」（一五～四二頁）、大林太良（前掲3章1節）一〇五、二〇六～二一三頁参照。伊藤清司「中国の神話伝説」（『世界の神話伝説・総解説』名著・総解説ダイヤル・一〇、自由国民社、一九八二、一〇八～三一頁）。「生き水の使者」は［通観］四八七番。「蛇に生き水」は［通観］四八八番。例話は、上勢頭亨『竹富島誌―民話・民俗篇』（法政大学出版局、一九七六）、佐渡山安公「蛇と生き水」（宮古民話の会『ゆがたい』三集、同会、一九八一、四～五頁）。クロード・レヴィ＝ストロース（久米博訳）「レヴィ＝ストロースは語る」（『みすず』一巻五号、みすず書房、一九七一、三五～四九頁）＝Va plus loin avec Claude Lévi-Strauss, *L'express.* N°1027-15-21 Mars 1971. テオドア・ガスター（矢島文夫訳）『世界最古の物語』教養文庫（社会思想社、一九七三）＝Th. H. Gaster : *The Oldest Stories in the World*（New York 1952).「生き水の使者」樹木型は、金久正「民間信仰」（『南島』二巻三号、南島社、一九三八、二二～三頁）、田中梅吉「朝鮮篇」（『日本昔話集』日本児童文庫・一二、アルス、一九二九、五九～一二二頁）。

中国や日本の古典の不死のための使者の例は、次のとおり。楠山春樹（前掲1節）、『初学記』＝楊家駱編『初学記』国学名著珍本彙刊、類書彙刊之一（台北、鼎文書局、一九七六）。袁珂（前掲2節）。アメノワカヒコ神話は、『古事記』『日本書紀』。

第7章

第1節　文献は、『隋書』＝和田清－石原道博共編訳『魏志倭人伝・後漢書倭伝・宋書倭国伝・隋書倭国伝』岩波文庫（岩波書店、一九五一［三三刷］一九七五）、『日本書紀』、横山重編著a『琉球神道記』（大岡山書店、一九三六［二刷］一九四三）、富島壮英「外国人の見た『琉球神道記』前後」（『神道大系月報』二四、神道大系編纂会、一九八二、五～八頁）、小葉田淳（前掲1章2節）、『中山世鑑』＝横山重ほかb『琉球史料叢書』五巻（名取書店、一九四一）。「高よざうり」は、小島瓔禮「首里城内の御嶽」（沖縄総合事務局国営沖縄記念公園事務所編『首里城関係資料解析業務』同所、一九八九、一二五～四二頁）一三七頁参照。他に、『琉球国由来記』＝横山重ほかc『琉球史料叢書』一－二巻（名取書店、一九四〇）。『琉球国旧記』＝横山重ほかd『琉球史料叢書』三巻（名取書店、一九四七）。『向姓家譜』湧川家＝那覇市企画部市史編集室『那覇市史』資料編一巻七（同室、一九八二）一七三～九八頁。『定西法師琉球物語』（黒川真頼《くろかわまより》旧蔵本、沖縄県立図書館東恩納文庫）。『中山世譜附巻』＝横山重ほかe（前掲）。『中山世譜』＝横山重ほかf『琉球史料叢書』四巻（名取書店、一九四一）。

第2節　『閑田耕筆』＝早川純三郎編『日本随筆大成』九巻（吉川弘文館、一九二七、四九七～六三八頁）、文英吉（前掲1章2節）、吉田朝啓（前掲総記）。

第3節　『琉球神道記』＝横山重（前掲1節a）、佐喜真興英『南島説話』炉辺叢書（郷土研究社、一九二二）。「火に巻かれた蛇」は［通観］三七五番。『中陵漫録』＝早川純三郎（前掲6章2節）。河村只雄『続南方文化の探求』（創元社、一九四二）。

第4節　鈴木重光「蝮に咬まれた時の呪い」（『鮎人』一巻三号「蛇の民俗」、鮎人郷土談話会、一九五三、二～四頁）。宮内敏雄「まむし俗談」（山村民俗の会『あしなか随筆』体育評論社、一九

四四、一五～二六頁)。「わらびの恩」は［大成］八一番、［通観］五一七番。喜多村信節『嬉遊笑覧』＝早川純三郎編『日本随筆大成』二期別巻（日本随筆大成刊行会、一九二九）上・下。

第8章

第1節　「蛇聟入」は、［大成］一〇一番、［通観］二〇五番。例話は、小池直太郎編『小谷口碑集』炉辺叢書（郷土研究社、一九二二）。「食わず女房」は、［大成］二四四番、［通観］三五六番。例話は、沢田四郎作『うつしばな』五倍子雑筆一〇号（私家版、一九四一）。「水ぐも」の昔話は［大成］六五九番。蛇除けの呪術は、繆文渭（石川鶴矢子訳）『中国の民話〈薬草編〉』（東京美術、一九八七）。

第2節　「蛇聟入」は1節に同じ。例話は、佐喜真興英a（前掲7章3節）、文英吉（前掲1章2節）。上巳の文献は、『日本書紀』、『続日本紀』＝黒板勝美（前掲4章3節）。蛇除けの習俗は、宮城栄昌『国頭村史別冊』（国頭村役場、一九六七）、新城真恵『謝名城の民俗』（若夏社、一九八五）、佐喜真興英b『シマの話』炉辺叢書（郷土研究社、一九二五［再版］一九三六）。

第3節　節日の琉球への定着は、『琉球国由来記』＝横山重（前掲7章1節c）。蛇除けの行事などは、仲田（比嘉）ひとみ「安和の年中祭祀」（『名護博物館紀要』四集、一九八八、一七五～二〇九頁）、佐喜真興英（前掲2節b）、小島瓔禮「伊是名島」（谷川健一『日本の神々』白水社、一九八七、三三四～七五頁）、島袋源七『山原の土俗』炉辺叢書（郷土研究社、一九二九）。『中山伝信禄』＝那覇市企画部市史編集室『那覇市史』資料篇一巻三（那覇市役所、一九七七）原文・七三～一八〇、訳・九五～一九九頁。北谷町のハブの口開けは、玉木順彦氏の報告による。ミルチャ・エリアーデ（前掲総記）。

第4節　佐喜真興英a（前掲2節b）。嶋袋源一郎『琉球百話』（一九四一［再版］琉球史料研究会、一九六五）。佐喜真興英b（前掲7章3節）、黄石『端午礼俗史』（泰興書局、一九六三）、文英吉「ハブの呪い」（『南島』二巻一一号、南島社、一九三八、二五頁）、河村只雄（前掲7章3節）、『中陵漫録』＝早川純三郎（前掲6章2節）、『抱朴子』＝石島快隆（前掲6章1節）。宮内敏雄（前掲7章4節）。

第9章

傅惜華編『白蛇伝集』（上海出版公司、一九五五）は、清代に作られた戯曲「雷峰塔」二篇以外に、鼓詞、南詞、宝巻など今日では容易に見られない民間の語り物が収められている点で役に立つ資料。潘江東『白蛇故事研究　上・中・下』（台湾学生書局、一九八一）は、著者の論文に加えて、多くの戯曲と語り物の原文が影印で収められている。現在のところ、白蛇伝に関する資料集として最も豊富なもの。中国民間文芸研究会浙江分会編『《白蛇伝》論文集』（浙江古籍出版社、一九八六）は、十五篇の論文が収められ、近年の中国における白蛇伝の研究の成果を知ることができる。

安永壽延「道成寺説話の系譜」「道成寺説話の本質」は、いずれも『伝承の論理』（未来社、一九六五）に所収。日本における道成寺説話について独自の見方が示されているだけでなく、白蛇伝についても多くの示唆を与えている。大林太良「『白娘子』と『化け鯰』」（『口承文芸研究』第九号、一九八六）は、白蛇伝について、これまでの研究者がまったくふれていない点、日本の海幸山幸神話との関連について述べられている。

第1節　原題「白娘子永鎮雷峰塔」は、明の馮夢龍『警世通言』第二十八巻所収、邦訳は『中国古典文学大系』二五巻（平凡社、一九六八）。

第2節　蛇王については、宗力－劉群『中国民間諸神』（河北人民出版社、一九八六）。蛇に対する畏敬の念は、中国民間文芸研究会浙江分会『《白蛇伝》論文集』（浙江古籍出版社、一九八六）、浙江民俗学会編『浙江風俗簡志』（浙江人民出版社、一九八六）、澤田瑞穂『中国の民間信仰』（工作舎、一九八二）。

第3節　蛇と不死の観念は、晋・葛洪『抱朴子』巻十七、邦訳は岩波文庫。雄黄酒は、中川忠英著、孫伯醇・村松一弥編『清俗紀聞』巻之一（平凡社、一九六六）。蛇虫払いは、『浙江風俗簡志』（前掲2節）、黄石『端午礼俗史』（泰興書局、一九六三）、婁子匡『新年風俗志』（台湾商務印書館、一九六七）。蛇についてのタブーは、『浙江風俗簡志』（前掲2節）。

第4節　福の神としての蛇は、南方熊楠「蛇に関する民俗と伝説」（前掲総記）。水神としての蛇は、米田祐太郎『生活習慣中支那篇』（教材社、一九四一）、黄芝崗『中国的水神』（龍門書店、一九六八年影印）、『《白蛇伝》論文集』（前掲2節）。

第10章

本章の主題について邦文のまとまった著書や論文を私は知らない。南方熊楠の『十二支考』中の「蛇に関する民俗と伝説」（前掲総記）だけを挙げておく。

第1節　ホーネル Hornell, James : *The ancient village gods of south India*, in : Antiquity, 18, 1944. クルック Crooke, William : *Things Indian*, 40, London : John Murray, 1906 : Crooke, W. *Serpent Worship*

(Indian), in : Hastings, James（ed）: *Encyclopaedia of Religion and Ethics,* 11 : Edinburgh T. & T. Clark, 1920. P・マッソン＝ウルセル、ルイーズ・モラン－美田稔訳『インドの神話』（みすず書房、一九五九）。

第2節　マルシャル Marchal, Henri : *Mythologie indo-chinoise et Javanaise,* in : P. L. couchoud et al., *Mythologie Asiatique Illustrée* : Paris 1928. モノ Monod, G. H. : *Contes khmers* : Paris : Centre de Documentation et de Recherche sur la Civilisation Khmère, 1985. バスティアン Bastian, Adolf : *Die Geschichte der Indochinesen* : Leipzig 1866. ジョルジュ・セデス－辛島昇ほか訳『インドシナ文明史』（みすず書房、一九六九）。レヴィ編－村松嘉津訳『仏印文化概説』（興風館、一九四三）。ポレ＝マスペロ Porée-Maspero, Eveline : *Étude sur les rites agraires des Cambodgiens.* 3vole. La Haye : Mouton 1962 － 1969.

第3節　モノ（前掲2節）。西村朝日太郎『馬来編年史研究』（東亜研究所、一九四二）。

第4節　三品彰英『神話と文化史』（平凡社、一九七一）。シャーマン Scherman, Lucian und Christine : *Im Stromgebiet des Irrawaddy* : München ; Velag Oskar Schloss. 1922. G・E・ハーヴェイ－東亜研究所訳『緬甸史』（東亜研究所、一九四四）。

紙数の関係でインドネシアのナーガ信仰にはふれなかったが、Pleyte, C. M. : *Die Schlange im Volksglauben der Indonesier. in* : Globus 65 : 1899. は古いけれども、よくまとまっており役に立つ。

第11章

第1節　西アジアの古代文明については、矢島文夫編『アフロアジアの民族と文化』「民族の世界史」11（山川出版社、一九八五）所収の諸論稿（特に第Ⅱ章）、平易なものでは矢島文夫『メソポタミアの神話』（筑摩書房、一九八二）、H・ガスター（矢島文夫訳）『世界最古の物語』（社会思想社、初刷一九七三）などを参照。『ギルガメシュ叙事詩』および『エヌマ・エリシュ――天地創造物語』、『アトラ・ハシース物語』は、それぞれ矢島文夫訳、後藤光一郎訳、杉勇訳『古代オリエント集』筑摩世界文学大系1（筑摩書房、初版一九七八）所収。『ギルガメシュ叙事詩』は詳注つきの単行本も出ている（山本書店、初版一九六五）。

ディルムンについては、ジョフレー・ビビー（矢島文夫、二見史郎訳）『未知の古代文明ディルムン――アラビア湾にエデンの園を求めて』（平凡社、一九七五）参照。

第2節　「竜神イルルヤンカシュの神話」は杉勇訳で前掲『古代オリエント集』に所収。H・ガスターの祭儀についての著作は、矢島文夫訳（前掲1節）「計略で捕えた竜」の解説。

プルタルコスの「オシリス神話」は、矢島文夫『ヴィーナスの神話』（美術出版社、再版一九七五）。『死者の書』（アニのパピルス）は、カラー版『死者の書――古代エジプトの遺産パピルス』（矢島文夫＝文、遠藤紀勝＝写真、社会思想社、初版一九八六）参照。

古代エジプトの「難破した船乗りの話」は矢島文夫編『古代エジプトの物語』現代教養文庫（社会思想社、初版一九七四）所収のほか、屋形禎亮訳が「難破した水夫の物語」の題で前掲の『古代オリエント集』に所収。

第3節　クレタ文明とその発見については、ハンス・ゲオルク・ヴンダーリヒ（関楠生訳）『迷宮に死者は住む――クレタの秘密と西欧の目覚め』（新潮社、一九七五）、特に「蛇の女神官」については同書二六八〜九頁参照。ハッチンソン Hutchinson, R. W.: *Prehistoric Crete.* London 1962. ローウェーブラッカーは、ローウェ／ブラッカー編（島田裕巳ほか訳）『占いと神託』（海鳴社、一九八四）。フォンテンローズ Fontenrose, J. : *PYTHON : A Study of Delphic Myth and Its Origins.* 1959/1980. アームストロング Armstrong, J. : *The Paradise Myth.* London 1969.

第4節　『創世記』は各種の邦訳があるが、ここでは関根正雄訳（岩波文庫、岩波書店）を引用。フレイザー（この邦訳ではフレイザー、江河ほか訳）『旧約聖書のフォークロア』（太陽社、一九七六）。ガスターは前掲1節の項参照。ヘスペリデス（の楽園）については、土居光知『古代伝説と文学』（岩波書店、一九六〇）所収の「西アジア古代伝説」九「ヘスペリデスの黄金の林檎」参照。

第12章

第1節　『エッダ』谷口幸男訳（新潮社、一九七三）。ハーゼ Haase, Felix : *Volksglaube und Brauchtum der Ostslaven.* Breslau 1939. S. 26f.

第2節　ブレッテンタールーライライター Brettenthaler, Josef-Laireiter, Matthias : *Das Salzburger Sagenbuch.* Salzburg 1976. S. 220. vgl. S. 213f. カーリンガーーヴォルフ Karlinger, Felix und Wolf, Regine : *Norditalienische Sagen.* Berlin 1978. Nr. 125. フィンク Fink, Hans : *Verzaubertes Land. Volkskult und Ahnenbrauch in Südtirol.* Innsbruck-Wien 1983. S. 101. 菅原邦城『北欧神話』（東京書籍、一九八四）。フィンク Fink, H. : a. a. O. S. 197. ライエン von der Leyen, Friedrich : *Die Götter und Göttersagen der Germanen.* München 1920. S. 39. クラップ Krappe, A. H. : *The Science of Folklore.* Whitstable 1930. p. 258. ランケ Ranke, Friedrich : *Die deutsche Volkssagen.* München 1924. S. 214. ランケ Ranke, F. : a. a. O. S. 214. ハーゼ Haase, F. : a. a. O. S. 223. バラッサーオルトゥタイ

Balassa, Iván-Ortutay, Gyula : *Ungarische Volkskunde.* München 1982. S. 733.

第3節　ラーマー Lamer, Hans-Bux, Ernst-Schöne, Wilhelm : *Wörterbuch der Antike.* Leipzig 1933. S. 596. フィンク Fink, H. : a. a. O. S. 100. フィンク Fink, H. : a. a. O. S. 100. ランケ Ranke, F. : a. a. O. S. 214f. ブリッグズ Briggs, Katharine M. : *A Dictionary of British Folk-Tales in the English Language.* Bloomington 1971. III p.765. ヴィルドメッツ Vildomec, Veroboj. : *Polnische Sagen.* Berlin 1979. Nr. 189. ランケ Ranke, F. : a. a. O. S. 215. フェルター Voelter, Gretl : *Das große Buch der Alpensagen.* Innsbruck 1965. S. 120ff. ティーツ Tietz, Alexander : *Märchen und Sagen aus dem Banater Bergland.* Bukarest 1974 S. 347. ランケ Ranke, F. : a. a. O. S. 216. リーダーズ・ダイジェスト Reader's Digest : *Folklore, Myths and Legends of Britain.* London 1977. p. 65. ヘプフリンガー Höpflinger, Franz : *Die Tierwelt.* In : Rund um den Grimming. Graz-Wien 1967. S. 194 – 196. フィンク Fink, H. : a. a. O. S. 102. ランケ Ranke, F. : a. a. O. S. 214. フィンク Fink, H. : a. a. O. S. 100. フィンク Fink, H. : a. a. O. S. 101. ラーマー Lamer, H. : a. a. O. S. 596. ホフマン＝クライヤー Hoffmann-Krayer, E.（Hg.）: *Handwörterbuch des deutschen Aberglaubens.* Berlin und Leipzig 1935/1936. Bd. VII. S. 1164-1171. クラップ Krappe, A. H. : op. cit., p. 256. アンドリアン Andrian, Ferdinand von. : *Die Altausseer.* Wien 1905. S. 141. バラッサ－オルトゥタイ Balassa-Ortutay : a. a. O. S. 733.

第4節　リョンロット編－小泉保訳『カレワラ（上）』岩波文庫（岩波書店、一九七六）。シュテルン Stern, C. v. : *Estnische Volkssagen.* Riga 1935. Nr. 138. フィンク Fink, H. : a. a. O. S. 102. ツィンゲルレ・伝説 Zingerle, Ignaz V. : *Sagen aus Tirol.* Graz 1969. Nr. 555. シュタウト－ポイカート Staudt, Gudrun und Peuckert, Will-Erich. : *Nordfranzösische Sagen.* Berlin 1968. Nr. 121. グリム兄弟 Brüder

Grimm : *Deutsche Sagen.* München 1965. Nr. 247. ランケ Ranke, F. : a. a. O. S. 217f. レーリヒ Röhrich, Lutz. : *Märchen und Sagen.* Freiburg-Basel-Wien 1976. S. 192. レーリヒ Röhrich, L. : a. a. O. S. 201. フィンク Fink, H. : a. a. O. S. 103. レーリヒ Röhrich, L. : a. a. O. S. 73. ツィンゲルレ・習俗 Zingerle, I. V. : *Sitten, Bräuche und Meinungen des Tiroler Volkes.* Hildesheim 1978. S. 131. フィンク Fink, H. : a. a. O. S. 381, 78. バイトル Beitl, Klaus : *Volksglaube.* München 1983. Nr. 11a, b und S. 134f. レーリヒ Röhrich, L. : a. a. O. S. 200. フィンク Fink, H. : a. a. O. S. 324, 339. レーリヒ Röhrich, L. : a. a. O. S. 206. ベッヒシュタイン Bechstein, Ludwig : *Mythe, Sage, Märe und Fabel.* Osnabrück 1969. III. 32. レーリヒ Röhrich, L. : a. a. O. S. 86. ガール Gaál, Károly : *Angaben zu den abergläubischen Erzählungen aus dem südlichen Burgenland.* Eisenstadt 1965. S. 156 – 162.

文庫版あとがき――「蛇」は偉大なる「他者」

浄土宗の学僧として知られる、袋中良定《たいちゅうりょうじょう》の「琉球」の名を冠した著作は、鹿児島の島津家の直接の支配を受ける以前の、生の琉球国の伝統的な姿を具体的に伝えていて、貴重な史料である。袋中の琉球国滞在は、慶長八年（一六〇三）に琉球に漂着してから同一一年（一六〇六）に帰朝するまでの数年にすぎないが、その著書『琉球神道記《りゅうきゅうしんとうき》』や『琉球往来《おうらい》』の記述は、当時の琉球国の具体的な姿を、いきいきと伝えている。読む人の力相応に、いろいろなことが読み取れる。それは、そこに描かれている文字の数の何倍もの事実を保証する、精緻な文章である。

近時、普天間宮《ふてんまぐう》の洞窟が、旧石器時代の人類の住居址ではないかという、考古学者の発見が報じられていたが、それは、袋中が専門家の調査に匹敵するほどの、こまかな洞窟の描写を尽くしていたからである。現代のわれわれは、袋中が筆にとどめた事実を、どれだけ深く読み込めるかという、抜き差しならぬ資質を問われていることになる。袋中は、後世に残した文字の数以上の膨大な情報を生み出すことを、現代のわれわれに求めている。

今ここで読み返してみると、袋中は『琉球神道記』巻五の巻末に、「一、キンマモン事」の章を立て、「已下ハ正ク琉球国神道」と割注をして、首里《しゅり》王府が主管するような神道世界を紹介している。袋中は、わずか数年の滞在のうちに、首里王府自体が繰り広げる神信仰があることを、体系付けている。あらためて、袋中良定の神学論の奥深さを思わずにはいられない。そうした中で出色なのが、その巻五の最後に十八条並べた市井の話題集である。なんと、その中に、こんな話がある。此の国の王の「大《オホ》世《ヨ》ノ主」が、毒蛇を恐れて高楼を起《た》て、厚板《あついた》でよく囲む。王誇っていう。毒蛇もここには来ることはできないと。時いくばくもたたないうちに、左手をさされた。そこに三司官（奉行）の一人がいて、すぐに王の肱《ひじ》を切り取って、自分の肱を切り継いだ。その御影は、今に末好《すえよし》の寺に顕《あらわ》れたり、というのだ。

これを読んで私は、この事件こそ、人間にとって「蛇」が偉大なる「他者」であることを語る籤言《しんげん》の、エピソードになると思った。「大世《オホヨ》ノ主」といえば、人間の代表である。毒蛇を人間との対立で、蛇を防ごうとした「国王」が破れたのである。しかもその様子を描いた絵が、首里郊外の末好の寺にあるという。こんな確かな証拠はあるまいと期待した。しかし、その舞台を提供するかに見えた、首里王府の史書である『中山世鑑《ちゅうざんせいかん》』・『中山世譜《せいふ》』・『球陽《きゅうよう》』などの後世に残った記録類は、島津家の琉球国への侵攻により、混乱を起こしていて、その整理は容易なことではない。

ただありがたいのは、その中で、近世の首里王府が残した文書には、われわれの参考になることが、いろいろあった。第一は、地誌の『琉球国由《こくゆ》来記《らいき》』（一七一三年）である。巻三「事始」［居処門］一二に「楼」とある。

当国、楼者、察度《さつと》王、始《めて》二高世《たかよ》層裡《そうり》一《を》、造二宮於下之玉庭之南一、（向二北方一）（八七ページ）

これが、『琉球神道記』巻第五に見える「高楼」に相当する。また巻四［礼楽門］一九「宗廟」に「世伝ニ云、昔樫木山ノ許《もと》ニ寺有リ。（旧址猶存。其地今属《ス》二万寿寺《ニ》一）察度王之御影有テ、左手猶黒。（近臣献レ手。故黒）此寺回禄シテ、古跡倶亡ト。（云々）」とある。これが、『琉球神道記』巻五が伝える「大世ノ主」が蛇にさされたという事件に相当する伝えの記事になる。

第二は『琉球国由来記』に次ぐ地誌である『琉球国旧記《きゆうき》』（一七三一年成立）巻之四「事始」八五「楼」である。

洪武年間、察度王、結構高楼（俗称《ス》二高世《たかよ》層楼《そうりト》一）備二于真玉森《ノ》西《ノ》地《ニ》一（在二城内下庭

南二）坐レ南向レ北。以《ツテ》備二遊観一。偶逢二毒蛇一。遂壊二王左手一。然不レ知二何代而廃一焉。（九四ページ）

洪武年間（一三六八―九八）に、察度王が高楼（俗に「高世層楼」と称す）を真玉森の西の地（城内下庭の南に在り）に、南に坐し北に向く。もって遊観に備ふ。偶《たまたま》毒蛇に逢い、遂に王の左手を壊《え》す。然《しか》して何《いつ》の代にして廃するかを知らずとある。「壊《え》」は、壊死《えし》、壊疽《えそ》の「壊」であろう。これで、袋中良定が『琉球神道記』に記した事件が、どこで起こったかが、だんだんにわかってきた。

首里城の区画は、基本的に、東西に中太りをして、細長い。現在、先年の漏電事故で焼失した、再復元中の「正殿」の側にある「御庭」から東側にかけては、いわば、首里王家の公私にわたる生活の場である。その西側の南半分は、一口に言って、自然に近い状態で、「御嶽《おたけ》」と呼ばれる聖地の敷地になっている。その東寄りは、けわしい山地であって、かなりの高さもある。その奥まった部分は、「京の内」と呼ばれる聖地である。その逆に正殿の奥の東の端を、「東のアザナ」と呼び、西の端を「西のアザナ」という。

沖縄県の本土復帰の年度の最後の月の三月半ばに琉球大学に赴任した私の研究室は、ちょうど、この京の内の界限であった。それから全学で最後に私たちの学部が新しいキャンパスの研究室に移るまでの私の楽しみは、首里城跡の聖地を、拝みに来る地元の人たちの姿を追うことであった。そんな中で一つ気になったのが、正殿の前に広がる「御庭」を取り囲むように建つ「奉神門《ほうしんもん》」や「南殿」「北殿」などの建造物の両側が、いかにもガランとして空いていることだった。お城のさまざまな工事のときの予備地ではないかという、地元の人の一言もあったが、「京の内」の北側になることも、意味ありげに思えた。

解決の糸口は、やはり、袋中良定と毒蛇ハブとの和合にあった。それも二段階の展開があった。第一段は、まったくの偶然の出会いであった。那覇《なは》市企画部市史編集室編刊の『那覇市史』資料篇第一巻7・家譜資料三（昭和五七年一月三〇日刊）の一冊である。『向姓《しょう》家譜』湧川《わくがわ》家・一世・尚魏儲　越来王子朝理家の五世朝首（越来親方）の条の万暦《ばんれき》四年丙子歳の記事である。天界寺がたまたま火患に偶《あ》い、その火勢が甚《はなは》だ烈しく、禁中の「高世層理殿」に移焼している。役人も庶民も集まって、その火を消そうとしているが、なんといっても奈楼は高さが数尋丈で、集っている大勢の人たちも、みんな手をこまねいてがっかりするのみ。独り朝首は、ふだんからの忠義を懐《いだ》いて見るに、あえてその楼上に登ってその火を消そうとする者がいない。勇をふるって楼上に登ってその火を撲滅すとある。

王城の西のアザナは、首里王府の大きな寺院の天界寺の東門（東向き）に面している。とすると、首里城の西のアザナ近くに、天界寺の建物があって、猛火につつまれていたというのである。王城の近くに高世層理殿があることは想像できるが、これを『琉球国旧記』の位置の記述と総合すると、高世層理殿の階段がどのような様式であったかが興味深い課題になる。首里城の、正殿と玉の御庭のつながりを見ると、ずっと西のアザナまで広がる地域は、人間を代表する国王と他者を代表する毒蛇が対峙するたいせつな空間であったのではないかと考えてみる。

建造物の一つの型として、私はふと、出雲《いずも》大社の本殿の形を思い浮かべた。その階段は、梯子《はしご》のようなものではなく、ゆるやかな階段式の道である。しかも、私が意味あり気に思うのは、最上階の社殿の入り口と、内殿の正面の向きが、九十度ずれているのが出雲大社の特色である。首里城の「他者」にも、そんな趣があったかもしれない。『琉球国由来記』や『琉球国旧記』が記す「高世層理殿」が「南に坐し、北に向かふ」とする書き方も、なにか九十度の方角のずれのようなものの意識のようにも見える。今、私は、「高世層理殿」は琉球国王が心静かに「蛇の王」を迎え祀る、神殿であったのではないかと想像している。

二〇二四年一〇月

小島瓔禮

執筆者（掲載順）

小島　瓔禮（こじま　よしゆき）
一九三五年生。琉球大学名誉教授。著書に『中世唱導文学の研究』（泰流社、一九八七年）、『日本の神話』（筑摩書房、一九八三年）、『猫の王』（角川ソフィア文庫、二〇二四年）など。

西脇　隆夫（にしわき　たかお）
一九四三年生。名古屋学院大学名誉教授。著書に『中国の少数民族文学』（サンレム出版、二〇〇一年）、『モンゴル説話集　シッディ・クール』（溪水社、二〇一三年）など。

大林　太良（おおばやし　たりょう）
一九二九年生。東京大学名誉教授。従四位勲三等旭日中綬章。著書に『日本神話の起源』（角川新書、一九六一年）、『海の神話』（講談社学術文庫、一九九三年）など。二〇〇一年没。

矢島　文夫（やじま　ふみお）

一九二八年生。京都産業大学教授、宮城学院女子大学教授、アジア・アフリカ図書館長を歴任。著書に『文字学のたのしみ』（大修館書店、一九七七年）、『解読 古代文字への挑戦』（朝日新聞社、一九八〇年）など。二〇〇六年没。

飯豊　道男（いいとよ　みちお）

一九二八年生。中央大学名誉教授。訳書にリーザ・テッツナー編「メルヒェン12ヵ月」（未來社、全12巻、一九八七―一九八八年）など。二〇〇六年没。

本書は、『蛇の宇宙誌――蛇をめぐる民俗自然誌』(東京美術、一九九一年)を加筆・修正の上、改題し文庫化したものです。

蛇《へび》の神《かみ》

蛇信仰《へびしんこう》とその源泉《げんせん》

小島瓔禮《こじまよしゆき》＝編著

令和6年 11月25日　初版発行

発行者●山下直久

発行●株式会社KADOKAWA
〒102-8177　東京都千代田区富士見2-13-3
電話　0570-002-301（ナビダイヤル）

角川文庫 24429

印刷所●株式会社暁印刷
製本所●本間製本株式会社

表紙画●和田三造

ISBN 978-4-04-400850-5　C0139

◇◇◇

角川文庫発刊に際して

角　川　源　義

第二次世界大戦の敗北は、軍事力の敗北であった以上に、私たちの若い文化力の敗退であった。私たちの文化が戦争に対して如何に無力であり、単なるあだ花に過ぎなかったかを、私たちは身を以て体験し痛感した。西洋近代文化の摂取にとって、明治以後八十年の歳月は決して短かすぎたとは言えない。にもかかわらず、近代文化の伝統を確立し、自由な批判と柔軟な良識に富む文化層として自らを形成することに私たちは失敗して来た。そしてこれは、各層への文化の普及滲透を任務とする出版人の責任でもあった。

一九四五年以来、私たちは再び振出しに戻り、第一歩から踏み出すことを余儀なくされた。これは大きな不幸ではあるが、反面、これまでの混沌・未熟・歪曲の中にあった我が国の文化に秩序と確たる基礎を齎らすためには絶好の機会でもある。角川書店は、このような祖国の文化的危機にあたり、微力をも顧みず再建の礎石たるべき抱負と決意とをもって出発したが、ここに創立以来の念願を果すべく角川文庫を発刊する。これまで刊行されたあらゆる全集叢書文庫類の長所と短所とを検討し、古今東西の不朽の典籍を、良心的編集のもとに、廉価に、そして書架にふさわしい美本として、多くのひとびとに提供しようとする。しかし私たちは徒らに百科全書的な知識のジレッタントを作ることを目的とせず、あくまで祖国の文化に秩序と再建への道を示し、この文庫を角川書店の栄ある事業として、今後永久に継続発展せしめ、学芸と教養との殿堂として大成せんことを期したい。多くの読書子の愛情ある忠言と支持とによって、この希望と抱負とを完遂せしめられんことを願う。

一九四九年五月三日